大学生职涯规划与专业劳动素养评价

主　编　任国友　战　帅
副主编　张博思　罗　广
　　　　钱雪骏　王　菲

清华大学出版社
北　京

内容简介

本书是安全科学与工程类专业(主要包括安全工程、职业卫生工程、应急技术与管理和安全生产监管)、公共管理类专业(主要包括应急管理)以及相关专业"大学生职涯规划与就业指导"的特色课程教材之一。全书结合党的二十大精神和劳动教育的最新要求,新时代大学生职涯规划与就业指导的专业化的现实需求和职业能力与素质要求的国际化趋势,创新性引入劳动素养和专业理论内容,结合国内外专业发展现状,全面、系统地阐述了职涯规划的基础知识、专业理论和写作技能,大学生劳动素养评价,毕业生在出国留学、考研、企业就业中的职业发展实例,以及国外职业人员能力与素质要求等理论和实践内容。每章后附有"核心概念""实训拓展""思考题"等内容,便于读者深化理论知识,提高实践应用技能。

本书封面贴有清华大学出版社防伪标签,无标签者不得销售。
版权所有,侵权必究。举报: 010-62782989, beiqinquan@tup.tsinghua.edu.cn。

图书在版编目(CIP)数据

大学生职涯规划与专业劳动素养评价 / 任国友,战帅主编. —北京:清华大学出版社,2023.7
ISBN 978-7-302-63957-2

Ⅰ. ①大… Ⅱ. ①任… ②战… Ⅲ. ①大学生－职业选择－高等学校－教材②大学生－劳动教育－高等学校－教材 Ⅳ. ①G647.38②G40-015

中国国家版本馆 CIP 数据核字(2023)第 117081 号

责任编辑:王　定
封面设计:周晓亮
版式设计:思创景点
责任校对:马遥遥
责任印制:宋　林

出版发行:清华大学出版社
网　　址:http://www.tup.com.cn, http://www.wqbook.com
地　　址:北京清华大学学研大厦 A 座　　邮　编:100084
社 总 机:010-83470000　　邮　购:010-62786544
投稿与读者服务:010-62776969, c-service@tup.tsinghua.edu.cn
质 量 反 馈:010-62772015, zhiliang@tup.tsinghua.edu.cn

印 装 者:北京同文印刷有限责任公司
经　　销:全国新华书店
开　　本:185mm×260mm　　印　张:12　　字　数:284 千字
版　　次:2023 年 9 月第 1 版　　印　次:2023 年 9 月第 1 次印刷
定　　价:49.80 元

产品编号:098035-01

序

  2023年2月,《全球安全倡议概念文件》指出:"当前,世界之变、时代之变、历史之变正以前所未有的方式展开,国际社会正经历罕见的多重风险挑战。"21世纪是产业与就业竞争日益加剧的世纪,经济全球化的持续深化,科学技术的突飞猛进,生活方式的不断变革,给大学生的职业生涯带来了新的机会和挑战。自2019年底以来,国民经济与社会运行受到多重考验,大学生就业也面临严峻挑战。在经济与就业双重压力之下,大学生就业离职的案例越来越多。《中国人力资源服务行业市场前瞻与投资战略规划分析报告》显示,2020年"拟考研""暂不就业"等形式的慢就业比例为6.2%,这说明大学生职业生涯规划不应是找工作前的临时抱佛脚,而应是从容地提前谋划。2020年7月,教育部印发的《大中小学劳动教育指导纲要(试行)》(以下简称《纲要》)提出,要"准确把握社会主义建设者和接班人的劳动精神面貌、劳动价值取向和劳动技能水平的培养要求,全面提高学生劳动素养"。各高校要将学生劳动素养监测纳入教育质量监测体系,加强在校大学生的职业生涯规划指导,定期组织开展学生劳动素养状况调查,注重对大学生劳动观念、劳动能力、劳动精神、劳动习惯和品质等的监测,帮助大学生树立正确的职业观和劳动观。

  党中央、国务院高度重视大学生德智体美劳的全面发展。党的二十大报告指出:"实施就业优先战略。就业是最基本的民生。强化就业优先政策,健全就业促进机制,促进高质量充分就业。健全就业公共服务体系,完善重点群体就业支持体系,加强困难群体就业兜底帮扶。统筹城乡就业政策体系,破除妨碍劳动力、人才流动的体制和政策弊端,消除影响平等就业的不合理限制和就业歧视,使人人都有通过勤奋劳动实现自身发展的机会。"2018年9月,习近平总书记在全国教育大会上强调,"培养德智体美劳全面发展的社会主义建设者和接班人"。2020年3月20日,中共中央、国务院印发的《关于全面加强新时代大中小学劳动教育的意见》提出,要"健全劳动素养评价制度",大中小学要"将劳动素养纳入学生综合素质评价体系,制定评价标准,建立激励机制,组织开展劳动技能和劳动成果展示、劳动竞赛等活动,全面客观记录课内外劳动过程和结果,加强实际劳动技能和价值体认情况的考核"。2020年7月,《纲要》提出:"将劳动素养纳入学生综合素质评价体系。以劳动教育目标、内容要求为依据,将过程性评价和结果性评价结合起来,健全和完善学生劳动素养评价标准、程序和方法,鼓励、支持各地利用大数据、云平台、物联网等现代信息技术手段,开展劳动教育过程监测与纪实评价,发挥评价的育人导向和反馈改进功能。"2021年8月24日,教育部举行新闻发布会介绍劳动教育进课程教材情况时强调:"注重全面提升学生劳动素养,防止把新时代劳动教育与过去的劳技训练混为一谈。"大学生要通过劳动教育形成劳动素养,从而为职业生涯规划和进入职业世界打好基础。加强新时代高校劳动教育，应注重学生劳动素养评价，健全劳动素养评价体系。建立劳动素养评价，能够客观反映学生的成长过程，体现学生劳动能力、劳动态度的发展变化，这对其未来求职升学、择业就业、创新创业等都是有益的参考。

安全科学与工程类专业旨在培养德智体美劳全面发展的、适应经济社会和时代发展需要的复合型、创新型和应用型专门人才，更应通过专业理论学习和实习实践，促进学生的知识学习、能力提升和价值塑造，从而塑造学生正确的劳动观、职业观和成才观；同时，鼓励结合学科、专业特点，将职业生涯规划纳入学生学业指导的全过程，使学生具备必需的职业意识、职业能力、职业素养和劳动素养。这样才能彰显新时代培养德智体美劳全面发展的社会主义建设者和接班人的新要求、新规范、新战略。

正是在这样的背景下，中国劳动关系学院"职业生涯与就业指导"课程教学团队在传统职涯理论的基础上引入国内外专业理论、校友职涯实例和公文写作理论，组织开展《大学生职涯规划与专业劳动素养评价》的编写，为落地专业劳动教育进行了有益的探索与尝试。

本书分为上下篇，共六章，各章主要内容简介如下：

第一章 大学生职涯规划基础(由王菲负责编写)，主要介绍职业生涯概念，自我认知，职业认知，职业生涯决策、设计和实施等职涯规划基础知识与设计流程。

第二章 安全科学与工程类专业导论(由任国友负责编写)，主要介绍安全科学与工程一级学科发展历史和学科体系，以及安全工程、职业卫生工程和应急技术与管理本科专业的基本概况、人才能力与素质要求。

第三章 安全公文写作(由罗广负责编写)，主要介绍安全类专业人员在从业过程中常用的命令类、公告类、决定类、通报类、报告类和纪要类公文写作的基础知识与要点。

第四章 大学生劳动素养评价(由战帅负责编写)，主要介绍大学生劳动素养评价内容、方法以及校院系自我三级劳动素养评价机制。

第五章 国内大学毕业生职业发展实例(由钱雪骏负责编写)，主要介绍安全工程、职业卫生工程和应急技术与管理专业毕业生在出国与考研、国企就业和私企创业的职业发展成功实例。

第六章 国外安全专业人员职业生涯实例(由张博思负责编写)，主要介绍美国、英国和日本安全科学与工程类专业教育状况、安全类专业人员职业能力与素质要求，并从职业初期、中期和后期三个阶段介绍了国外安全人员职业发展实例。

本书由任国友统稿，并特邀中国劳动关系学院安全工程学院刘燕进行全书审读。本书部分内容为 2022 年度高等教育科学研究规划课题"中小学劳动教育基地认定标准"(项目编号：22LD0207)、2022 年北京市社会科学基金决策咨询项目"平安北京校园新兴风险治理对策研究"(项目编号：22JCC123)和国家级课程思政示范课程项目"应急决策理论与方法"[《教育部关于公布课程思政示范项目名单的通知》(教高函〔2021〕7 号)]的阶段性成果。

最后，将国内外专业理论、校友职涯实例和劳动素养评价纳入"职涯规划与就业指导"课程是本书编写的一个重要特色与创新点，体现了"大学生职涯规划与专业劳动素养评价"

教学团队的集体智慧结晶，生动地呈现了学校在专业劳动教育方面最新的教学科研成果。

本书在编写过程中得到了清华大学出版社编辑的大力支持，在此深表谢意。诚恳盼望广大读者对本书提出宝贵的意见和建议。

本书免费提供教学课件、教学大纲、典型案例等教学资源，读者可扫描下列二维码获取。

| 教学课件 | 教学大纲 | 典型案例 |

应本书编写团队之邀作序。

刘丽红
2023 年 6 月
于北京增光路

目 录

上篇 职涯规划基础

第一章 大学生职涯规划基础 ……… 2
第一节 职业生涯导论 ……………… 3
　　一、什么是职业生涯 ……………… 3
　　二、为什么要进行职业生涯规划 …… 5
　　三、如何进行职业生涯规划 ……… 6
第二节 自我认知 ………………… 8
　　一、自我认知方法 ………………… 8
　　二、性格倾向探索 ……………… 10
　　三、职业兴趣识别 ……………… 11
　　四、职业技能评估 ……………… 12
第三节 职业认知 ………………… 14
　　一、职业认知方法 ……………… 14
　　二、职业环境分析 ……………… 15
　　三、不同职业要求 ……………… 18
第四节 职业生涯决策 …………… 19
　　一、职业生涯决策的影响因素 …… 19
　　二、职业生涯决策的方法 ……… 20
　　三、职业生涯决策的阻碍应对 …… 22
第五节 职业生涯规划设计 ……… 24
　　一、职业目标设计 ……………… 24
　　二、行动计划制订 ……………… 25
　　三、职业生涯规划书设计 ……… 26
第六节 职业生涯规划实施 ……… 28
　　一、职业生涯规划实施策略 …… 28
　　二、职业成功评价 ……………… 30
　　三、职业生涯管理 ……………… 31
思考题 …………………………… 33

第二章 安全科学与工程类专业导论 …… 35
第一节 安全科学与工程一级学科 …… 37
　　一、安全学科与工程一级学科的发展历史 …………………… 37
　　二、安全科学与工程学科体系 …… 38
　　三、安全科学与工程一级学科简介 ………………………… 43
第二节 安全工程本科专业 ……… 45
　　一、安全工程专业概况 ………… 45
　　二、安全工程专业人才的能力与素质要求 ………………… 45
　　三、行业生产安全事故总体形势 …… 46
第三节 职业卫生工程本科专业 …… 47
　　一、国家卫生健康委员会职能调整 ………………………… 47
　　二、职业卫生工程专业概况 …… 49
　　三、职业卫生工程专业人才的能力与素质要求 …………… 49
　　四、作业场所职业病发病总体趋势 ………………………… 50
第四节 应急技术与管理本科专业 …… 51
　　一、应急管理部职能调整 ……… 51
　　二、应急技术与管理专业概况 …… 53
　　三、应急技术与管理专业人才的能力及素质要求 ………… 53
思考题 …………………………… 57

第三章 安全公文写作 ……………… 59
第一节 命令类 …………………… 61
　　一、发布令及实例 ……………… 62
　　二、行政令及实例 ……………… 62
　　三、奖惩令及实例 ……………… 62
　　四、任免令及实例 ……………… 63
第二节 公告类 …………………… 64

一、公告及实例……………………64
　　二、公报及实例……………………66
　　三、通告及实例……………………67
  第三节　决定类………………………69
　　一、决定及实例……………………69
　　二、决议及实例……………………71
　　三、通知及实例……………………74
  第四节　通报类………………………76
　　一、通报及实例……………………76
　　二、意见及实例……………………78
　　三、批复及实例……………………81
  第五节　报告类………………………83
　　一、请示及实例……………………83
　　二、报告及实例……………………85
　　三、议案及实例……………………88
  第六节　纪要类………………………91
　　一、函及实例………………………91
　　二、会议纪要及实例………………93
  思考题…………………………………96

下篇　职涯实践案例

第四章　大学生劳动素养评价……98
  第一节　大学生劳动素养评价
　　　　　内容……………………… 100
　　一、新时代劳动素养的概念提出… 100
　　二、大学生劳动素养评价的内容… 103
　　三、新时代劳动素养评价的实施… 105
  第二节　大学生劳动素养评价
　　　　　方法……………………… 105
　　一、劳动观念养成评价方法……… 106
　　二、劳动知识学习评价方法……… 109
　　三、劳动技能培养评价方法……… 111
  第三节　大学生劳动素养评价
　　　　　机制……………………… 114
　　一、校级评价机制………………… 114
　　二、院系评价机制………………… 115
　　三、自我评价机制………………… 117

  思考题………………………………… 121

第五章　国内大学毕业生职业发展
　　　　实例……………………… 122
  第一节　安全工程专业毕业生职业
　　　　　发展实例………………… 123
　　一、安全工程专业学生考研与出国
　　　　案例分享………………… 123
　　二、安全工程专业学生国企就业案例
　　　　分享……………………… 131
　　三、安全工程专业学生私企创业案例
　　　　分享……………………… 134
  第二节　职业卫生工程专业毕业生
　　　　　职业发展实例…………… 136
　　一、职业卫生工程专业学生考研案例
　　　　分享……………………… 136
　　二、职业卫生工程专业学生西部计划
　　　　案例分享………………… 141
　　三、职业卫生工程专业学生私企
　　　　就业案例分享…………… 144
  第三节　应急技术与管理专业毕业生
　　　　　职业发展实例…………… 147
　　一、应急技术与管理专业学生考研
　　　　案例分享………………… 147
　　二、应急技术与管理专业学生国企
　　　　就业案例分享…………… 148
　　三、应急技术与管理专业学生考公
　　　　案例分享………………… 150
  思考题………………………………… 156

第六章　国外安全专业人员职业生涯
　　　　实例……………………… 157
  第一节　国外安全科学与工程专业类
　　　　　教育状况………………… 158
　　一、美国大学职业安全健康专业
　　　　教育……………………… 158
　　二、英国大学安全工程专业教育… 161
　　三、日本大学安全工程专业教育… 164

第二节 国外安全专业人员职业能力与素质要求 …………… 166
一、安全专业人员的职业工作内容 ……………………… 166
二、安全专业人员的职业教育及培训 …………………… 167
三、安全专业人员的职业能力与必备素质 ……………… 170

第三节 国外安全专业人员职业生涯实例 ………………………… 178
一、职业初期实例 ……………… 178
二、职业中期实例 ……………… 179
三、职业后期实例 ……………… 179

思考题 ……………………………… 182

上篇 职涯规划基础

本书的上篇是职涯规划基础知识，重点介绍职涯理论、专业理论和写作理论3个核心知识模块，帮助同学们进一步了解国内安全专业人员的专业理论知识，掌握安全公文写作的技能以及职业规划设计流程和基本要求。本篇中各章主要内容如下：

第一章　大学生职涯规划基础，主要介绍职业生涯概念、自我认知、职业认知、职业生涯决策、职业生涯规划设计和职业生涯规划实施等职涯规划的基础知识与设计流程。

第二章　安全科学与工程类专业导论，主要介绍安全科学与工程一级学科发展历史与知识体系，以及安全工程、职业卫生工程和应急技术与管理本科专业的基本概况、人才能力与素质要求。

第三章　安全公文写作，主要介绍安全类专业人员在从业过程中常用的命令类、公告类、决定类、通报类、报告类和纪要类公文写作的基础知识与要点。

第一章
大学生职涯规划基础

职业设计是大学生职涯规划必学的基础知识。职业和我们每个人都有着密切的联系，每个具有劳动能力的人都会在他的一生中从事一种或几种职业，都会有自己的职业生涯。了解职业、认识职业、规划职业，是走向职场的第一步！

本章通过介绍职业生涯概念、自我认知、职业认知、职业生涯决策、职业生涯规划设计和实践等方面的基础知识，让学生学会职业规划，并通过职业生涯实现自己在社会中的发展，实现自己的理想和价值。

职涯故事

杨澜：人生需要规划

提起杨澜，很多人都说她太幸运了。从著名节目主持人到制片人，从传媒界到商界，她一次次成功实现了人生的转型。杨澜是幸运的，但这种幸运并非人人都有，也不是人人都能驾驭的。它需要睿智的眼光、独到的操控能力，是职业经历累积到一定程度厚积薄发的结果。杨澜曾说："一次幸运并不可能带给一个人一辈子好运，人生还需要你自己来规划。"4年央视主持人的职业生涯，不仅开阔了杨澜的眼界，更确立了她未来的发展方向：做一名真正的传媒人。

1994年，当人们还惊叹于杨澜在主持方面的成就时，她毅然决然地辞去央视的工作，去美国留学。在事业最明亮的时期选择急流勇退，这就意味着她要放弃目前拥有的一些东西，包括唾手可得的美好未来。

留学期间，杨澜与上海东方卫视联合制作了《杨澜视线》。借此，她实现了从一个娱乐节目主持人向复合型传媒人才的过渡。

回国后，杨澜成为凤凰卫视的主持人，还是《杨澜工作室》的当家人。两年后，杨澜便有了质的变化，拥有了世界级的知名度、多年的传媒工作经验以及重量级的名人关系资源。

后来，杨澜开始自己创业，帮助阳光文化摆脱了近两年的亏损。2006年，杨澜正式宣布放弃从商，重回文化圈。

从体制内到体制外，从主持人变为独立电视制片人，从娱乐节目到高端访谈，再到探讨女性成长的大型脱口秀节目，杨澜的每次转型都令人耳目一新。

由央视的名主持到远涉重洋的学子，再到凤凰卫视的名牌主持，最后到阳光卫视的当家人，杨澜的职场角色在不断地变化，而以一位文化经营商的身份出现在公众的视野里，则是杨澜人生中最重要的一次角色转换。正所谓"万变不离其宗"，无论如何转变，杨澜始终把自己定为传媒人。聪慧的她很清楚自己的定位，所以从没有偏离做媒体这个大方向，她的变化在于她的目标层次一直在提高。

杨澜在她的《凭海临风》一书中曾写到了乘热气球的经历。热气球的操作员能做的只是调整气球的高度以捕捉不同的风向，气球的具体航线和落点就只能听天由命了。这正是乘坐热气球的魅力所在：有控制的可能性，又保留了不确定性，所以比任何精确设定的飞行都来得刺激。"其实人生的乐趣也是如此，全在这定与不定之间。"杨澜这样认为。

杨澜的职业规划建立在她自身所处的职业环境的基础上，针对未来职业方向做出职业生涯规划，在职业发展二维图形中存在飞多高和飞多远两个维度：飞多远是基础，是你的强项和兴趣；飞多高往往是个人努力和客观环境的综合结果，尤其是外界环境影响的结果。

资料来源：作者根据相关资料整理。

启示与思考

杨澜的成功自然不仅仅是幸运，她在规划自己的职业生涯方面有哪些值得我们借鉴的地方？我们应该如何从现在开始规划自己的职业生涯？

第一节 职业生涯导论

大学生的职业规划是其走向职场的基础性准备工作，本节从职业生涯的概念入手，重点介绍大学生进行职涯规划的原因、重要意义以及基本要点。

一、什么是职业生涯

(一) 职业生涯的定义

职业，是指人们在社会生活中所从事的，以获得物质报酬作为自己主要生活来源并能满足自己精神需求的，在社会分工中具有专门技能的工作。在竞争激烈的今天，职业是一个热门。每个人都想拥有适合自己的职业，以此来提高自己的生活水平和在社会中实现自己的价值。这种自我意识在职业选择领域的表现就是职业意识，它包括两个不可分割的方面：一是自己对现状的认识，二是自己对职业的期望。

在我国，建立生涯指的是生涯设计、确立人生目标、选择职业角色、寻求最佳发展前途的人生重要关口，是重整个体人生观、价值观，评价与认识自身兴趣、个性和能力的重要历程。

职业生涯是一个人从首次参加工作开始的一生中所有的工作活动与工作经历按照编年的顺序串接组成的整个过程。这整个过程可以是间断的，也可以是连续的，它包含一个人所有的工作、职业、职位的外在变更和工作态度、体验的内在变更。具体来讲，职业生涯是以心理开发、生理开发、智力开发、技能开发、伦理开发等人的潜能开发为基础，以工作内容的确定和变化、工作业绩的评价、工资待遇、职称职务的变动为标志，以满足需求为目标的工作经历和内心体验的经历。职业生涯是一个动态的过程，不论职位高低，不论成功与否，每个工作着的人都有自己的职业生涯。

职业生涯不仅是一个过程的定义，更是一个人生的定义。在人的一生中，其所从事的工作、所获得的成就决定着他的价值与意义。可以从两个方面理解职业生涯的内涵：一是内职业生涯，指从事一种职业时的知识、观念、经验、能力、心理素质、内心感受等因素的组合及其变化过程。一个人刚步入职场的心态肯定与几年之后大不相同，为人的随和、处世的稳重、设计的全面考虑等都是职业生涯的内容。这些隐性的变化是一个人成长的具体体现。二是外职业生涯，指从事职业时的工作单位、工作时间、工作地点、工作内容、工作职务与职称、工作环境、工资待遇等因素的组合及其变化过程。职务的升迁、职称的变化会随着事业的发展而变化，是一个人内职业生涯的素质成熟与人生前进的标志。

与职业生涯相关的概念还有职业生涯设计与职业生涯管理。职业生涯设计是指个人(在组织的指导下)根据职业环境的发展，对个人素质发展、个人职业定位、职业道路选择、职业生涯发展进行的一系列安排。职业生涯管理是指个人(在组织的指导下)根据职业环境的变化，对个人职业生涯进行设计、履行、评估、反馈、控制的过程。它们都是站在未来组织的立场对职业生涯的认识。

(二) 职业生涯发展理论

职业发展如同人的身心发展，可以分成几个既相互区别又相互联系的阶段。每个阶段都有其不同的特点和特定的职业发展任务。如果前一阶段的职业发展任务尚未很好地完成，就会影响后一阶段的职业意识与行为的成熟，最后导致职业选择障碍。这一理论的主要代表人物是美国心理学家萨帕和金兹伯格。

1. 萨帕的理论

萨帕提出的关于人的职业心理与职业行为成熟过程理论的主要思想包括以下几个方面：

(1) 人的才能、兴趣和人格各不相同，因而适合从事不同类型的职业。

(2) 人们的职业偏好心理与从业资格、生活和工作的境况及其自我认识都随着时间、经历和经验的变化而改变，职业选择行为和心理调适成为一个不断变化的过程。

(3) 人的职业行为可以分为不同的阶段，包括成长阶段、探索阶段、确立阶段、维持阶段和下降阶段。

(4) 个体的职业生活受其父母的社会经济地位、个人智力、人格及其机遇的影响。

(5) 指导有利于个体人生发展的顺利进行。

(6) 个体的职业发展过程是自我概念的形成、发展和完善过程，也是主客观的一种折中调和过程。

(7) 对工作与生活的满意度和个体的才能、兴趣、人格特质、职业价值观密切相关。

2. 金兹伯格的理论

金兹伯格提出关于人的职业选择心理与行为发展变化的理论。这一理论认为：

(1) 职业选择不是某一时刻做出的一次性的决定，而是从幼儿时期就开始的包含一系列决策的长期过程。

(2) 职业选择的初期和中期在青年期，青年的每一个决定都与本人的经验有关，并且这些决定是连续的、渐进的。

(3) 为了进行职业选择，应充分理解兴趣、能力、价值观等一系列个人因素，以及这些个人因素与社会需要、职业空缺之间的关系。

(4) 人的职业选择可分为三个时期：一是空想期，发生在儿童期，职业愿望还停留在空想阶段，职业意向随生随灭，飘浮不定，极易受外界的影响。二是尝试期，这是由少年儿童向青年过渡的时期。此时起，人的心理和生理在迅速成长、发育和变化，有独立的意识，价值观念开始形成，知识和能力显著增长与增强，初步获得社会生产和生活的经验。三是现实期，指17岁以后的青年阶段。这一时期的人即将步入社会劳动，能够客观地把自己的职业愿望或要求同自己的主观条件、能力以及社会现实的职业需要紧密联系和协调起来，寻找适合自己的职业角色。

二、为什么要进行职业生涯规划

每一个人在性格、能力、心理、价值观念、身体素质、物质条件、生活状态等方面都不完全相同，这是由人生发展中"质"与"量"的差异所造成的。人生发展的"质"与"量"可以说是人与人之间的区别标签。因此，在发展的起步期，人们只有找准自己当前的"质"与"量"，才能知道自己所处的位置、所具备的条件；只有找准自己未来的"质"与"量"，才能知道自己所努力的方向和所要达到的境界。这需要一种衡量工具。在发展的过程中，只有恰当地运用方法，科学系统地构造发展的轨迹，才能找到理想的"质"与"量"。这就需要一种勾画手段。我们都知道，标尺的作用是衡量与勾画，而职业生涯规划正是人生发展的标尺，对于站在生涯发展十字路口的大学生而言更是如此。

(一) 职业生涯规划的衡量作用

1. 指导大学生确定恰当的人生目标

目标是人生之路的灯塔，它既指引着人们奋斗的方向，也给予人们奋斗的动力。但是，确定一个恰当的人生目标绝非易事。目标确定得过于宏大，就会找不到实现目标的切入点，对个人成长起不到促进作用；目标确定得过于狭隘，就会使个人的成长受到过多拘泥，最终会限制个人发展的空间。而职业生涯规划所包含的各种理论、方法、工具可以帮助大家准确地认识自我，在正确的自我定位的基础上，结合外部条件和社会需要确定切实可行的目标。

2. 帮助大学生认识既有的发展状态

认识既有的发展状态，包括对个性的认识、对现有能力和不足的认识、对发展阶段的认识等。如果对既有的发展状态有较好的把握，就可以确定之前所做努力的效果，明确下一步应做的工作。这样，我们就能知道今后是应该沿用之前的发展思路，还是进行适当的调整。这既可以作为一种对之前确定的人生目标的检验，又可以促进我们逐渐朝人生目标迈进。

（二）职业生涯规划的勾画作用

1. 帮助大学生树立正确的择业观念

时下就业市场上之所以会出现"公务员热""金融热""房地产热"等现象，很重要的原因就是很多大学生没有树立正确的择业观念，而一味地随大流，或者仅仅认识到社会环境对职业发展的影响，而没有考虑自我的身心特点和未来发展的目标。相关的"考研热""出国热"等也是大学生群体缺乏正确就业观念的表现。没有正确的择业观念，带来的结果往往是就业时四处碰壁或从事一个不适合自己的职业，导致个性被压抑，能力被限制，生活上郁郁寡欢，事业上步履维艰。"三百六十行，行行出状元。"对于有抱负的人，其实大多数职业都有广阔的发展空间，都能给人生带来成功的荣耀。正确的择业观念应当是自我认识、环境认识、价值目标认识的系统结合。职业生涯规划可以帮助个体在此基础上树立具体的、有针对性的择业观，使个体对机遇的把握更为全面和深刻。

2. 引导大学生重视并有针对性地培养素质和能力

对于大学生而言，当前社会发展既充满着机遇，又面临着严峻的挑战。可以预见，未来对人才要求的趋势是越来越多样化、专业化，而且越来越注重品行合一。我们常常听说这样的情况：有些学生在工作中由于不能熟练地使用各种现代化工具，能力大打折扣；有些学生在大学期间虽然看了很多书，但在工作时无论是口头表达能力还是书面表达能力都不强，直接影响了社会对其思想观点的认可；有些学生在工作时感觉专业知识学得不深，常有重回校园学习的冲动；等等。这些都是大学生没有针对性地培养素质和能力的结果。那么，在挑战和趋势面前，大学生应该怎样培养素质和能力呢？人的一生中，学习和实践的时间是有限的，我们很难使自己的素质和能力面面俱到，成为无所不能的全才，而且当代社会分工的精细使得任何人都不能在所有领域里大展身手。因此，我们应该以发展目标为核心，有针对性地培养自己在某些方面的素质和能力。学习了职业生涯规划，相信大多数人都能理解这一点，并付诸行动。

三、如何进行职业生涯规划

职业生涯规划的目的不仅仅是帮助个人找一份工作，更重要的是帮助个人真正了解自己，正确估量内、外环境的优势和限制，做到"衡外情、量己力"，为自己策划和设计出合理可行的职业生涯发展方向，从而实现个体职业的可持续发展，最终达到和实现自己的人生目标。

职业生涯规划能够帮助个人确定职业发展的目标和方向，帮助个人对自我进行全面分析，从而认识与了解自己的特点和兴趣，评估自己的能力、优势和不足。

在设计和规划的过程中，人们通过对客观环境的分析可以明确自我职业发展的方向，正确选择职业目标，并运用适当的方法，采取有效的措施，克服职业生涯发展中的困难和障碍，使自己的才能得到充分发挥，从而获得事业上的成功，实现人生的理想。

(一) 明确自身优势

(1) 我能干什么？明确自己的能力大小，给自己打分，看看自己的优势和劣势，这就需要进行自我分析。进行自我分析，旨在深入了解自我，根据过去的经验选择，推断未来可能的工作方向与机会，从而彻底解决"我能干什么"的问题。只有从自身实际出发，顺应社会潮流，有的放矢，才能马到成功。

(2) 我学习了什么？在学习期间，我从学习的专业中获取了什么收益？参加过什么社会实践活动？提高和升华了哪方面知识？专业也许在未来的工作中并不起多大作用，但在一定程度上决定了自身的职业方向。因此，尽自己的最大努力学好专业课程是生涯规划的前提条件之一。

(3) 我曾经做过什么？即自己已有的人生经历和体验，如在校期间担任学生干部，曾经为某知名组织工作过等社会实践活动，取得的成就及经验的积累、获得过的奖励，等等。经历是个人最宝贵的财富，往往可以从侧面反映一个人的素质、潜力状况，因而备受招聘单位的关注。同时，人生经历是自我简历的亮点所在和重要组成部分，绝对忽视不得。对应聘者来说，经历往往比知识更为重要，因为许多事情只有经历过，才可能有深刻体会。只有在实践中才能真正发现一个人的长处与不足。

(4) 我最成功的是什么？我做过很多事情，但最成功的是什么？为何成功，是偶然还是必然？是否是自己能力所为？通过对最成功事例的分析，可以发现自我优越的一面，如坚强、果断、智慧超群，以此作为个人深层次挖掘的动力之源和魅力闪光点，成为职业规划的有力支撑。寻找职业方向往往要从自己的优势出发，以己之长立足社会。

(二) 找出自身不足

(1) 弱点。对于无法避免的与生俱来的弱点，必须正视，并尽量减少它对自己的影响。譬如，一个独立性强的人很难与他人默契合作，而一个优柔寡断的人难以担当组织管理者的重任。卡耐基曾说："人性的弱点并不可怕，关键要有正确的认识，认真对待，尽量寻找弥补、克服的方法，使自我趋于完善。"因此，要安下心来，多与他人交流，尤其是与自己相熟的人(如父母、同学、朋友等)交谈，看看他人眼中的自己是什么样子的、与自己的预想是否一致，找出其中的偏差，这将有助于自我提高。

(2) 经验与经历中所欠缺的方面。"金无足赤，人无完人"，由于自我经历的不同、环境的局限，经验的欠缺每个人都无法避免。有欠缺并不可怕，可怕的是自己还没有认识到或意识到而一味地不懂装懂。正确的态度应是认真对待，善于发现，并努力克服和提高。

(三) 进行多方面分析

(1) 社会分析。社会在进步、在变革，作为即将步入社会的大学生，应该善于把握社会发展脉搏，这就需要进行社会大环境的分析。例如，当前社会、政治、经济的发展趋势；社会热点职业门类分布及需求状况；所学专业在社会上的需求情况；自己所选择的职业在目前与未来社会中的地位；社会发展对自身发展的影响；自己所选择的单位在未来行业发展中的变化，在本行业中的地位、市场占有率及发展趋势；等等。对这些社会发展大趋势问题的认识有助于自我把握职业社会需求，使自己的职业选择紧跟时代脚步。

(2) 组织分析。这应是个人着重分析的部分，组织将是你实现个人抱负的舞台。西方关于职业发展有句名言，即"你选择了一个组织，就是选择了一种生活"。特别是现代组织越来越强调组织文化的建设，对员工的适应生存能力要求越来越高，因而应对将置身其中的组织的各个方面做详细了解，找到与组织的共同点。只有两者之间拥有较多的共同点，才是个人融入组织的最佳选择。

(3) 人际关系分析。个人处于社会环境中，不可避免地要与各种人打交道，因而分析人际关系状况尤为必要。人际关系分析应着眼于以下几个方面：个人职业发展过程中将与哪些人交往；哪些人将对自身发展起重要作用；工作中可能遇到什么样的上下级、同事及竞争者，对自己会有什么影响；如何与他们相处、如何对待；等等。

(四) 明确选择方向

通过以上自我分析认识，我们需要明确自己该选择什么职业方向，即解决"我选择干什么"的问题，这是个人职业生涯规划的核心。职业方向直接决定着一个人的职业发展。职业方向的选择应按照职业生涯规划的四项基本原则，结合自身实际来确定，即选择自己所爱的原则，必须对自己选择的职业是热爱的，从内心自发地认识到要"干一行，爱一行"。只有热爱它，才可能全身心地投入，做出一番成绩。

第二节　自我认知

一、自我认知方法

职业生涯规划强调，了解自我是生涯规划的前提。比如，专业选择本身会受到许多复杂因素的影响，有些学生可能会因为录取专业不是自己的首选，就不喜欢自己所学的专业，这背后其实是将自己的挫折感和现在的专业做了一个错误连接，导致因为不能接受自己的考学挫折而不接受现在的专业。有些学生易受周围环境舆论的影响，如认为男生不喜欢学师范专业，男人当老师没有出息，等等。有些学生受社会流行看法的影响，觉得一些专业的发展前景不好，如认为学英语以后没有发展前景等。这些因素都会在不同程度上令他们迷失方向。因此，大学生职业生涯规划与发展成功的第一步是学会认识自我。

自我认知是指对自己的洞察和理解，包括自我观察和自我评价。其中，自我观察是指对自己在感知、思维和意向等方面的觉察，自我评价是指对自己在想法、期望、行为及人格特征等方面的判断与评估。自我认知是进行清晰自我定位的基础，是个人职业与事业生涯的起点，包括认知价值观、人生方向和目标，认知性格特征，认清优势和劣势，觉察情绪变化、原因，等等。自我认知的方法比较多，常用的主要有现实分析法、内省法、纵向剖析法、360度评价法、专家咨询法、职业测评法等。

（一）现实分析法

现实分析法要求准确地把握自我，对自己的人生态度、兴趣和理想有充分的认识。这要求人们既要认识自己的外在形象，如外貌、衣着、举止、风度、谈吐等，又要认识自己的内在素质，如学识、心理、道德、能力等。

（二）内省法

古人云："吾日三省吾身。"反省对认识、把握自己是很有好处的。内省法主要通过回答"我是谁"来反省、分析自己，反省时既要看到自己的优点和长处，又要看到自己的缺点和不足。

（三）纵向剖析法

人是不断变化、发展的。"今天的我"是以"昨天的我"为基础的，同时是"明天的我"的基础，它们既相互联系又不尽相同，但继承和发展是主要趋势，这种关系体现在知识、经验、兴趣、爱好、能力和愿望等方面。因此，人们可以对自己进行前后比较，深刻地了解自我、认识自我，从而对自己做出客观评价。

（四）360度评价法

古人云："以人为镜，可以明得失。"他人的评价就像一面镜子，映射出另一个角度的自我。360度评价法原是绩效考核方法之一，自20世纪80年代以来，迅速被国际上许多企业采用，其特点是评价维度多元化(通常是4个或4个以上)。针对大学生职业生涯的自我认知目标，360度评价法被改良为通过收集家人、朋友、同学、同事、教师等大学生常见社会关系人员的他评信息，获得多层面人员对自己外表、态度、个性、能力、素质等的反馈，从而为客观、全面地认识自我和了解自我提供依据。

（五）专家咨询法

专家咨询法主要是指个体通过与专家交谈，探讨自己的人生经历、专业、学历、兴趣、价值取向、能力、个人的内外资源等，借助专家的力量来清晰地认识自我、准确地定位，从而找到自己的职业发展方向。

（六）职业测评法

职业测评法是指综合运用现代心理学、管理学、心理测量学等相关科学的研究成果，对人的认知水平、个性特征、职业兴趣以及职业发展潜力进行分析和定位的方法。职业测评法为职业生涯规划设计提供了科学的指导和参考的依据。

职业测评是心理测验在职业测验上的具体应用。常用的工具量表包括艾森克人格问卷、职业性格测试(myers-briggs type indicator，MBTI)、自我价值取向量表、爱德华个性偏好量表、霍兰德(Holland)职业兴趣量表、霍兰德职业能力量表、认知方式测试和创造性思维测试。

二、性格倾向探索

(一) 性格的概念

性格是一个人对现实的态度以及在习惯性的行为方式中所表现出的较为稳定的个性心理特征。简单地说，性格是人对现实的稳定态度和习惯化的行为方式。

(二) 性格的类型

每个人的性格不会完全相同，但是为了探讨性格与职业生涯规划的关系，我们必须将它们进行归类。对于性格的类型，人们可以从不同的角度来进行划分。

1. 按性格的构成机制划分

(1) 理智型。这种类型的人用理智来衡量一切，并支配自己的行为。这种类型的人沉着冷静，往往善于独立思考。

(2) 情绪型。这种类型的人情绪体验深刻，言谈举止易受情绪左右，处理问题喜欢感情用事。这种类型的人类似人们常说的"性情中人"。

(3) 意志型。这种类型的人有明确的活动目的，行动坚决，具有主动性、积极性和持续性。

2. 按心理活动指向划分

(1) 内向型。这种类型的人重视主观世界，沉静谨慎，深思熟虑，情感深沉，具有自我分析和自我批评精神，但反应缓慢，适应性差，交际面窄，性格孤僻，常沉浸在自我欣赏和幻想之中。

(2) 外向型。这种类型的人重视客观世界，生动活泼，热情开朗，情感外露，喜欢交际，不拘小节，独立性强，对外部事物比较关心，但比较轻率，缺乏自我分析和自我批评精神。

3. 按个体与他人的关系划分

(1) 独立型。这种类型的人善于独立思考，信念坚定，有主见，能够发挥自己的优势，不易受他人影响，临阵不慌，但喜欢把自己的意志强加于人。

(2) 顺从型。这种类型的人独立性差，易受暗示影响，缺少独立见解，容易盲从，随波逐流，屈从权威，遇到重大事件往往会惊慌失措，逃避现实。

很显然，这种划分是很粗略的，而且并不绝对，甚至可以说大多数人的性格都处在这种极点的中间，只不过偏向不同。一个人的性格可能是独立型的，也可能是理智型的、内向型的。大学生可以参考这些特点认识自己的性格类型。

(三) 性格与职业生涯规划

"我的性格是什么？"大学生应在认真回答这个问题的基础上，再去思考"我适合什么样的职业"。

职业生涯规划不仅要认识自己的性格类型，还要了解不同职业对从业人员的性格有什么要求，最后通过职业生涯规划来实现个人的性格和职业的相互匹配。比如，科学研究需要理智型和独立型的性格，如果自己不具有这种性格，最好不要把它作为自己的目标职业。当然性格并非完全不能改变，因此，性格与职业相互匹配可以通过培养职业性格这个途径来实现。由于性格毕竟是一个人稳定的态度和习惯化的行为方式，其形成是在先天的生理基础之上经后天的长期实践慢慢形成的。大学生的性格基本已经定型，要想改变非常困难，因此，大学生在进行职业生涯规划时，最好是根据性格择业。

三、职业兴趣识别

(一) 兴趣概述

兴趣是我们对事物喜好或关切的情绪，表现为我们对某个事物、某项活动的选择性态度和积极的情绪反应，是我们内心动力和快乐的来源。兴趣是无论能力高低，也无论外界评价如何，我们依然能够乐此不疲、持续不断地投入时间与精力的事情。

兴趣在人的实践活动中具有重要的意义，可以使人集中注意力，产生愉悦的心理状态。例如一些体育迷，一谈起体育便会津津乐道，一遇到体育比赛便想一睹为快，对电视中的体育节目特别关注，这就是对体育有兴趣。"萝卜白菜，各有所爱"，这里是指人们的兴趣是多种多样、各有特色的。在实践活动中，兴趣能使人们工作目标明确，积极主动，从而能自觉克服各种艰难困苦，获取工作的最大成就，并能在活动过程中不断体验成功的愉悦。

如果我们从事的工作是自己感兴趣的，那么我们的工作和生活会愉快得多，我们往往也会对工作有源源不断的激情与付出，更容易通过工作获得满足感。当然，对感兴趣的工作，我们也愿意投入更多的时间，常常会培养出更强的能力。股神巴菲特曾说过："我和你没有什么差别。如果你一定要找一个差别，那可能就是我每天有机会做我最爱的工作。如果你要我给你忠告，这是我能给你的最好忠告了。"由此可见，兴趣与能力之间有着密切的关系。

(二) 霍兰德兴趣理论

著名的生涯辅导理论家霍兰德提出了一系列的职业兴趣理论假设：

(1) 职业选择是人格的一种表现，某一类型的职业通常会吸引具有相同人格特质的人，这种人格特质反映在职业上就是职业兴趣。

(2) 大多数人的职业兴趣可以归纳为以下六种类型：实用型(realistic type，R 型)、研究型(investigative type，I 型)、艺术型(artistic type，A 型)、社会型(social type，S 型)、企业型(enterprising type，E 型)、事务型(conventional type，C 型)。

(3) 个人的职业兴趣往往是多方面的，很少只集中于某一种类型。多数人可能或多或少地具有六种兴趣，只是偏好程度不同。因此，为了比较全面地描绘个人的职业兴趣，通常用最强的三种兴趣的字母代码来表示一个人的兴趣，这个代码就称为霍兰德代码。这三个字母的顺序表示兴趣的强弱程度不同。

霍兰德职业兴趣理论常应用于了解并组织个人的兴趣，探索与理解工作世界、职业兴趣测评等。

(三) 自我兴趣探索

探索职业兴趣的方式较多，下面以"六岛环游"为例进行介绍，其他方法可参考"入职匹配测试"。

指导语： 恭喜你！你获得了一次免费度假游的机会，有机会去下列六个岛屿中的一个。唯一的要求是你必须待在这个岛上至少三个月的时间。请不要考虑其他因素，仅凭自己的兴趣挑出你最想前往的岛屿。

1号岛屿：自然原始的岛屿。岛上自然生态环境好，有各种野生动物。居民以手工见长，自己种植花果蔬菜、修缮房屋、打造器物、制作工具，喜欢户外运动。

2号岛屿：深思冥想的岛屿。岛上有多处天文馆、科技博览馆及图书馆。居民喜好观察、学习，崇尚和追求真知，常有机会和来自各地的哲学家、科学家、心理学家等交换心得。

3号岛屿：美丽浪漫的岛屿。岛上有美术馆、音乐厅、街头雕塑和街边艺人，弥漫着浓厚的艺术文化气息。居民保留了传统的舞蹈、音乐与绘画，许多文艺界的朋友都喜欢来这里找寻灵感。

4号岛屿：友善亲切的岛屿。岛上的居民性格温和、友善，乐于助人，社区均自成一个密切互动的服务网络，人们重视互助合作，重视教育，关怀他人，充满人文气息。

5号岛屿：显赫富庶的岛屿。岛上居民善于企业经营和贸易，能言善道；经济高度发展，处处是高级饭店、俱乐部、高尔夫球场。来往者多是企业家、经理人、政治家、律师等。

6号岛屿：现代秩序井然的岛屿。岛上建筑十分现代化，是进步的都市形态，以完善的户政管理、地政管理、金融管理见长。岛上的居民个性冷静保守，处事有条不紊，善于组织规划，细心高效。

其中，1号岛屿对应实用型，2号岛屿对应研究型，3号岛屿对应艺术型，4号岛屿对应社会型，5号岛屿对应企业型，6号岛屿对应事务型。

四、职业技能评估

所谓能力倾向，是指一种潜在的、特殊的能力，它与经过学习训练而获得的才能是有区别的，它本身是一种尚未接受教育训练前就存在的潜能。职业能力倾向主要是指与个体成功地从事某种工作有关的能力因素，是一些对于不同职业的成功、在不同程度上有所贡献的心理因素。社会上的职业很多，各种职业对人的能力要求也各不相同，而个体的能力也存在很大差异。因此，如果我们能对自己的职业能力做出恰当的评价，就可以结合自己的职业兴趣选择适合自己的职业，并在选定的职业中充分施展自己的才华，发挥自身的优势。

职业能力倾向测验是一种测量人们从事某种职业活动潜在能力的评估工具，它具有诊断功能和预测功能，可以判断一个人的能力优势与成功发展的可能性，为人员选拔、职业设计与开发提供科学依据。

(一) 特殊性倾向测验

这个测验是系列式的，包括四大类多个小测验，是国外企业常用的职业能力倾向性测验。这四大类小测验分别是机械倾向性测验、文书能力测验、心理运动能力测验和视觉测验。机械倾向性测验，主要测量人们对机械原理的理解和判断空间形象的速度、准确性以及手眼协调的运动能力；文书能力测验是专门了解个人打字、速记、处理文书和联系工作能力的测验，适用于科室和文职人员能力测量；心理运动能力测验主要测验工业中许多工作所需的肌肉协调、手指灵巧或眼与手精确协调等技能；视觉测验是运用特殊仪器对视力的多种特征进行测验，以评定其是否符合一定工作的要求。

(二) 多重能力倾向测验

多重能力倾向测验主要用来测量与某些活动有关的一系列心理潜能，能同时测定多种能力倾向。其中，普通能力成套测验(GATB)是较有代表性且较常用的，可以测量以下9种职业能力：

(1) G——智能。智能即一般的学习能力，包括对说明、指导语和诸原理的理解能力、推理判断能力和迅速适应新环境的能力。

(2) V——语言能力。语言能力是指按语言的意义及与它相关的概念，有效地掌握它的能力；对字词、句子、段落、篇章及其相关关系的理解能力；清楚而准确地表达信息的能力，包括口头表达能力和文字理解与表达能力。

(3) N——数理能力。数理能力是指在正确而快速进行计算的同时能进行推理，解决应用问题的能力。

(4) Q——书写知觉能力。书写知觉能力是指对文字、表格、票据等材料的细微部分正确知觉的能力；直观地比较、辨别字词和数字，发现错误和纠正的能力。

(5) S——空间判断能力。空间判断能力是指对记忆平面图形与立体图形之间的关系的理解能力和解决应用问题的能力。

(6) P——形态知觉能力。形态知觉能力是指对实物或图像的有关细节的正确知觉能力，根据视觉能够比较、辨别的能力，对图形的形状和阴影的细微差别、长宽的细小差异等进行辨别的能力。

(7) K——动作协调能力。动作协调能力是指迅速、准确和协调地做出精确的动作，并迅速完成作业的能力；迅速而准确地做出反应动作的能力；手、眼协调运动的能力。

(8) F——手指灵活性。手指灵活性是指快速而准确地活动手指，操作细小物体的能力。

(9) M——手腕灵活性。手腕灵活性是指随心所欲地、灵巧地活动手以及手腕的能力，拿取、放置、调换、翻转物体时手的精巧运动和手腕的自由运动能力。

其中，V，N，Q能力出色的人属于认知型职业类型，S和P能力出色的人可归入知觉型，K，F，M 能力突出的人属于运动机能型。现实生活中，有许多人可能同时在上述几类能力类型中都相当优秀，或者 9 种能力水平相差不大，没有哪一种能力特别突出。一般能力倾向测验的意义在于帮助你发现什么样的职业领域最能发挥你的潜能，而不是简单地划定"最适合的职业"，因此，人的很多能力是可以通过后天培养来积累的。

第三节　职业认知

一、职业认知方法

职业认知就是对职业的认识，对职员和团体的认识。职场的激烈竞争迫切要求企业加强对员工进行职业意识训练和职业技能培养，而员工的职业化训练并没有引起大多数企业的足够重视，从而导致员工简单地将当前职业看成谋生手段，大大降低了工作责任心与归属感，从而影响团队整体合力的发挥。个人进行职业探索通常采用查阅、现实情境检测法、内省法、成长经历法、他人评价法、参观、实习、访谈的方法。

（一）查阅

将个人希望了解的职业方向(职业群)，通过网络、书籍、期刊及有关声像资料，进行初步查阅；选定各种典型职业，进一步对其入门所需的基本条件(如学历、资格证书、身体条件等)进行查阅；通过查阅，对做好职业工作所需要的知识、技能、生理条件及个性特征有一个初步的认识，对该职业的生存环境、发展前途以及个人循此发展可能取得的职业成就等形成初步印象。

（二）现实情境检测法

现实情境检测法指在日常活动中认识自己。通常我们的日常行为都是自然发生的，没有通过任何的反思行为。例如，你回想一下，在对待脾气暴躁的人时，你是否能够以礼相待？如果是，那么你可能具有较强的合作与适应能力，情绪的稳定性也较高。

（三）内省法

内省法指通过与自己内心对话反思自己。这也是一种很好的方法。所以你不妨问问自己"我工作的意义是什么？什么对我最重要？"等等。

（四）成长经历法

每个人的成长都是有积累的，如可以回想一下自己所经历的事情，自己能从中汲取哪些经验？可利用学习的信息又有哪些？

（五）他人评价法

仅从自己的角度了解自己，一定会存在盲点，而通过别人对自己的态度和行为方式来了解自己，能够得出较客观的定位。同事、朋友和上级的评价，能够加深对自己的了解，进一步完善自我。因此，我们要保持开放的态度来接受外界的评价，甚至是指责。

（六）参观

参观是指到相关职业现场短时间进行观察、了解。通过参观，可以了解职业相应工作的性质和内容、职业环境及氛围，获得实实在在的职业感受。

（七）实习

实习是指到职业场所进行一定时间的打工、义务劳动或实践。实习是一种比较全面地了解职业的方法，它可以更深入、更真实地对职业的工作任务、工作要求、工作环境及个人的适应情况进行了解与判断，如可以了解工作的程序、报酬、奖罚、管理及升迁发展的各种信息，还可以通过与工作人员的实地接触，感受职业对人的影响。

（八）访谈

访谈是通过和相关的从业人员，特别是成功的人或失败的人交流，了解相关职业的知识、技能需求、待遇和发展前景。

了解和认识与自己相关的职业有系统的方法，这些方法能够使你深入认识自己将要从事的职业。职业认知的原则具体包括职业的完整性、特征性、应用性以及辩证性。完整性是指对职业的描述应完整表达职业的所有要素，包括职业名称、职业主体性、职业报酬、职业技术。特征性是指对职业的描述应具体反映该职业所具有的典型特征，从而体现某一职业区别于其他职业的特点。应用性是指对职业的描述应为不同人员的应用服务，作为求职者，使用职业描述的目的就是实现有效的就业和职业生涯发展。辩证性对职业的描述应全面反映该职业对做作业者的利弊。

二、职业环境分析

马克思在《关于费尔巴哈的提纲》一文中有一句著名的话："人的本质不是单个人所固有的抽象物，在其现实性上，它是一切社会关系的总和。"换言之，人是社会的人，人的发展离不开社会。因此，我们应当充分了解个人所处社会环境中的各种资源，以期在职业生涯决策和职业选择中充分利用。

（一）家庭环境

家庭环境可以分为软环境和硬环境。家庭软环境是指笼罩着特定场合的特殊气氛或氛围，它诉诸人的内在情绪和感受，是家庭生活中人与人之间相互联系时所形成的一种气氛；家庭硬环境是指特定的物质条件，它是人得以发展的基础条件。每个人从出生伊始就受到家庭环境的影响，这种影响往往是多方面的，也是深远的。

(二) 校园环境

对于大学生来说，利用好校园资源很关键。因为你要在这个校园度过4~5年的大学生活，所以越早熟悉越好。大一学生可以和室友或者同班同学花点时间把校园转个遍，先从学校历史开始，再按照学校区域布局把教学楼、食堂、图书馆、生活区等都了解一下。只有了解校园的历史和设施才能更好地融入校园文化，更好地规划自己下一步的校园生活。

1. 校园硬件环境

校园硬件环境包括图书馆、教室、实验室、机房、食堂、超市、银行、邮局、运动场、报告厅等。校园硬件环境是学生入校后要尽快熟悉的环境。大学的教室不同于中学的教室，不同的课程可能在不同的教室上，不是教师找教室，而是学生找教室。另外，图书馆是大学生大学期间最常去的地方，是最应该熟悉的地方。

2. 校园文化和学校历史

校园文化包括学校办学定位、校训、校歌、校园，弘扬的精神，等等，如中国劳动关系学院的校训是"刚健创新和而不同"。这些反映了学校的创办宗旨和方向，是大学生受教育的内容之一。从建校史可以看出学校创办过程中所走过的路，让我们更懂得作为学校的一员应该为学校的建设和发展做出什么样的贡献。

(三) 社会环境

社会环境分析包括我们所处的社会政治环境、经济环境、法治环境、科技环境、文化环境等宏观因素的分析。社会环境对我们职业生涯乃至人生发展都有重大影响，我们应通过对社会环境的分析，来了解和认清政治环境、经济形势、社会文化、政策要求等，以更好地寻求各种发展机会。

国家的宏观政治经济环境对大学生就业的影响是非常大的，如《国家中长期人才发展规划纲要(2010—2020年)》对人才的需求做了整体规划，涉及社会各个行业、各个地域的人才发展要求。国民经济的发展速度也直接决定着社会新增就业岗位的数量。2019年新冠疫情的全球暴发促使大学生就业难的问题在一定时间内持续加剧[①]。在这样的背景下，党的二十大报告提出："构建高水平社会主义市场经济体制。坚持和完善社会主义基本经济制度，毫不动摇巩固和发展公有制经济，毫不动摇鼓励、支持、引导非公有制经济发展，充分发挥市场在资源配置中的决定性作用，更好发挥政府作用……建设现代化产业体系。坚持把发展经济的着力点放在实体经济上，推进新型工业化，加快建设制造强国、质量强国、航天强国、交通强国、网络强国、数字中国。"

(四) 职业环境

职业环境分析主要包括以下几方面内容。

---

① 陈怡如."新冠肺炎"疫情下大学生就业难问题及应对[J].大陆桥视野，2020(7):101-102,105.

1. 行业环境分析

行业环境分析包括对目前从事或拟从事的目标行业的环境分析。其内容应包括行业的发展状况，国际、国内重大事件对该行业的影响，目前行业的优势与问题，行业发展趋势，等等。在分析行业环境时，不仅要结合社会大环境的发展趋势，还要注意国家政策的影响，了解国家对某一行业是支持、鼓励和引导，还是限制、控制和制约。通常，行业与企业的生存空间紧密相连，对企业来说，行业的性质决定了其企业未来的发展方向和发展程度。从成长性上看，选对了行业，个人在择业方面也就成功了一半。

行业的"冷热"都是相对的。伴随科学技术的发展和大众文化取向等诸多因素，每个时代都有所谓的"热门"行业和"冷门"行业。大学生求职时，如果仅仅将眼光放在行业的"冷热"上，必然会错过很多好的就业机会，也会给自己的求职增加难度。关键是要发现那些适合自己个性和能力的职业。

一般来说，有些大学生学习的专业已经基本决定了以后从事的行业，如物理教育、生物教育、新闻学等，但更多的专业是没有行业限制的，如英语、国际经济与贸易、法学等。因此，对目标行业进行行业发展现状的分析主要应了解以下几个方面的状况：一是目标行业处于生命周期的哪个阶段(行业的生命周期包括引入期、成长期、成熟期和衰退期)，二是行业是朝阳行业还是夕阳行业。若行业是朝阳行业则适宜加入，如 IT(信息技术)业、旅游业、管理咨询等发展空间广阔；若行业是不断萎缩的行业则慎重加入，如小型采矿业、小型造纸厂等资源消耗大、对环境污染严重的行业。

对此，可进行行业发展前景预测。行业发展前景预测可以从两方面进行分析：一是行业是否有技术、资金支持等，二是要考虑和研究国家对相关行业的政策。

总之，分析和了解影响职业生涯的行业因素，有助于个人职业目标的更好实现。

2. 职业环境分析

所谓职业环境分析，就是要认清所选职业在社会大环境中的发展状况、技术含量、社会地位、未来趋势等，如当前热点职业有哪些，职业的发展前景怎样，社会发展趋势对所选职业有什么要求、影响如何，等等。

PLACE 是评估职业的有效方法，其中 P 指职位(position)，包括该职业在社会中有哪些具体职位，职位的经常性任务、所需担负的责任、工作层次等。L 指工作地点(location)，包括地理位置、环境状况、室内或室外以及工作地点的变化性、安全性等；A 指升迁状况(advancement)，包括工作的升迁通道、升迁速度、工作稳定性、工作保障等；C 指雇用状况(condition of employment)，包括薪酬、福利、进修机会、工作时间、休假情形及特殊雇用规定；E 指雇用条件(entry requirements)，包括所需的教育程度、资格证书、训练、能力、人格特质、职业兴趣、价值观等。

3. 企业环境分析

企业环境一般包括企业类型、企业文化、发展前景、发展阶段、产品服务、员工素质、工作氛围等。首先要确定自己适合什么样的企业文化、什么样的环境，从而找到真正适合自己要求的企业。我们每个人都面临着这样一个严峻的现实：我们必须长期地、努力地工作。如果用几年的时间做自己并不适合的工作(这种情况很常见)，就是在浪费生命。

对于绝大多数人而言，职业生涯是与某个(某些)工作或服务的组织(企业)相联系的。个人所在的组织(企业)环境对个人的发展有着重要影响，当组织(企业)环境适宜个人发展时，个人职业更容易取得成功。因此在进行职业选择时，要学会对组织(企业)环境进行有效评估。

4. 地域分析

选择工作地点也是大学生职业生涯规划中的一个重要部分。对于大学生而言，就业不仅仅是一份工作和职业的选择，很多时候更是生活环境甚至是生活方式的选择。就业区域正是对生活环境和生活方式影响非常巨大的选择。无论是大都市还是小城镇，人才结构都呈金字塔形，高端人才少。人才分布则呈山地形，有的地方人才多，是高地；有的地方人才少，是平地。在进行职业规划的时候，毕业生可以客观地分析自己，不必拘泥于传统的地域限制，应选择一个适合自己发展的平台，寻找更广阔的发展空间。

三、不同职业要求

一般而言，不同的职业要求劳动者具备不同的个性，如果劳动者不具备这些个性，往往不能胜任工作。

(一) 不同职业要求劳动者具备不同的能力

作家、翻译、编辑、教师、记者要求具有很强的文字言语能力；会计、出纳要求具有较强的快速计算能力；工程师、设计师、科学家要求具有较强的复杂计算能力、良好的空间判断能力、形状知觉能力和抽象思维能力等；无线电修理工、钟表修理工等要求具有手指灵巧迅速活动的能力；速记员、打字员、排字工等要求具有迅速又正确地进行定向活动的能力；秘书、书记员等要求具有较高的识别语言和文件的细节、发现错别字和正确校对文字与数字的能力；等等。

(二) 不同职业要求劳动者具备不同的性格

医生、护士、临床心理学家要求富有同情心，具有热情和蔼、小心谨慎、仔细周到的性格；律师、法官、警察、检察员、纪检人员等要求有重理智、轻感情、严肃、冷静、庄重、威严等性格；营业员、服务员、推销员等要求有待人热情、善于与人交往、善于揣摩他人心情等性格；教师等要求有安静、理智、庄重、善良等性格；科学家要求有迷恋、认真、坚忍等性格；海员要求有勇敢、甘冒风险等性格。

(三) 不同职业要求劳动者具备不同的气质

交通部门的驾驶员、重要部门的调度员、复杂机器的技术操作人员等要求有高度紧张、反应灵敏等气质特点；医疗单位的护理人员等要求有沉着、敏感、细致等气质特点；纺织行业的女工、钟表行业和精密仪器行业的工人等要求有注意力稳定、动作灵活等气质特点；飞机驾驶员、宇航员等要求有及时分配注意力，敏感、身心能耐受高度紧张等气质特点；管理人员要求有细致、外向、耐心等气质特点。

第四节 职业生涯决策

一、职业生涯决策的影响因素

影响个人职业生涯决策的因素很多，但总体上来说，主要有两大因素，即外职业生涯因素和内职业生涯因素。

(一) 外职业生涯因素

外职业生涯因素是指从事一种职业时的工作时间、地点、单位、职务和职称、工资待遇等因素的组合及其变化过程。外职业生涯通常可以通过名片、工资单体现，包括社会经济发展水平和速度，以及由其提供的发展空间及机会。

(二) 内职业生涯因素

内职业生涯因素是指从事一种职业时的知识、观念、经验、能力、心理素质、内心感受等因素的组合及其变化过程。内职业生涯因素通过从事职业时的表现、工作结果、言谈举止表现，包括个人的专业水平、气质能力及自我调控能力等。例如，企业为员工提供职业阶梯，因为管理的职位是有限的，个人必须为自己设计职业发展通道，根据自身特点，结合社会和企业的需求来获得发展的机会。

内职业生涯因素是外职业生涯因素发展的前提，内职业生涯因素带动外职业生涯因素的发展。外职业生涯因素通常由别人决定、给予，也容易被别人否定、剥夺；内职业生涯因素由自己探索、获得，并且不随外职业生涯因素的改变而丧失。对于外职业生涯因素的发展，略超前时有动力，超前较多时有压力，超前太大时有毁灭力；对于内职业生涯因素的发展，略超前时舒心，超前较多时烦心，超前太多时会变心。所以，要想实现职业生涯理想，顺利发展，必须把握每一个发展机遇。

职业生涯规划的过程主要取决于两个方面：一是社会发展的客观需要，特别是社会职业的现实要求；二是当事人自身的实际情况，其中起主要作用的是当事人自己。因为职业生涯规划不是社会或学校强加在个人身上的实施方案，而是当事人在内心动力的驱使下，结合社会职业的要求和社会发展利益，依据现实条件和机会所制订的个人化的实施方案。所以，从个人的角度来讨论职业生涯规划，它主要包括自我认知、自我规划(确定职业方向和目标，制订职业发展道路计划)、自我管理(明确需要进行的自我学习、提升准备和行动计划)、自我实现(反馈评估、修正完善)。

二、职业生涯决策的方法

要做出正确的职业生涯决策，个体首先要获取大量有关自身和职业选择的信息与知识，但是仅仅知道如何在决策情境中使用这些信息与知识仍不能做出正确的决策，还需要了解和掌握职业生涯决策的方法与技巧。

（一）SWOT分析法

在充分认识自我、了解职业和环境之后，个体还应评估各种因素对自己职业生涯的影响，判断自己的兴趣、爱好、特长、性格、气质与能力等是否适合当前的环境。要进行如此复杂的分析和评估，就需要强大的评估工具，其中SWOT分析法是最为常用的一种分析、评估方法。

SWOT分析法是在市场营销管理领域被广泛使用的强大分析工具。它是由旧金山大学的管理学教授于20世纪80年代初提出来的，主要用来帮助决策者在竞争环境中制定适合企业发展的竞争战略，现在被引入职业生涯决策。在生涯规划问题上，我们每个人都是自身发展的决策者，SWOT分析法同样可以发挥有效的指导作用。SWOT分析法中的S代表strength(优势)，W代表weakness(弱势)，O代表opportunity(机会)，T代表threat(威胁)，其中S、W是内部因素，O、T是外部因素。通过SWOT分析，我们就能很容易地知道自己的优点和弱点在哪里，并且可以详细地评估自己所感兴趣的不同职业道路的机会和威胁。在运用SWOT分析法对职业生涯机会进行评估时，应遵循以下步骤。

1. 分析自己的优缺点

随着社会分工的进一步细化，职业的分类也越来越细，很少有人能成为"百科全书式"的全才，每个人都有自己突出的优势和才能，也都有不足和缺点。例如，有的人喜欢与人交往，不希望从事单调的办公室工作，而有的人不擅长与人交流，喜欢一个人在实验室里做研究工作。

为了分析自己的优点和缺点，可以制作一个表格，列出不喜欢做的事情和缺点。需要注意的是，找出缺点与发现优点同等重要，因为在此基础上可以有针对性地进行弥补和提高，也可以放弃那些自己不擅长的职业领域。

2. 找出外部机会和威胁

社会环境时刻在发生变化，在变化的环境中，有些因素是机遇，有些因素则是威胁。当然，不同的行业、职业和职位面临的机遇和威胁也不同，只有准确地找出这些外部因素，才能做出正确的决策。例如，如果选择的行业最近几年不景气，那么它可以提供的工作职位自然比较少，升迁机会也就较少。因此，在进行职业决策时要予以充分考虑。相反，充满了许多积极的外部因素的行业将为求职者提供广阔的职业前景。

3. 构造SWOT矩阵

将分析和调查得出的各种因素，包括自己的优势、劣势和外部的机会与威胁，根据轻重缓急或影响程度等排序方式，构造 SWOT 矩阵，如图 1-1 所示。在此过程中，将那些对职业发展有直接的、重要的、大量的、迫切的、久远影响的因素优先排列出来，而将那些间接的、次要的、少许的、不急的、短暂影响因素排列在后面。

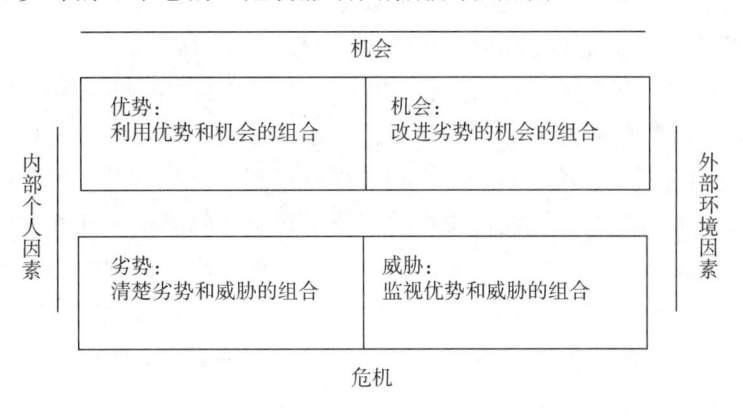

	机会	
内部个人因素	优势：利用优势和机会的组合	机会：改进劣势的机会的组合
	劣势：清楚劣势和威胁的组合	威胁：监视优势和威胁的组合
	危机	

图1-1　SWOT矩阵

4. 制订行动计划

在完成影响因素分析和 SWOT 矩阵的构造后，运用系统分析的方法，把各种因素相互匹配并加以分析，就可以从中得出一系列相应的结论(如对策等)，然后制订行动计划。制订行动计划的基本思路是：发挥优势因素，克服弱势因素；利用机会因素，化解威胁因素；回顾过去，立足当前，着眼未来。

（二）"5W"法

在职业生涯规划与决策中，"5W"法是一种简单易行的方法。"5W"法是一种归零思考，依托的是归零式的模式，从问自己是谁开始，如果能够成功回答完 5 个问题，就能得到最后的答案。

5 个 "W" 的含义是："Who am I？(我是谁)" "What will I do？(我想做什么)" "What can I do？(我会做什么)" "What does the situation support or allow me to do？(环境支持或允许我做什么)" 和 "What is the plan of my career and life？(我的职业与生活规划是什么)"。从某种意义上说，回答完这 5 个问题，也就基本上完成了职业决策和职业规划。

（三）卡茨模式

在面临两个及两个以上职业选择时，卡茨模式是最简单易行的决策方法。它主要以职业决策方块为工具。使用卡茨模式进行职业决策一般遵循以下几个步骤：

(1) 选择供决策的 2～3 个职业。

(2) 针对每个职业的回报进行优、良、中、差的评价。

(3) 充分考虑价值满足程度、兴趣一致程度、擅长技能的施展空间等因素。

(4) 对每个职业的成功机会进行优、良、中、差的衡量，包括工作能力、必需的准备及职业展望等。

(四) 平衡单分析法

许多时候，个体会面临多种选择方案而不知道如何取舍，这时就可以考虑使用平衡单分析法。平衡单分析法可以帮助大学生具体地分析每一个可能的选择方案，考虑各种方案实施后的利弊得失，最后排定优先顺序，择一而行。

台湾生涯辅导专家金树人认为，平衡单的四个维度的内容组成为："自我—他人""物质—精神"。在自我精神部分所要考虑的因素包括能力、兴趣、价值观、心理需求(自尊、自我实现)、生活方式的改变、成就感、自我实现的程度、兴趣的满足、挑战性、社会声望的提高、发挥个人的才能等；在自我物质部分所要考虑的因素包括升迁机会、工作环境的安全性、社会地位、工作环境、工作发展前景、工作内容、休闲时间、生活变化、对健康的影响、足够的社会资源、培训机会、就业机会等；在他人精神部分所要考虑的因素包括父母、师长、配偶、家人的支持等；在他人物质部分所要考虑的因素包括家庭经济收入、择偶及建立家庭、与家人相处的时间、家庭地位等。

在利用平衡单分析法进行决策的时候，首先要根据平衡单从四个方面给全部备选项进行评分，每个项目得分一般为1～10分，表格样式见表1-1。

表1-1 平衡单分析法表格示例

评分项目	正面的预期(+)	负面的预期(-)
(1) 自我物质方面的得失		
(2) 他人物质方面的得失		
(3) 自我精神方面的得失		
(4) 他人精神方面的得失		

在给全部备选项评分后，要对各个考虑项目设定加权系数并计算总分。在各备选项中得分最高的就是最优选择。

需要注意的是，运用平衡单分析法进行普通的职业决策时，考虑项目可以从四个维度任意设置，将众多因素具体化。一般来说，普通的职业决策平衡单会列出12个考虑项目，分别是适合自己的能力、适合自己的兴趣、符合自己的价值观、满足自己的自尊心、较高的社会地位、带给家人声望、符合自己理想的生活形态、优厚的经济报酬、足够的社会资源、适合个人目前处境、有利于择偶以建立家庭和未来有发展性。

三、职业生涯决策的阻碍应对

大学生职业生涯阻碍因素(career barriers)是指不利于大学生职业生涯发展的个人因素。这些因素使大学生职业选择不顺利，或者造成职业生涯发展困境，长久无法突破，因此，迫切需要改进毕业就业指导方式，运用科学的方法，指导大学生职业生涯规划。

(一) 普及职业生涯教育，使大学生树立正确的职业生涯规划观念

首先，在学生大学一年级入校开始就开展相关职业生涯规划的指导，帮助新生尽早确定未来学习与发展的目标，并在今后各个学年保持一定的延续性，贯穿学校教育的全过程中。

其次，帮助学生更清晰地认识自身所存在的职业生涯阻碍因素，积极面对并力求克服。大学生职业生涯规划的重点不仅仅是分析就业形势，介绍求职面试的技巧，更重要的是帮助学生认识自身所存在的职业生涯阻碍因素，并力求克服。此外，还需要对不同性格的大学生有针对性地开展职业生涯规划辅导与帮助。

(二) 加强大学生职业生涯课程体系

学校应该加强大学生职业生涯课程体系建设，普及职业生涯教育。该体系主要包括以下课程：

(1) 就业指导课程。就业指导课程主要是针对学生发展中所涉及的基本素质进行培养，使学生的综合素质得以提高。同时，培养大学生的就业观念，针对大学生就业时所面临的问题予以分析并加以解决。

(2) 职业生涯辅导课程。可以使大学生更加了解自己，正确认识自身的个性特质和现有的资源优势，对自己的价值重新进行定位；可以使大学生确立大学期间的学习目标，学会有目的地构建知识、能力、素质结构，强化大学生发展的目的性与计划性，为今后的职业生涯打下坚实的基础。

(三) 帮助大学生做好求职的心理准备

大学毕业生的择业和就业充满了不确定因素，他们总会遇到各种各样的情况，择业的理想与就业的现实之间存在一定的差距。对于即将准备走进社会的大学生来说，需要对即将发生的种种情况做好充分的心理准备，既要对求职的工作有适当的心理预期，也要对可能的结果做好相应的准备。通常来说，大学生求职心理的问题主要表现在以下四个方面：

(1) 盲目的自傲心理。自傲心理是过高估计自身实力而产生的一种优越感，在择业过程中好高骛远、眼高手低，希望工作好、报酬高。

(2) 悲观失望的自卑心理。很多学生在面试一次失败后，很容易因对职业的向往和被淘汰带来的挫败感而感到自卑。实际上，参加过三次以上，甚至十多次面试且最终成功的案例比比皆是。很多大学生因为无法调整悲观失望的自卑情绪，最终只能与工作失之交臂。其实，大学生求职被拒是常见的，好的工作机会往往在被多次拒绝后才会出现，大学生求职时应该了解这些情况，以积极的心态面对求职中遇到的各类问题。

(3) 争强好胜的攀比心理。攀比心理是指大学生在择业过程中不结合自身实际，与他人攀比的一种心态。很多大学生争强好胜，爱慕虚荣，攀比工作环境、收入待遇等。其实，大多数情况下择业和就业不具有可比性，大学生需要找准自己的定位。

(4) 人云亦云的从众心理。从众心理是指个体在群体压力下，在认知、判断、行为等方面与群体多数保持一致的心理。

第五节 职业生涯规划设计

一、职业目标设计

(一) 职业目标的定义

职业目标是指个体渴望获得的与职业相关的结果，是个体所选定的职业领域中未来某个时刻所要达到的具体成就。设定职业目标是职业生涯规划的核心内容，具体表现为以下四点：一是有助于提高个体朝目标努力的坚持度；二是有助于个体选择实现目标的战略战术；三是有助于个体的职业生涯成功，影响和引领个体现时的行为表达方式；四是有助于个体衡量自己行为结果的有效性，提供即时性的积极反馈。

大学生的职业目标是指大学生根据社会期望和自身发展的需要，选择自我奋斗的目标和发展的方向。它不仅能为大学生的自我发展指明方向，而且能够充分调动大学生的积极性、主动性和创造性。

(二) 职业目标的类型

1. 概念性职业目标

概念性职业目标属于哲学层面的问题，与具体的工作和职位无关，它所表达的是工作任务的性质、场所和全部的生活方式，反映的是个体的价值观、兴趣、才能和生活方式偏好。

2. 操作性职业目标

操作性职业目标是将概念性职业目标转换为一种具体的工作或岗位，如获得某企业的安全总监职位。

在设计职业目标时，个体要在概念性职业目标和操作性职业目标两方面进行认真分析和权衡。

3. 短期与长期职业目标

从时间维度来看，职业目标可以分为短期目标与长期目标。长期目标的时间跨度是5～7年，短期目标的时间跨度是1～3年。职业目标的确立绝不简单地等同于职业目标的选择，它不仅是为了找到目标，而且需要管理和使用好这个目标，为职业生涯发展规划的深化和优化服务。职业目标的设立一般要遵循SMART原则。

(1) S——具体、明确(specific)。不使用含糊笼统的语言，如不要说"我的目标是更好地利用时间"，应该说"我一天只能花不超过一个小时的时间来看电视"或"我每周要花两个小时的时间来上网查找有关服装设计师这一职业的资料"。

(2) M——可量化的(measurable)。有一个可衡量成功或失败的标准，从而做出准确评价。比如，"加强社会实践"应改为"在这个月内，参加一个学生社团(摄影协会)，并访谈两位摄影师"。

(3) A——可达到但有挑战性(achievable but challenging)。根据你的情况，实现目标是现实的，但可能有一定难度。比如，你目前只是一个大四学生并且没有什么工作经验，却计划在两年内成为大公司的中层经理，这个目标就不那么可行；如果你计划十年内成为中层经理，又缺乏挑战性，可能不太有动力去实现这个目标。

(4) R——平衡关联的(relevant)。一个目标需要和其他目标具有关联性，可以被证明和观察的目标才切合实际。比如，个人目标与公司、部门目标相联系。个人发展、经济事业、兴趣爱好、和谐关系四大目标是平衡关联的。

(5) T——在限定的时间范围内完成(time-bounded)。不要将目标完成时间统统定为"大学毕业前"，而要有计划、分步骤地在限定的时间内完成。以一周、一个月或一个学期为单位设立目标，会比将事情都推到临近毕业完成有效得多。

除了 SMART 原则之外，还有一条原则对职业目标确定非常重要，那就是可控性。可控性主要是指对影响目标实现的因素具有控制能力。比如，"我的目标是在某公司获得一份工作"，这种表达方式就违反了可控性原则。因为你能否获得这份工作并不取决于你自己，你有被拒绝的可能性。但如果你将目标换成"在下周三之前向某公司申请一个职位"，这就是可行的，因为你能控制相关的因素。目标的可控性原则表明，你必须为自己的目标负责，而不指望他人来实现一切。当你确定需要他人的帮助时，你可以争取，但同时对你的期望不能看得过重，必须做好被拒绝的准备。确切地说，你能控制的只有自己，因此，你的目标也必须完全属于你。

采用上述原则使你所制定的目标与计划有实现的可能，并且可以帮助你在一段时间之后总结自己所取得的进步与不足，明确自己该做什么以及做得怎么样。

在设定好职业目标之后，要做的工作是职业目标的实施和职业目标的评价与反馈。

二、行动计划制订

在确定了生涯目标和成功标准后，行动便成了关键的环节。没有达成目标的行动，就不能达成目标，也就谈不上事业的成功了。职业生涯行动计划就是努力的方向。为了保证自己的行动与努力的目标相一致，就需要最大限度地根据个人职业生涯发展规划约束自己的行为。这里所说的行动，是指落实目标的具体措施，主要包括工作、训练、教育、轮岗等方面的措施。例如，为达成目标，在工作方面，计划采取什么措施以提高工作效率；在业务素质方面，计划如何提高业务能力；在潜能开发方面，计划采取什么措施开发潜能；等等。通过对自我、环境和用人单位进行分析，确定自己目前与所定目标的差距后，需要做出相应的弥补或提升行动，如加强某专业知识的学习、某实际操作技能的提升或某综合素质的挖掘和锻炼。这些都要有具体的计划与明确的措施，并且这些计划要特别具体，以便定时检查。及时、到位的行动是确保职业生涯规划有效实施的保障。每一项计划都需要实实在在地行动，才能缩短与目标的距离。

有了一个好的计划，还要利用该计划督促自己严格执行。由于种种原因，在许多情况下，可能出现许多紧急的工作，让人无法一一应对，这时就应该分出轻重缓急，分别解决，不能只埋头干活,而忘记了努力的方向。下面是几项帮助实施职业生涯规划的措施:保证经常回顾你的构想和行动规划,必要时做出变动。如果你的理想蓝图已经发生变化,你的构想和行动规划也要做出相应的变动,目标和策略也应随之改变。把你的构想和任务方案存入计算机或放在床头等可经常看见的地方。当你做出一个对生活和工作极其重要的决定时,请考虑一下你的构想和行动计划,并确保正在仔细考虑的决策与你的本意相符。与好朋友讨论你的构想和行动计划,并询问实现构想的途径。注意抓住机遇,以实现你的目标,特别应注意抓住组织所提供的机会,为实现自己的职业目标打基础。保证至少每三个月检查一次工作进度,实施过程监督。学会拒绝应酬,增加在职业生涯目标上的精力投入。

三、职业生涯规划书设计

撰写生涯规划书的过程也就是个人根据自身特质和客观环境的综合分析,确定自己的职业发展目标及策略,并按一定时间制订相应的工作、培训、教育等行动计划的过程。将规划的思路、依据、内容和结果形成文字性的方案即构成了职业生涯规划书。

职业生涯规划书是个人职业生涯成功的战略指南,对实现个人职业梦想有着非常重要的意义。首先,职业生涯规划书通过自我人格特质分析,促使我们深入了解自己、发现自己的专长、挖掘自我潜能;其次,职业生涯规划书可以帮助我们树立明确的职业发展目标,提供自我管理的导向约束,有效克服职业生涯的发展阻碍;最后,职业目标达成的过程也是提高个人综合素质和职业竞争力的过程。

(一)职业生涯规划书的主要内容

1. 首页

首页包括题目、姓名、基本情况介绍、规划年限、年龄跨度、起止时间。其中,规划年限不分长短,可以是半年、3年、5年,甚至是20年,视个人的具体情况而定。建议大学生将职业生涯规划年限定为3~5年。

2. 自我分析

一个有效的职业生涯设计必须是在充分且正确认识自身条件的基础上进行的。要审视自己、认识自己、了解自己,做好自我分析,包括自己的兴趣、特长、性格、学识、技能、智商、情商、思维方式等,即要弄清我想干什么、我能干什么、我应该干什么以及在众多的职业面前我会怎么选择等问题。自我分析包括职业倾向分析、职业价值观判断、性格评估、能力盘点、个人经历回放、自我分析与评估总结等内容。

3. 环境评估

职业生涯规划要充分认识与了解相关的环境,评估环境因素对自己职业生涯发展的影响,分析环境条件的特点和发展变化情况,把握环境因素的优势与限制。了解本专业、本行业的地位、形势以及发展趋势。环境评估主要包括社会环境分析、学校环境分析、家庭环境分析、行业环境分析、组织环境分析、职业分析、岗位分析、环境分析结论等内容。

4. 职业定位

职业定位就是要为职业目标与自己的潜能以及主客观条件谋求最佳匹配。良好的职业定位是以自己的最佳才能、最优性格、最大兴趣、最有利环境等信息为依据的。这个规划环节包括确定职业方向、各阶段职业目标和总体目标、职业发展路径等内容。职业定位主要包括明确可选的职业目标、职业评估与决策、职业生涯路径设计、职业定位结论等内容。

5. 实施计划

职业生涯的实施计划就是要实现职业生涯目标的行动方案，要有具体的行为措施来保证。没有行动，职业目标只能是一个梦想。因此，要制订周详的行动方案，以逐步实现各阶段目标，更要注意去落实这一行动方案。实施计划主要包括长期、中期、短期职业生涯计划，各阶段计划的分目标、计划内容(专业学习、职业技能、职业素养)、计划实施策略等内容。

6. 评估与反馈

职业生涯规划是一个动态的过程，必须根据实施结果的情况以及变化进行及时评估与修正。整个职业生涯规划要在实施过程中检验，看效果如何，及时诊断生涯规划各个环节出现的问题，找出相应对策，对规划进行调整与完善。评估与反馈主要包括可能存在的风险、预评估的内容、风险应对方案等内容。

(二) 撰写职业生涯规划书的注意事项

1. 逻辑严谨，重点突出

语言朴实简洁、用词精练准确、行文流畅、条理清楚，这是最基本的写作要求。撰写职业生涯规划书忌大、忌空、忌记流水账、忌条理不清、忌文法不通、忌错别字连篇；忌过于煽情，没有理性分析；忌死气沉沉，没有朝气。在分析阐述规划时，必须紧紧围绕职业目标这条主线来展开，体现论述的逻辑性和连贯性；必须将重点放在自我评估、环境评估、目标实施上。

2. 信息收集科学、翔实

在进行自我评估时，很多大学生会过于依赖职业测验工具。尽管一些经典的职业测验工具有着很高的信度和效度，但往往缺乏对结果的充分解释，大学生在解读测验结果时也会有一定的倾向性，从而得到偏颇的结论。在进行自我认知时，主要需要采用多渠道策略，结合职业测验工具、个人的思考回顾、他人评价等方法，得到全面、正确的结论。另外，在进行职业环境分析时，大学生需要通过多种途径来收集资料，如网络、图书资料、从业者访谈等，以保证论证过程的科学合理和结论的真实可靠。

3. 职业生涯目标切实可行

职业生涯目标的设定一定要结合自身特点和情况，不能完全脱离现实。职业生涯目标切忌理想化，应遵循"择己所爱、择己所长、择世所需、择己所利"的原则。认清兴趣与能力，能力与社会需求是存在一定差异的，我们所要做的就是在影响职业发展的诸多因素中找一个结合点，这样的职业生涯目标才会有生命力。生涯规划书撰写是否成功，在很大程度上取决于有无正确、适当、切实可行的职业生涯目标。

4. 计划实施重在大学阶段

职业生涯目标制订的措施一定要在现阶段具有可操作性，是否具有可操作性是评价一份生涯规划书好坏的重要参数。要做到这一点，大学生必须在进行目标分解和目标实现路径的选择上做到有理有据，不仅要突出时间的并进和连续，更要重视功能的因果和递进。另外，大学生应将职业生涯规划重点放在大学阶段的3~5年，突出体现在首次择业和就业所做的准备工作中。

第六节　职业生涯规划实施

一、职业生涯规划实施策略

（一）充分考虑实施途径

在职业生涯发展目标确定后，就要考虑实现目标的途径与策略。一个具体的职业生涯目标可以通过多种途径来实现，因此，实施职业生涯规划的首要策略是在充分考虑个人自身状况和社会环境的基础之上，尽可能地将能够实现目标的途径全部、详细地列出来。这一策略可以通过以下途径实现：

(1) 自己。个人对自己最为了解，因此，在考虑实施途径时，自己是首选。你可以根据自己的真实情况，从自身角度出发，通过回顾自己的发展历程，审视自己目前的知识结构、工作能力等，考虑适合自己的实施途径。这样的实施途径有较强的适应性，但往往较为狭窄，并带有较强的主观性和冲动性。

(2) 他人。在有些情况下，特别是处在成长阶段的青年学生，对自己的认识与评价具有不稳定和过于主观的特点。因此，在考虑实施途径时，不妨通过他人来协助自己。例如，家长、老师、朋友等阅历丰富，眼界开阔，能够对你进行较为客观的分析，为你提供更为多样和更为实际的关于实施途径的参考意见。

(3) 媒体。通过自己和他人获得的实施途径建立在对你自身了解的基础之上，具有实际操作的可能性。然而，经济社会发展迅速，自己和他人考虑的途径难免有局限性和滞后性，而电视、报纸、广播、网络等现代化媒体则可以克服这一点。通过现代化媒体可以了解最新的行业信息、教育信息和培训信息等，为你考虑与选择途径增加筹码。

在具体的实施过程中，要将这三种途径结合起来考虑，相互补充，最终完成一份较为完整的实施途径清单，以供选择。

(二) 选择最佳途径

当面对诸多实施途径时，就要对这些途径逐一评估，最终选择最适合你的实施途径。评估与选择的策略如下：

(1) 分类。评估与选择的首要步骤是将各种实施途径进行分类。例如，按照提高知识水平的途径、增强业务素质的途径、加强实践锻炼的途径、改善人际关系的途径等将清单上所列的实施途径进行分类，形成不同的板块。

(2) 比较。在分类的基础上进行同类比较。在同一类型的实施途径中，需要将每一种实施途径的优缺点分别罗列出来，以便客观、准确地进行比较。例如，在加强实践锻炼途径这一板块中，有参加学校勤工助学、到公司兼职、到企业实习、参加学校社团活动、担任学生干部等途径，这就需要明确每种途径在锻炼效果、花费时间、锻炼哪一方面的能力等方面各有什么优缺点。

(3) 权衡。在做出最佳选择之前，还需要有一个权衡的过程。尽管通过分类和比较，明确了各种途径的优缺点，但是，最优的途径并非最佳的途径，只有适合自己的才是最好的。例如，在提高知识业务素质这一板块，到专门的培训机构可能是最省时、最有效的途径，但培训费用可能是个人目前无法承担的，因此，选择参加学校举办的业务课程班可能是最佳的途径。

(三) 采取行动

最佳途径确定后，就要采取行动，沿着所选择的途径向目标迈进，实施职业生涯规划。采取行动是具体落实职业生涯规划，使之由理想变为现实的关键一步，需要注意以下两点。

1. 有坚定的信心和顽强的毅力

采取行动的过程是一个挑战自我、超越自我的过程。在此过程中，机遇与挑战、助力与阻力并存，需要我们坚定信心，用顽强的毅力坚持目标、克服困难。面临挫折时，应冷静地分析原因，是由自己的行为不当、情绪影响、技能水平不到位等因素造成的，还是自己的精力投入不够等因素造成的，以对症下药。面临困难时，要明确解决困难的关键是什么，是通过主观努力可以克服的，还是需要客观条件的支持，哪些矛盾可以协调；如果困难无法克服或缓解，则需要反思计划是否合理，是否需要改进。

2. 尽可能严格地按计划行动

职业生涯规划是在充分考虑自我与环境的基础上拟定的，具有相对稳定性，并起到监督和激励的作用。因此，个人在采取行动的过程中应严格按照计划安排，循序渐进、脚踏实地地从实现一个个具体目标开始，逐步实现生涯发展的总目标。一旦遭遇挫折与困难，首先应考虑的就是改变自己的行为或改善客观环境，为自己的行动扫清障碍，最后考虑的才是生涯规划的修改与完善。如果一遇到困难就降低自我要求，改变计划，职业生涯规划就会失去其导向和监督作用，失去其存在的意义，发展总目标也会越来越远。

职业生涯规划的实施是一个复杂的内容，受到主观与客观因素变动的影响。上述策略只是职业生涯规划实施的基本策略，具体到个人，则将面临更复杂多变的情况，因此，自己的探索和师长的帮助指导都是必不可少的。

二、职业成功评价

职业成功是指一个人所累积起来的积极的、与工作相关的成果或心理上的成就感。

西方学者一般将职业成功分为客观成功和主观成功两部分。客观成功指标包括总体报酬、晋升次数和其他能表示个人成就的外部标志；主观成功被认为是个人感觉到的、对工作和职业发展的满意程度。职业成功标准体现的是一个人的职业价值观，因它具有时代性、多元性和社会比较性的特点。

职业成功标准是人们对职业成果意义的认识和评价，它取决于人们自身的需要和愿望。既然人的需求是多种多样的，人对职业成功的评价就必然是多元化的。我们越是关注职业成功的主观标准，其多元化的特点就越明显。职业成功的标准主要概括如下。

(1) 财富标准：通过工作获得更多的经济回报，发财致富就是现代人成功的标志。

(2) 晋升标准：职业成功就是晋升到组织等级体系高层或者在专业上达到更高等级。

(3) 安全标准：渴望长时间的稳定工作，以获得职业上的安全。

(4) 自主标准：强调职业成功就是在工作中自主自由，对职业和工作有最大限度的控制权。

(5) 创新标准：标新立异，做出别人没有做出的事情。

(6) 平衡标准：在工作、人际关系和自我发展三者之间保持有意义的平衡。

(7) 贡献标准：对社会、组织、家庭做出贡献。

(8) 影响力标准：在组织中、行业内、社会上有足够的影响力，能够改变他人的心理和行为。

(9) 健康标准：在繁重工作的压力下依然保持身心健康。

以上几种职业成功的标准并不是完全独立、相互排斥的。在每一个人的心目中，职业成功的标准是一个有层次的结构，与其内在的需求体系相对应。职业成功标准的多元性还体现在个体职业成功标准的阶段性上。

在职业生涯发展的不同阶段，人们所面临的任务不同，追求也不同，评价也会有变化。在职业生涯早期，养家糊口、成家立业都需要财力和物力，人们可能更注重财富标准；在职业生涯中期，人们可能会更关注职业发展的机会、家庭工作平衡、自我价值的实现；在职业生涯晚期，临近退休，人们可能更强调安全、有保障。当研究职业成功标准时，一定不能忽略这种复杂性。

总之，职业成功很难用一个绝对的标准来衡量。可是，职业成功作为一个评价性的概念，不论从哪个角度对成功做出评价，都与评价者的职业价值观紧密联系在一起，甚至可以说它是职业价值观的重要组成部分。因此，讨论职业成功的标准问题，实际上是在探讨职业成功价值观问题。所以，研究职业成功标准的目的不是去寻找一种人人认同的客观标准，而是更多地关注不同的人是怎样定义职业成功的，这种定义又会怎样影响他们的行为。

就个人而言，只有认清自己的内在需要，定义自己的职业成功标准，不盲目攀比、追求时尚，才不会在职业生涯的旅途中迷失方向；就组织而言，了解员工的职业成功定位，有针对性地采取因人而异的激励方案，是留住员工的有效措施。这是反思、探讨职业成功标准的目的所在。

三、职业生涯管理

(一) 职业生涯管理的概念

职业生涯管理是指个人确定自己的职业发展目标，并为了实现职业发展目标而进行的设计与开发一系列活动的过程。它利用工作中的各种机会，采取各种职业发展策略和措施，建立自我与企业的双赢关系，形成紧密的利益共同体。它使个人的发展目标与企业、社会的发展目标相互联系、相互协调，是为实现自己的职业目标而积累知识、开发技能的一个过程。

职业生涯管理分为两类：一类是个人职业生涯管理，另一类是企业职业生涯管理。本章所讲的职业生涯管理主要是个人职业生涯管理。

(二) 职业生涯管理的内容

职业生涯管理是在一定的企业环境下，在个人对自身和外部环境有了深刻认识后，由个人主动实施的，是个人对职业生涯进行规划、开发和调控的管理过程。其主要内容如下：

(1) 职业生涯规划。职业生涯规划是指一个人在对职业生涯的主观、客观条件进行分析的基础上，明确个人的核心价值取向，确定最佳的职业发展目标，并为这一目标设计职业发展的轨迹，形成分阶段、循序渐进的具体行动方案。

(2) 职业生涯开发。职业生涯开发是指在职业生涯发展的不同阶段，将个人的长期发展与企业的长远利益结合起来，通过各种有计划、有针对性的活动(如接受职业素质教育、技能培训和其他相关培训活动等)开发个人潜能，提升个人与工作相关的知识、技能和行动。

(3) 职业生涯监控。职业生涯监控就是对职业生涯规划实施的具体情况进行跟踪检查，搜集反馈信息，以便及时做出评估与调整；协调好个人短期利益与长期利益、局部利益与全局利益、个人需要与企业需要之间的矛盾和冲突；对工作中的突发事件、意外情况采取紧急应对措施，以更好地把握人生，主动适应，利用各种办法保证职业生涯规划行之有效。

(三) 职业生涯管理的关键

1. 学会归零

成功人士在创下佳绩以后，能够谦虚务实，一步一步地向巅峰攀登，最终取得成功；而失败者则是在收获了一份成就以后，便洋洋得意、骄傲自满、不思进取，最后也没有取得多大的成就。因此，大学生要学会归零，重新开始。归零以后，人生可以重新开始，换个方向，再次奋发，从此翻开新的一页。这是对自我状态的一次调整和对自身的一次新的审视。没有永远的成功者，只有一次又一次地从初学者成长为成功者的人。学会归零，就是让人们带着谦逊的态度和高度的热情回到起点，再次向终点发起挑战。在职业生涯中总有成功与失败，有时顺境，有时逆境。遇到顺境时，应该懂得让自己归零，使自己戒骄戒躁。遇到逆境、挫折时，在沮丧之时应该勇于归零，重新面对自己，重新振作起来，从零开始，鼓励自己永不言败，赢得下一次的胜利。要想在职业生涯中取得成功，就要适时地归零，放下思想包袱，轻松上阵；要积极钻研和学习新的事物，在不断归零的基点上让人生重新起航，在一个成绩归零之后再取得新的成绩。

2. 与企业和社会的发展相适应

个人的职业生涯管理如果与企业和社会的发展相适应，获得职业成功的可能性将会很大。个人发展与企业和社会发展的和谐统一是个人职业生涯管理的关键。大学生在职业生涯管理中应做到择己所能、择世所需、择己所利。

(1) 个人与企业的发展相适应。首先，个人的发展离不开企业。只有企业有了良好的发展，才能给员工的发展提供良好的条件。作为一名员工，要紧跟企业的发展步伐和方向，将个人的发展与企业的发展联系在一起。其次，企业的发展离不开个人的奉献。在现代社会中，创新是企业发展的必由之路，企业需要不断地创新才能立足于市场，而人是创新的根本，个人的创新会推动企业的创新。

(2) 个人与社会的发展相适应。人是社会的人，需要承担和履行社会责任，任何人都不能没有社会责任感。社会在很大程度上决定着个人的发展方向和远大抱负。个人职业目标实现的条件是由社会环境所提供的，如果社会环境不允许，个人的职业理想怎么能实现呢？人们在自己的工作岗位上进行有目的、有意义的活动就是在推动社会发展的进程。

【核心概念】

职业、职业生涯、职业生涯发展理论、自我认知、职业兴趣、职业技能、职业认知、职业生涯决策、职业目标、职业生涯规划书、职业生涯管理。

【实训拓展】 表格型职业发展规划书编制

表格型职业发展规划书样例

姓名		性别		年龄		专业	
座右铭							
职业定位							
喜欢做什么		兴趣爱好					
		性格特征					
		职业价值观					
适合做什么		360度评估					
		拥有知识					
		拥有技能					

(续表)

允许做什么	社会环境分析	
	就业环境分析	
	组织环境分析	
职业目标		
职业发展路径		
职业目标		
大学 4 年目标及行动计划			
---	---	---	---
专业学习目标			
职业资格目标			
职业素质目标			
专业学习计划	
职业资格获得计划	
职业素质提升计划	
毕业 5 年后目标及行动计划	
毕业 5 年后职业目标	
行动计划	

思 考 题

1. 什么是职业生涯？你对自己的职业生涯规划的思考是怎样的？
2. 你认为自己的人生意义有哪些？需要突破哪些内外部的障碍？
3. 用 SMART 原则撰写 5 个以上的成就故事，分析其中的技能，并按照重要性进行排序。
4. 运用 PLACE 评估法对你希望从事的职业进行分析。
5. 结合大学期间的学习规划，谈谈你希望自己将来成为什么样的人。

【本章参考文献】

[1] 陈姗姗，吴华宇. 大学生职业生涯规划与就业创业指导[M]. 北京：中国经济出版

社，2012.

[2] 李花，陈斌. 大学生职业发展规划与就业指导[M]. 北京：北京师范大学出版集团，2012.

[3] 吴庆磊. 大学生职业生涯规划与就业指导[M]. 济南：山东人民出版社，2012.

[4] 张俊领，谭玉成. 大学生职业生涯规划与就业指导[M]. 郑州：河南科学技术出版社，2011.

[5] 张晓蕊，马晓娣，岳志春. 大学生职业生涯规划[M]. 北京：北京理工大学出版社，2019.

[6] 余凯，曹新宇. 大学生职业生涯规划[M]. 南昌：江西高校出版社，2017.

[7] 石洪发. 大学生职业生涯规划[M]. 北京：北京理工大学出版社，2020.

[8] 杨红英. 大学生职业生涯规划[M]. 昆明：云南大学出版社，2015.

[9] 江小卫. 新编大学生职业生涯与发展规划[M]. 成都：电子科技大学出版社，2016.

[10] 林羽. 大学生职业生涯与发展规划(修订版)[M]. 2版. 厦门：厦门大学出版社，2016.

[11] 周清，何独明. 大学生职业生涯规划与就业指导[M]. 北京：北京理工大学出版社，2019.

[12] 王兆明，顾坤华. 大学生职业生涯规划(修订版)[M]. 苏州：苏州大学出版社，2018.

[13] 熊高仲，江俊文，杜旭林. 就业创业成功学[M]. 成都：成都时代出版社，2007.

[14] 许勤，周焕月. 大学生职业生涯规划与发展[M]. 西安：西安交通大学出版社，2016.

第二章
安全科学与工程类专业导论

不了解专业背景是当前大学生在进行职业规划时遇到的最突出的问题。大学生进入大学学习，就是按照学校专业安排进行系统专业知识的学习。本章通过介绍安全科学与工程类专业的概况、专业人才的能力与素质要求和行业背景知识，让广大学生了解和掌握职业规划应知应会的安全专业类知识体系，这是大学生职涯规划不可或缺的基础条件，体现了职涯规划的专业性要求。

职涯故事

工程难点的终结者

罗进，男，北控置业集团总经理助理、北京北控京奥建设有限公司总经理，北京市怀柔区政协委员。他先后在雁栖湖国际会都建设、APEC(亚太经济合作组织)会议筹备服务保障及冬奥延庆赛区工程等市重大项目建设一线，凭借精湛技术和丰富经验为北控树品牌，为国家争荣誉。曾获"怀柔区优秀青年英才奖""北控置业优秀经营管理者"等荣誉称号，所带领的团队获"北京市首都劳动奖状""北京市安康杯优胜单位"等多项荣誉。

罗进是一位具有扎实工程技术功底和实践经验的技术骨干，更是勇于挑战、善于开拓的优秀管理者。面对冬奥延庆赛区项目工期短、环境复杂、施工难度大、标准高的情况，他带领团队攻坚克难，优化设计方案，创新性地开展劳动竞赛，在小海坨山这片冬奥会未来赛场上两年内建设出了符合国际单项体育组织要求的冬奥赛道。

(1) 临危受命，两年建成世界级雪上赛场。小海坨山地形复杂，赛场工艺材料全新，有 54 项细致的环保要求，规则标准完全由国际组织认定。2017 年，罗进临危受命，承担了两年内建成符合奥运标准的延庆赛区场馆的重任。延庆赛区核心区建设初期面临着许多不确定因素，工程建设技术难度大、山地作业条件艰苦。在这样的条件下，既要保质量，又要保工期，向北京冬奥会交上一份"科技、智慧、绿色、节俭"四位一体的答卷，在国际雪联专家的眼里，这是不可能完成的任务。

罗进认为，每个工程项目都有客观存在的难题，建设方(业主)不能招完标就当甩手掌柜，必须专精于技术、知晓项目细节，这样才能找到最优解，与施工方共同把工程做快做好。国家高山滑雪中心原排洪疏水设计方案计划在沟谷雪道上方设置两道宽4.4米、高2.5米、长度达4146.3米的混凝土上截洪沟，排水箱涵同样采用混凝土箱涵及桩基，混凝土用量4.27万立方米，预估工期270天。罗进对此提出减工期、降造价、保生态的优化方案。方案优化后，截洪沟长度仅为原方案的63%，混凝土用量降幅达到81%，工期缩短4个月，工程造价节约6119万元，更是守住了小海坨山近2万平方米的天然林地。

(2) 绿色办奥，恢复小海坨山盎然生机。建筑专业出身的罗进深信，最好的建筑能与自然和谐相处。为确保在赛区建设完成后，恢复小海坨山的满目葱茏和盎然生机，公司专门组建了环保与可持续发展工作组，这与国际奥委会和北京市冬奥组委的要求不谋而合。在项目开工建设初期，罗进积极配合北京市延庆区人民政府，组织专家制定了松山地区生态修复乡土植物清单，采用山地大树移植技术移植本地树木。这种迁移树种保护繁殖的做法得到了国际奥委会主席托马斯·巴赫的赞赏。

(3) 能谋善断，建设队伍最赞的"家长"。作为北控京奥建设有限公司的总经理，罗进把自己当成这支队伍的大家长。他以制度促建设，以活动促建设，强化队伍能力、注重队伍管理、谋求队伍发展、承担建设责任。

罗进建立了战时工作制度，运用技术手段，实现"计划上墙、挂图作战、倒排工期"，狠抓项目建设进度和工程质量。他建立冬奥项目建设重大事项协调机制，每周召开建设方(业主)调度会，及时协调解决项目建设中的未定事项；严格践行"廉洁办奥"理念，将廉政风险防控管理嵌入延庆赛区智慧工程管理云平台，实现赛区统筹监管、过程控制；严格要求落实安全生产责任制，牵头建立安全风险分级预控与安全文化建设相结合的安全管理体系，打造了北京冬奥项目建设特色的安全管理模式；重点加强安全防火工作，形成建设方(业主)牵头、总包负责、监理监督的全方位安全管控模式。

此外，罗进还充分发挥延庆赛区核心区联合党委和联合工会的先锋模范作用，以"大干100天"劳动竞赛、"百日会战"等方式调动各参建单位的主动性和积极性，激发冬奥建设者的热情和斗志。在他的大力支持下，公司建立了职工之家，设置了暖心驿站，组织了丰富多彩的职工文体活动，开展了冬送温暖、夏送清凉及送安全、送健康等系列关爱活动，并且发动所有施工单位500余人，开展了清洁环保活动。这些丰富的活动使员工产生了强烈的归属感和责任感，罗进"以情感人、以情带队"，打造出了一支肯拼搏、善创造、讲奉献、重感情的团队。

资料来源：http://bj.people.com.cn/n2/2020/0426/c396745-33976609.html.

启示与思考

临危受命，如何在复杂工程建设中凸显职业能力与专业素质？

第一节　安全科学与工程一级学科

安全科学与工程学科是从劳动保护学科逐渐发展起来的新学科，下设安全工程、职业卫生工程和应急技术与管理 3 个本科专业。本节主要介绍安全学科与工程一级学科的发展历史及其学科体系。

一、安全学科与工程一级学科的发展历史

安全科学与工程学科是从中华人民共和国成立之后的劳动保护学科逐渐发展起来的。1981 年，我国开始了安全类硕士学位研究生教育，1986 年以来实现了安全类本、硕、博三级学位教育。1989 年《中国图书馆图书分类法》第四版的类目中"劳动保护科学"更名为"安全科学"。在 1992 年 11 月 1 日国家技术监督局(现为国家市场监督管理总局)颁布的国家标准《学科分类与代码》(GB/TB 13745—2009)中，"安全科学技术"被列为一级学科，其中包括"安全科学技术基础、安全学、安全工程、职业卫生工程、安全管理工程"5 个二级学科。1997 年，国家人事部(现为人力资源和社会保障部)确立了安全工程师职称制度。2002 年，建立了注册安全工程师执业资格制度。在 2006 年国务院发布的《国家中长期科学和技术发展规划纲要(2006—2020 年)》中，"公共安全"被纳入 11 个重点规划领域，并明确提出了发展"国家公共安全应急信息平台、重大生产事故预警与救援、食品安全与出入境检验检疫、突发公共事件防范与快速处置、生物安全保障、重大自然灾害监测与防御"六大优先主题。2006 年，安全工程学科获批作为工程硕士培养的一个新领域。2011 年 2 月，安全科学与工程学科获批增设为研究生教育一级学科。2020 年 2 月，教育部发布的《普通高等学校本科专业目录(2020 年版)》，在安全科学与工程类专业下，2018 年增设了应急技术与管理(082902T)、职业卫生工程(082903T)2 个特设专业，打破了其下设专业仅有安全工程(082901)的"专业孤岛"现象，而在《普通高等学校本科专业目录(2023 年版)》中又新增设了安全生产监管(082904T)新专业。2020 年 12 月，国务院安全生产委员会发布《国务院安全生产委员会成员单位安全生产工作任务分工》，要求教育部加强安全科学与工程及职业卫生相关学科建设，加快培养矿山、化工等安全生产和职业卫生相关专业人才。

当前，新时代应急管理人才的工作职责一般分为安全监管、应急救援、灾害防控和管理保障四大类 20 项。具体如下：一是安全监管职责，主要包括危化品安全监管、安全生产基础、安全生产执法和综合协调；二是应急救援职责，主要包括应急指挥、救援协调与预案管理、地震和地质灾害救援；三是灾害防控职责，主要包括风险监测和综合减灾、火灾防治管理、防汛抗旱、救灾和物资保障；四是管理保障职责，主要包括综合办公、政治工作(含党建、人事人才、教育训练)、政策法规、国际合作和救援、规划财务、调查评估和统计、新闻宣传、科技和信息化以及其他。

截至 2022 年 12 月，我国开办安全工程本科专业的高校 192 所，拥有安全类博士学位研究生教育的高校 30 所、硕士生学位教育的高校 66 所。

安全是人类永恒的主题。党的二十大报告提出，"建设更高水平的平安中国，以新安全格局保障新发展格局"。随着社会的不断进步，人们对安全的要求越来越高，安全科学与工程学科必将迅猛发展。

二、安全科学与工程学科体系

(一) 学科定义和特点

安全科学与工程学科是研究人类生产及生活过程中事故或灾难的发生机理和规律及其预防与应对的科学体系。研究对象为工业生产、自然环境、社会生活等领域的各种事故或灾难。研究内容主要包括事故或灾难的孕育、发生、发展的原因和规律，预防、控制与应急等原理和方法，后果影响分析，防控方法和策略，等等。

(二) 学科主要研究方法

安全科学与工程学科的理论体系是在认识与解决人类生产及生活过程中事故或灾难等安全问题的过程中逐步形成的。因此，自然科学和社会科学的通用研究方法也适用于该学科，而且必须考虑人为因素。同时，安全科学与工程学科的研究方法也具有其自身特点，具体如下。

1. 系统工程方法

安全科学与工程学科是公共安全的骨干支撑学科，涉及自然灾害、事故灾难、公共卫生、社会安全等多个领域。在科学研究和规划中，逐步形成了公共安全科技"三角形"理论模型，按照突发事件、承灾载体、应急管理三条主线及其相互作用，分别研究突发事件的孕育、发生、发展到突变的演化规律及其产生的能量、物质和信息等风险作用的类型、强度及时空特性；研究承灾载体在突发事件作用下和自身演化过程中的状态及其变化，可能产生的本体和(或)功能破坏及其可能发生的次生、衍生事件；研究应急管理是在上述过程中如何施加人为干预，从而预防或减少突发事件的发生并弱化其作用，增强承灾载体的抵御能力，阻断次生事件的发生，减少损失，避免由于应急不当可能造成的突发事件的再生、承灾载体的破坏及代价过度。

2. 大数据挖掘

安全科学与工程学科是人类在与事故或灾难的斗争过程中产生、发展并不断完善的。因此，通过大数据挖掘分析，可全面、深化地认识事故或灾难的发生机理及其发展规律，从而为科学预测事故或灾难的发生及其发展趋势以及制定应急预案和其他安全管理等工作提供支撑。

3. 精度数值模拟

事故或灾难通常具有巨大的破坏性和危险性，直接威胁人的生命与财产安全，甚至危害自然环境、社会安全等。因此，通过高精度数值模拟研究，既可再现事故或灾难过程，又可节约研究成本等，其是全方位、深层次地研究事故或灾难的机理和规律必不可少的手段之一。

4. 大尺度物理模拟

事故或灾难的致灾机理及其发展规律通常受多种因素及复杂工况条件的影响。因此，通过大尺度物理模拟研究，可获取真三维、高相似比的模拟结果，既可丰富对相关事故或灾难认识的实验数据，又可对相关的高精度数值模拟结果进行验证，其是该学科推荐的主要研究手段之一。

5. 工程验证试验

事故或灾难的发生、发展及防治技术或方法的作用机制等通常受多种复杂机制和工况条件等的影响，难以通过缩尺度实验模型进行模拟验证。因此，在条件允许的情况下，通过工程验证试验对相关防治技术或方法进行有效性验证等，是该学科研究必须坚持的手段之一。

（三）学科结构

该学科根据研究对象的侧重点不同，主要设置安全科学、安全技术、安全系统工程、安全与应急管理、职业安全健康5个二级学科方向。

1. 安全科学

安全科学的研究使人们在生产和生活中生命和健康得到保障，身心与相关设备、财产以及事物免受危害等，揭示安全的客观规律并提供学科理论、应用理论和专业理论。

安全科学的研究方向主要包括安全原理、安全科学方法学、公共安全理论与方法、灾害物理、灾害化学、职业病毒理、安全法学、安全经济学、安全行为科学、安全心理学、安全教育学、安全科学学、安全史学、产业风险评价理论与管理方法。

2. 安全技术

安全技术为保证人们在生产和生活中生命和健康得到保障，身体及其设备、财产不受到损害，提供直接和间接的保障。

安全技术的研究方向主要包括安全防护技术和装备、安全人机工程、灾害探测与控制工程、安全评价技术、安全信息技术、安全检测技术、检验检疫、火灾与爆炸、矿山安全技术、交通安全技术、化工安全技术、建筑安全工程、城市公共安全工程、职业卫生与防护工程、个体防护。

3. 安全系统工程

安全系统工程是综合运用系统论、运筹学、概率论、决策论、数理统计、控制论以及安全科学理论等知识来研究安全系统的分析、规划、设计、组织、管理、评价与控制等问题的学科。

安全系统工程的研究方向主要包括安全系统优化理论与方法、安全规划与设计、安全系统分析与建模仿真、安全信息工程、安全系统评价、安全人机工程、行业安全系统工程。

4. 安全与应急管理

安全管理是为实现安全而组织和使用人力、物力、财力与环境等各种资源的过程。它利用计划、组织、指挥、协调、控制等管理机能，在法律制度、组织管理、技术和教育等方面采取综合措施，以避免发生伤亡事故，保证人的安全和健康，保证财产安全和生产顺利进行。应急管理为应急的预防与准备、监测预警、救援处置和恢复重建等提供科学的管理理论和方法。

安全与应急管理的研究方向主要包括宏观安全管理理论与方法、微观安全管理理论与方法、安全法律法规和标准、风险管理与评价、安全心理学与安全行为科学、应急决策与指挥、应急处置与救援、应急监察和审计、应急心理行为、应急预案设计、公共安全风险评估与规划、公共安全监测监控、公共安全预测预警。

5. 职业安全健康

职业安全健康学科是认识职业安全健康机制和规律，研究环境毒理与职业危害及其管理等理论和方法，为职业危害因素的辨识、科学评价、危害防控技术研究等提供理论基础和工程技术及管理支持的学科。

职业安全健康的研究方向主要包括安全健康法律法规，安全健康毒理学，职业病统计学，职业卫生管理学，职业伤害和职业病的孕育、发展机理，职业健康危害的预防、控制、综合决策，安全卫生工程技术，个体防护。

(四) 学科基础科学问题

基础科学问题的提出、分析和解决是安全科学与工程学科发展的基本途径。因此，我们应通过主要学科方向的基础科学问题研究，分述该学科的发展态势。

1. 安全科学学科的基础科学问题

(1) 各类事故或灾难的形成机理及演化规律。研究各类事故或灾难形成演化的机理，探索其诱发和传导机制及规律，建立相应的基础理论。

(2) 多灾种耦合作用致灾机理分析理论与方法。研究多灾种耦合作用致灾的演化机理及其影响机制，建立我国安全事故或灾难多灾种耦合作用致灾理论体系。

(3) 各类事故或灾难的监测监控和预警理论。发展各类事故或灾难的监测监控方法和识别模型，建立事故或灾难监测监控数据共享平台，构建时间和空间上的大尺度危险源辨识和预警理论体系。

(4) 各类事故或灾难防控技术原理及多技术协同作用机制。研究各类事故或灾难的清洁、高效防控方法，揭示多参数耦合影响下的防控机理及多技术协同作用机制，发展事故或灾难多技术协同防控的优化方法。

2. 安全技术学科的基础科学问题

(1) 事故或灾难的监测、探测和动态预测技术基础。确定事故或灾难监测和探测的关键致灾指标，研究安全、高效、可靠的事故或灾难监测、探测方法；基于安全预测基础理论和事故或灾难的动力学演化规律，研究事故或灾难的动态预测方法和模型。

(2) 事故或灾难的多元协同防控技术。研究针对多灾种防治的多元协同技术，揭示多灾种、多参数耦合作用对多技术协同机制的影响，发展各类事故或灾难的多技术协同防控系统。

(3) 多维事故或灾难风险评估关键技术。开展多空间和多时间尺度的事故或灾难风险评估技术研究，发展不同时空尺度下事故或灾难风险评估模型和综合评估方法。

(4) 事故或灾难应急救援关键技术。研究遇险遇难人员定位与搜救、事故或灾难处置实时监控及信息传输等技术，提出灾后应急救援实时监测和指挥调度系统的优化布局方案，发展和完善应急救援分级准则，重点研发针对重大事故或灾难应急救援的技术装备和辅助决策系统。

3. 安全系统工程学科的基础科学问题

(1) 安全系统工程的系统性。从系统整体出发，综合考虑人、设备、物料、管理等系统要素，研究其相关性和环境适应性等特性。

(2) 安全系统工程的预测性。研究事故或灾难发生过程中安全信息的收集、提取、传输和处理分析理论，发展基于事故或灾难演化规律和现场时空参数的系统预测方法，等等。

(3) 安全系统工程的层序性和择优性。基于系统的时空维度，有层次、有序列地研究系统风险控制、安全模拟与仿真、系统预测与决策等。

4. 安全与应急管理学科的基础科学问题

(1) 安全与应急管理基础理论与方法。研究多灾种、多参数耦合作用等复杂条件下的应急管理和决策理论与方法，安全与应急管理的社会科学问题，等等。

(2) 应急救援基础理论和方法。重点研究事故或灾难应急救援信息处理的大数据分析方法，研发应急救援技术及其系统，以及灾后恢复与重建的关键技术，等等。

(3) 灾害环境下人群的心理及行为规律。研究工业系统和灾害环境中人员的心理与行为规律，以及事故或灾难中人员应急的心理与行为特征，发展事故或灾难时人员疏散模型和诱导技术，等等。

5. 职业安全健康学科的基础科学问题

(1) 人的心理和生理安全负荷。研究不同行业归属条件下不同人群的安全心理和生理特征以及影响人的行为安全的心理和生理因素指标；研究环境噪声、温度、湿度等对人的心理和生理的影响机制；发展心理和生理负荷的定量预测方法与理论。

(2) 人的不安全行为产生机制。研究不同工作环境下人的不安全行为的种类及特征，以及产生不安全行为的心理、生理和社会机制；揭示高危环境中人的不安全行为产生的心理、生理机制及其形式、种类等。

(3) 人机匹配理论。研究人机优化组合形式、人机功能的合理分配和安全技术的有效性，发展机械的本质安全设计理论与方法，揭示人体在各种工作方式及环境条件下的机体行为特征，等等。

(4) 安全健康毒理学。研究有害化学、粉尘、高温、高湿、高压等环境条件对职业安全健康的影响机制，发展职业安全健康危害因素的辨识、评价、防控技术，结合毒理学的理论和技术基础建立安全健康毒理学。

(五) 学科发展战略需求

1. 学科自身发展的需求

安全科学与工程学科虽然是一门新兴的综合性交叉学科，但随着科技水平的提高，我国在事故或灾难致灾机理、发展规律及其防治等方面的研究越来越得到重视和发展。当前，我国开设"安全科学与工程"类本科专业每年招收本科生、硕士生、博士生分别约为 6000 名、1200 名和 220 名，高层次专业化人才队伍已具规模。特别是近年来，我国在一些典型行业事故或灾难的发生、发展规律和致灾机理等方面的研究取得了较为系统深入的研究成果。例如，在煤矿、建筑等行业火灾、爆炸等事故防治方面的研究处于国际先进或领先水平，并引领若干研究方向。但是，作为一门新兴的综合性交叉学科，其涉及众多行业和研究方向，知识体系极具复杂多元性特征，因而仍面临不同行业或方向之间的发展不均衡、学科体系仍不够系统完善、人才培养模式单一等问题。因此，亟须明确学科战略定位与发展目标，进一步加快学科体系的建设与完善，优化人才培养模式，健全强强合作与帮扶弱小的合作机制，以尽早实现该学科的跨越式发展。

与发达国家相比，我国尚需在多灾种致灾理论、多技术协同防灾及其影响机制等方面开展系统、深入的研究。目前，国内外学者对于事故或灾难的研究大都局限于单个灾种，对多灾种共同作用导致的事故或灾难的发生机理、发展规律及其预测预报、风险评估理论等的研究甚少，尚缺乏系统的知识结构和完整的理论体系；单个灾种的信息数据库及其背景数据库比较完善，但多个数据库数据共享、信息融合，特别是大数据挖掘分析等方面的研究开展较少，尚缺乏数据共享机制及信息融合与分析方法等。此外，多参数耦合作用下事故或灾难的致灾机理和发展规律等方面的研究亦需得到重视。我国在煤矿瓦斯爆炸事故防治、大空间火灾智能探测、清洁高效灭火等技术的研究和工程应用方面已处于国际先进水平，但尚缺乏针对单一灾种防治的多技术协同、多灾种防治的多技术协同作用机制及其影响方面的系统研究；应急方面还需加强多灾种情况下应急决策方法、应急处置及救援技术、人在危险状态下的心理行为特征及疏散诱导技术等的研究。另外，除尘抑爆、危化品泄漏洗消、环境修复等防治技术方面的研发也应加强。

2. 社会经济发展的需求

安全生产状况与一定时期内社会经济发展有着密切的关系。安全生产关系到社会稳定大局，关系到社会经济快速健康持续发展，关系到全面建成小康社会宏伟目标的实现。已有研究和经验表明，世界整体安全生产状况随着社会经济的发展不断得到改善。我国近年来在安全科学与工程学科建设、技术创新、标准和规范制定、应急体系及安全管理制度建设等方面取得了一系列标志性成果。但是，我国社会目前正处于高速发展期，工业化、城市化进程仍在快速推进，新的安全事故或灾难易发领域在增加，高危险的大型化工园区、能源储运区等大量涌现。因此，我国社会经济发展面临的安全问题不但涉及面广、影响因素复杂，而且新问题不断出现，这就要求该学科面向我国社会经济发展的主战场，进一步加强学科建设，培养更多急需的高层次人才；持续锐意创新，深刻认识各类事故或灾难的致灾机理和发展规律，完善相关理论和模型，特别是重视新问题、新情况的研究；继续强化技术创新及其工程应用实践，大幅度提高我国防治安全事故或灾难的水平和能力。

该学科近期亟须加强以下方面的建设和研究，以满足现阶段社会经济发展的需求：一是深化认识高危险行业事故或灾难的致灾机理及其发展规律，并向多灾种、多参数耦合作用方面的研究倾斜。已有研究表明，生产安全对社会经济[国内生产总值(GDP)]的综合(平均)贡献率约为 2.4%，其中，由于不同行业的生产作业危险性不同，其对经济发展的贡献率也不同，即高危险性行业约为 7%，一般危险性行业约为 2.5%，低危险性行业约为 1.5%。二是从体制、机制、人才、资金等方面加强支持事故或灾难防治技术的持续创新与产品研发。快速发展的社会经济建设需要安全的生产和生活环境，而安全的生产和生活环境亟须安全、高效、环保的先进防治技术的强有力支撑。现阶段，我国仍需加强针对单一灾种的防治技术的研发，重视针对多灾种的防治技术的研发，同时需考虑多参数耦合作用对各技术的影响以及防治技术的作用对事故或灾难发展过程及其规律的影响。

三、安全科学与工程一级学科简介

(一) 学科内涵

1. 研究对象

安全科学与工程学科属于综合科学学科，其研究对象可以从安全科学与安全工程的内涵得以体现。安全科学是研究减少或减弱危险有害因素对人身安全健康等的危害、设备设施等的破坏、环境社会等的影响而建立起来的知识体系，它为揭示安全问题的客观规律提供了安全学科理论、应用理论和专业理论。安全工程研究在具体领域中运用各种技术、工程、管理等保障安全的方法、手段和措施，从而为人们在生产和生活中有效防范与应对安全问题提供直接和间接的保障。安全科学与工程的应用领域涉及建筑、能源、材料、环境、化工、轻工、土木、矿业、交通、运输、航空航天、机电、食品、生物、农业、林业、城市、旅游、检验检疫、消防、社会文化、公共卫生、行政管理等各种行业和事业乃至人类生活的各个领域，并且与上述学科有所交叉。

2. 理论基础

作为一门综合交叉性学科，安全科学与工程学科的理论体系尚处于不断完善的过程之中。总体来说，安全科学与工程学科的理论体系包括安全社会科学、安全自然科学、安全系统科学、安全工程技术科学、安全健康学以及人文社会科学等领域。根据安全科学与工程学科多个领域的现有研究进展，结合我国安全问题的阶段性与复杂性，安全科学与工程学科的主要理论包括安全社会学、安全法学、安全科学原理、安全科学方法学、安全系统学、灾害学、安全人机学、安全管理学、职业安全健康学、安全工程技术科学基础

3. 知识基础

安全科学与工程学科在发展过程中不断地形成和完善支撑学科体系的知识基础，在安全系统科学的基础上，形成了安全科学、安全技术、安全系统工程、安全管理、职业安全健康五大知识基础。

除了学科体系的知识基础之外，安全科学与工程学科总体知识基础还包括自然科学基础知识(如数学、化学、物理、生物生态学与医学等)、工程科学基础知识(如力学、电学、系统工程学、相关工程技术科学基础等)、通识类基础知识(如计算机科学、外语等)和社会科学基础知识(如经济学、社会学、法学与管理学等)四大类。

(二) 学科范围

安全科学与工程学科设在工学门类中，授予工学学位。本学科重点针对自然灾害、事故灾难、公共卫生、社会安全等领域。本学科可设安全科学、安全技术、安全系统工程、安全与应急管理、职业安全健康5个研究方向。

本学科也可按照宽口径培养方式不设研究方向。各高校可根据自身的条件和特色，结合安全科学、安全技术、安全系统工程、安全与应急管理、职业安全健康等学科方向及其交融，确定学科研究方向，培养研究生。

(三) 培养目标

安全科学与工程可以涵盖多层次、多行业的安全学科、专业人才培养所需的内容和目标。

1. 学士学位培养目标

学士学位培养目标：要求毕业生掌握必需的自然科学、工程技术的基础知识，并具有一定的人文科学和管理学知识；掌握安全科学、安全技术、安全管理和职业卫生的基础理论及专业知识与基本技能；具有利用计算机进行数据处理及分析的能力；具有一定的英语听、说、写和阅读专业资料的能力；掌握文献检索、信息查询的基本方法；具备一定的从事安全工程方面的设计、研究、检测、评价、监察和管理等工作的能力；了解安全工程学科发展的动态。

2. 硕士学位培养目标

硕士学位培养目标：要求毕业生具有自然科学与人文社会科学基础知识，具有扎实的工科基础知识与安全科学技术的专业知识，具有较强的自我获取知识的能力、组织管理能力、安全工程设计与施工能力和国际视野；掌握坚实的安全科学与工程基本理论和工程技术知识；掌握危险因素控制的实验方法和测试技术；掌握安全工程的计算机模拟和物理模拟方法与技术以及安全生产过程控制优化设计方法；掌握某一行业危险特征与工艺的关键安全技术及其应用条件；掌握现代企业安全管理理论与方法；掌握安全心理学、安全教育学等与安全管理配套的理论知识；掌握事故调查报告和应急预案的撰写；了解国家关于安全工程生产、设计、安全、环境保护等方面的方针、政策和法规，了解本专业的发展现状和趋势。

3. 博士学位目标

博士学位目标：要求毕业生拥有深厚的安全科学基础理论、宽广的安全专业知识和很强的安全科学技术研究与应用能力，具有很强的创新精神和开阔的国际视野；具备安全科学、安全技术、安全系统工程、安全与应急管理和职业安全健康等方面的宽广的理论基础和系统深入的专业知识；能创造性地从事与安全科学技术相关的科学研究与重大工程安全设计及管理工作；对本学科的学术前沿、现状和发展趋势具有系统深入的了解；至少掌握一门外国语，能熟练地阅读本专业的外文资料，具有良好的论文写作能力和进行国际学术交流的能力；能在高等院校和科研机构等单位从事安全科学与工程的教学及研究工作，或者在工矿企业及管理部门从事高层次的安全技术开发与设计、安全与应急管理等工作。

(四) 相关学科

安全科学与工程的相关学科主要包括系统科学与工程(0702)、环境科学与工程(0825)、公共卫生与预防医学(1004)、管理科学与工程(1201)、公共管理(1204)、公安技术(0831)。

第二节　安全工程本科专业

安全工程专业起源于劳动保护学科，是安全科学与工程一级学科下设的本科专业之一。本节主要介绍安全工程专业概况、安全工程专业人才的能力与素质要求及行业生产安全事故总体形势。

一、安全工程专业概况

1984年，"安全工程"这一专业名称首次获得官方认可，并被列为本科专业目录第32个试办专业；1993年，安全工程成为管理工程类专业下设需适当控制设点的正式专业；1998年，安全工程列入"环境与安全类"专业，并改为无须控制的正式专业；2012年，教育部颁布《普通高等学校本科专业目录(2012年版)》，安全工程成为2018年前"安全科学与工程类"专业下设的唯一专业。从试办到正确归类的近30年时间内，安全工程专业历经4次大规模专业设置调整，终于在本科教育体系中全面确立、正式扎根。截至2022年12月，我国开设安全工程专业的高校有192所，安全工程专业进入快速发展阶段。

二、安全工程专业人才的能力与素质要求

安全工程专业具有综合性、实践性、交叉融合性等特点，以通用安全人才为培养目标，着重培养学生事故预防的核心能力，各院校培养方案侧重的行业有所不同，其毕业生多数从事风险辨识与评估、安全监察与管理、安全教育与培训等工作。

(一) 安全工程专业人才培养目标

本专业培养德智体美劳全面发展、服务国家经济社会持续健康发展、系统掌握安全工程基础理论、基础知识、基本技能、劳动情怀深厚、实践能力突出的高素质应用型、复合型和具有创新精神的人才。

(二) 安全工程专业人才的能力与素质要求的内容

安全工程专业人才的能力与素质要求主要内容包括：能够将数学、自然科学、工程基础和安全工程专业知识用于解决复杂安全工程问题；能够应用数学、自然科学、工程科学以及安全工程相关的基础和专业知识识别和表达安全工程领域复杂工程问题，并能通过文献进行合理分析，获得有效结论；能够设计针对安全工程领域中复杂工程问题的解决方案及工艺流程，并能够在设计环节中体现创新意识，考虑设计方案对社会、安全、健康、法律、文化的影响；能够基于安全科学原理并采用科学方法对安全工程领域复杂工程问题进行研究，包括设计合理的试验，对试验结果进行归纳、整理、分析，并通过信息综合得到合理有效的结论；能够针对安全工程领域复杂工程问题，开发、选择与使用恰当的技术、资源、现代工程工具和文献检索、资料查询等信息技术工具，包括对安全工程领域复杂工程问题的预测与模拟，并能够理解其局限性；能够基于工程相关背景知识进行合理分析，评价安全工程实践和复杂工程问题解决方案对社会、安全、健康、法律以及文化的影响，并理解应承担的责任；能够理解和评价针对安全工程领域复杂工程问题的工程实践对安全健康、社会可持续发展的影响；树立正确的人生观、价值观，具备良好的人文素养，熟悉安全法律、法规，了解安全工程相关标准，具有人文社会科学素养、社会责任感，能够在工程实践中理解并遵守工程职业道德和规范，履行责任；能够在多学科背景下的团队中承担个体、团队成员以及负责人的角色，具有一定的组织管理能力、人际交往能力以及在团队中发挥作用的能力；能够就安全工程领域复杂工程问题与业界同行及社会公众进行有效沟通和交流，包括撰写报告和设计文稿、陈述发言、清晰表达或回应指令，具备一定的国际视野，能够在跨文化背景下进行沟通、交流、合作；能够在多学科环境中理解并掌握工程管理原理与经济决策方法，针对安全工程领域复杂工程问题进行运行管理及技术经济评价；具有自主学习和终身学习的意识，具有不断学习和适应发展的能力，能够及时了解安全工程领域的最新知识。

三、行业生产安全事故总体形势

生产安全事故是指生产经营单位在生产经营活动(包括与生产经营有关的活动)中突然发生的，伤害人身安全和健康，或者损坏设备设施，或者造成经济损失的，导致原生产经营活动(包括与生产经营活动有关的活动)暂时中止或永远终止的意外事件。生产安全事故主要分为两类：一是生产经营活动中发生的造成人身伤亡或者直接经济损失的事故。此类事故的报告、调查和处理参见《生产安全事故报告和调查处理条例》(2007年4月9日中华人民共和国国务院令第493号)。二是环境污染事故、核设施事故、国防科研生产事故。

当前，全国安全生产形势持续稳定好转，事故总量、较大事故和重特大事故实现了"三个下降"，但全国安全生产还处在脆弱期、爬坡期和过坎期，如图2-1所示。

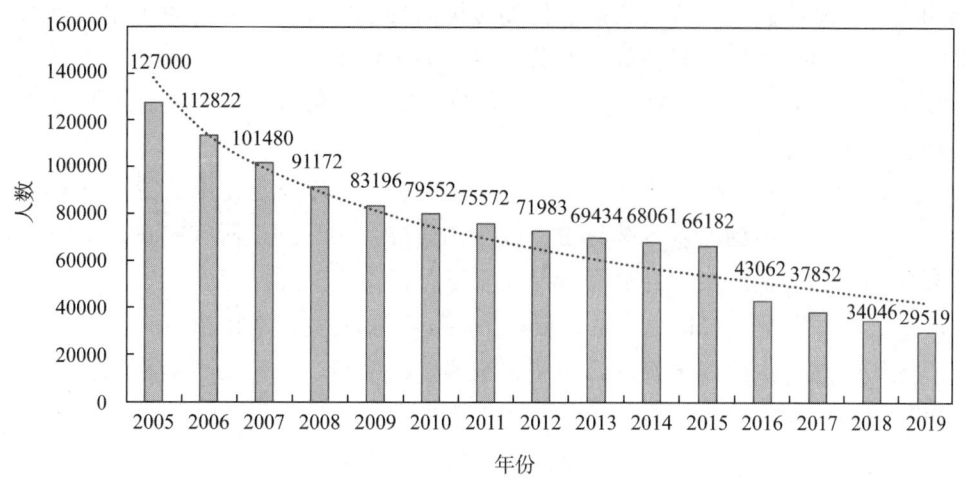

图2-1 2005—2019年全国生产安全事故死亡人数

第三节 职业卫生工程本科专业

职业卫生工程是应用工程技术和有关学科的理论及实践来解决劳动者在生产中所面临的不利于人体健康的问题，创造良好的作业环境，保障身体健康，提高工作效率的一门综合科学，是安全科学与工程一级学科下设的二级学科之一。本节主要介绍国家卫生健康委员会职能调整、职业卫生工程专业概况、职业卫生工程专业人才的能力与素质要求及作业场所职业病发病总体趋势。

一、国家卫生健康委员会职能调整

（一）国家卫生健康委员会主要职能

2018年7月30日，依据中共中央办公厅、国务院办公厅《关于印发〈国家卫生健康委员会职能配置、内设机构和人员编制规定〉的通知》(厅字〔2018〕59号)要求，明确国家卫生健康委员会职能：

(1) 组织拟订国民健康政策，拟订卫生健康事业发展法律法规草案、政策、规划，制定部门规章和标准并组织实施。统筹规划卫生健康资源配置，指导区域卫生健康规划的编制和实施。制定并组织实施推进卫生健康基本公共服务均等化、普惠化、便捷化和公共资源向基层延伸等政策措施。

(2) 协调推进深化医药卫生体制改革，研究提出深化医药卫生体制改革重大方针、政策、措施的建议。组织深化公立医院综合改革，推进管办分离，健全现代医院管理制度，制定并组织实施推动卫生健康公共服务提供主体多元化、提供方式多样化的政策措施，提出医疗服务和药品价格政策的建议。

(3) 制定并组织落实疾病预防控制规划、国家免疫规划以及严重危害人民健康公共卫生问题的干预措施，制定检疫传染病和监测传染病目录。负责卫生应急工作，组织指导突发公共卫生事件的预防控制和各类突发公共事件的医疗卫生救援。

(4) 组织拟订并协调落实应对人口老龄化政策措施，负责推进老年健康服务体系建设和医养结合工作。

(5) 组织制定国家药物政策和国家基本药物制度，开展药品使用监测、临床综合评价和短缺药品预警，提出国家基本药物价格政策的建议，参与制定国家药典。组织开展食品安全风险监测评估，依法制定并公布食品安全标准。

(6) 负责职责范围内的职业卫生、放射卫生、环境卫生、学校卫生、公共场所卫生、饮用水卫生等公共卫生的监督管理，负责传染病防治监督，健全卫生健康综合监督体系。牵头《世界卫生组织烟草控制框架公约》履约工作。

(7) 制定医疗机构、医疗服务行业管理办法并监督实施，建立医疗服务评价和监督管理体系。会同有关部门制定并实施卫生健康专业技术人员资格标准。制定并组织实施医疗服务规范、标准和卫生健康专业技术人员执业规则、服务规范。

(8) 负责计划生育管理和服务工作，开展人口监测预警，研究提出人口与家庭发展相关政策建议，完善计划生育政策。

(9) 指导地方卫生健康工作，指导基层医疗卫生、妇幼健康服务体系和全科医生队伍建设。推进卫生健康科技创新发展。

(10) 负责中央保健对象的医疗保健工作，负责党和国家重要会议与重大活动的医疗卫生保障工作。

(11) 管理国家中医药管理局，代管中国老龄协会，指导中国计划生育协会的业务工作。

(12) 完成党中央、国务院交办的其他任务。

(二) 国家卫生健康委员会主要机构

1. 国家卫生健康委员会机关

办公厅、人事司、规划发展与信息化司、财务司、法规司、体制改革司、医政医管司、基层卫生健康司、医疗应急司、科技教育司、药物政策与基本药物制度司、食品安全标准与监测评估司、老龄健康司、妇幼健康司、职业健康司、人口监测与家庭发展司、宣传司、国际合作司、保健局、机关党委、离退休干部局。

2. 国家卫生健康委员会直属和联系单位

医科院、疾控中心、监督中心、药具管理中心、机关服务局(中心)、食品评估中心、北京医院、北京协和医院、中日友好医院、科研所、健康教育中心、宣教中心、统计信息中心、干部培训中心(党校)、卫生发展中心、人口与发展研究中心、项目监管中心、医管中心、医学考试中心、医院研究所、国际交流中心、人才中心、继续教育中心、科技发展中心、心血管中心、癌症中心、职业卫生中心、人口文化中心、流动人口中心、南京培训中心、家庭保健中心、计生协会、医学会、预防医学会、人口基金会、人口学会、健康报社、人口报社、人民卫生出版社、人口出版社。

二、职业卫生工程专业概况

职业卫生工程专业是 2018 年设立的目录外本科新专业。2019 年，国家卫生健康委员会明确提出将大力推进职业卫生工程技术在职业病预防方面的应用。同年，中国劳动关系学院在原有安全工程专业(职业卫生方向)的基础上，在全国范围内首次获批设立职业卫生工程专业。2020 年，华北科技学院、中国矿业大学(徐州)获批本专业，其中华北科技学院提出实践教学培养以及科技平台协同培养两种培养模式。中国矿业大学(徐州)提出具有"双一流"学科特色的粉尘、职业病等方面检测及防治技术课程。职业卫生工程专业列入《普通高等学校本科专业目录(2020 年版)》后，填补了我国本科教育体系中以源头治理和预防为主的职业卫生人才培养的空白。

三、职业卫生工程专业人才的能力与素质要求

职业卫生工程专业设立的目的是采用工程及管理手段，从源头上控制或消除危害因素的职业病事前预防，与医学院校培养的从事职业病诊断与治疗等事后职业卫生人才有着本质的区别，它具有源头治理、预防为主等鲜明特点，要求学生掌握源头控制核心能力，其毕业生多数从事职业卫生检测、职业病预防、职业危害控制等工作。

(一) 职业卫生工程专业人才培养目标

职业卫生工程专业面向国家发展战略和社会经济发展需求，培养德智体美劳全面发展，具有家国情怀、科学精神、人文素养，掌握职业危害工程预防与控制、职业危害因素的检测与评价、职业卫生管理等方面的知识和能力，同时掌握一定的安全工程与应急管理的专业知识，具备职业卫生与安全应急一体化的复合知识结构，可以到建筑、石油、化工、能源、电力等涉及职业危害的企事业单位和个体经济组织以及职业卫生监管职能部门、职业卫生检测评价机构等领域，从事职业病危害因素预防与控制、检测、评价、职业卫生管理、监察、咨询、培训、研究等方面的工作，实践能力突出的具有创新精神的应用型、复合型人才。

(二) 职业卫生工程专业人才的能力与素质要求的内容

职业卫生工程专业人才的能力与素质要求主要内容包括：德智体美劳全面发展，具有家国情怀、科学精神、人文素养、奉献精神、创新精神和高度社会责任感，具有自主持续学习能力；掌握自然科学的基本理论和方法；具备职业病预防、职业危害控制工程、职业卫生管理等方面的基础理论和专业知识，掌握安全、应急和公共卫生核心的专业知识；熟练掌握数学、自然科学和工程科学的基本原理，可以运用职业健康等方面的知识和技能；能够识别影响劳动者职业健康的危害因素，并能够对危害因素进行检测、评价及风险评估；

能够利用先进的技术和方法手段，对企业在生产工艺、生产过程及劳动过程等环节中影响劳动者健康的因素采取有效的减震降噪、除尘通风、工业防毒防辐射等工程防护设施的设计、工程方案制定和评估的能力；能够胜任用人单位及监管部门的职业卫生管理及监督的职责，包括教育培训、健康监护、个体防护等；在掌握卫生统计学及流行病学的基础上，利用职业卫生大数据统计分析手段对职业卫生相关问题进行分析和预测；能够应用安全工程相关的主要生产技术、法律法规、安全管理、应急预案编制、应急救援与管理等基础知识解决本学科相关的基本问题；掌握职业卫生与职业病学、毒理学、环境卫生学、流行病学和卫生统计学等公共卫生基础知识，有能力在公共卫生相关领域从事管理、服务及研究等工作。

四、作业场所职业病发病总体趋势

职业病是指企业、事业单位和个体经济组织等用人单位的劳动者在职业活动中接触粉尘、放射性物质和其他有毒、有害因素而引起的疾病。《中华人民共和国职业病防治法》是我国预防、控制和消除职业病危害，防治职业病，保护劳动者健康及其相关权益的一部专门法律，于2001年10月27日第九届全国人民代表大会常务委员会第二十四次会议通过，自2002年5月1日起施行。该法分别于2011年、2016年、2017年、2018年进行了四次修订，是我国作业场所职业病防治的基本法律。2013年12月23日，国家卫生和计划生育委员会(现为国家卫生健康委员会)、人力资源和社会保障部、国家安全监管总局、中华全国总工会四部门联合印发的《职业病分类和目录》(国卫疾控发〔2013〕48号)对《职业病目录》进行了调整，职业病由原来的10个大类115种增加到10个大类132种。国家卫生健康委员会统计的数据显示，2005—2019年职业病新发病例总体呈现先上升后下降的趋势，如图2-2所示。2019年发病人数为19428人，较2018年减少4069人。

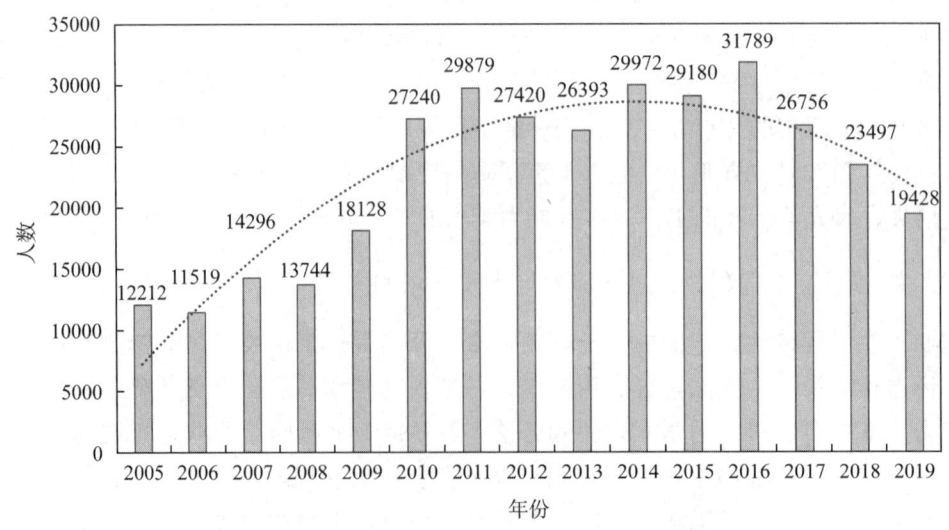

图2-2　2005—2019年我国职业病新发病例

第四节　应急技术与管理本科专业

应急技术与管理专业是 2018 年增设的目录外新专业,是安全科学与工程一级学科下设的二级学科之一。本节主要介绍应急管理部职能调整、应急技术与管理专业概况、应急技术与管理专业人才的能力与素质要求。

一、应急管理部职能调整

2018 年 3 月,国家安全生产监督管理总局进行大部制改革[①],国家设立应急管理部,其职能突破了生产安全监督管理,并增加了自然灾害应急救援,标志着中国大应急管理改革完成。2018 年 7 月 30 日,中共中央办公厅、国务院办公厅《关于印发<应急管理部职能配置、内设机构和人员编制规定>的通知》(厅字〔2018〕60 号),要求明确应急管理部职能。

(一) 应急管理部主要职能

(1) 负责应急管理工作,指导各地区各部门应对安全生产类、自然灾害类等突发事件和综合防灾减灾救灾工作。负责安全生产综合监督管理和工矿商贸行业安全生产监督管理工作。

(2) 拟订应急管理、安全生产等方针政策,组织编制国家应急体系建设、安全生产和综合防灾减灾规划,起草相关法律法规草案,组织制定部门规章、规程和标准并监督实施。

(3) 指导应急预案体系建设,建立完善事故灾难和自然灾害分级应对制度,组织编制国家总体应急预案和安全生产类、自然灾害类专项预案,综合协调应急预案衔接工作,组织开展预案演练,推动应急避难设施建设。

(4) 牵头建立统一的应急管理信息系统,负责信息传输渠道的规划和布局,建立监测预警和灾情报告制度,健全自然灾害信息资源获取和共享机制,依法统一发布灾情。

(5) 组织指导协调安全生产类、自然灾害类等突发事件应急救援,承担国家应对特别重大灾害指挥部工作,综合研判突发事件发展态势并提出应对建议,协助党中央、国务院指定的负责同志组织特别重大灾害应急处置工作。

(6) 统一协调指挥各类应急专业队伍,建立应急协调联动机制,推进指挥平台对接,衔接解放军和武警部队参与应急救援工作。

(7) 统筹应急救援力量建设,负责消防、森林和草原火灾扑救、抗洪抢险、地震和地质灾害救援、生产安全事故救援等专业应急救援力量建设,管理国家综合性应急救援队伍,指导地方及社会应急救援力量建设。

(8) 负责消防工作,指导地方消防监督、火灾预防、火灾扑救等工作。

---

① 大部制是指政府为了提高行政效率、效能和提升公共服务品质,将那些有着相似职能的机构进行整合,并在此基础上构建实现统一管理的职能体系与组织设置。(孟祥瑞. 应急管理大部制构建的制度分析[D]. 苏州:苏州大学, 2013.)

(9) 指导协调森林和草原火灾、水旱灾害、地震和地质灾害等防治工作，负责自然灾害综合监测预警工作，指导开展自然灾害综合风险评估工作。

(10) 组织协调灾害救助工作，组织指导灾情核查、损失评估、救灾捐赠工作，管理、分配中央救灾款物并监督使用。

(11) 依法行使国家安全生产综合监督管理职权，指导、协调、监督、检查国务院有关部门和各省(自治区、直辖市)政府安全生产工作，组织开展安全生产巡查、考核工作。

(12) 按照分级、属地原则，依法监督检查工矿商贸生产经营单位贯彻执行安全生产法律法规情况及其安全生产条件和有关设备(特种设备除外)、材料、劳动防护用品的安全生产管理工作；负责监督管理工矿商贸行业中央企业安全生产工作，依法组织并指导监督实施安全生产准入制度；负责危险化学品安全监督管理综合工作和烟花爆竹安全生产监督管理工作。

(13) 依法组织指导生产安全事故调查处理，监督事故查处和责任追究落实情况；组织开展自然灾害类突发事件的调查评估工作。

(14) 开展应急管理方面的国际交流与合作，组织参与安全生产类、自然灾害类等突发事件的国际救援工作。

(15) 制定应急物资储备和应急救援装备规划并组织实施，会同国家粮食和物资储备局等部门建立健全应急物资信息平台和调拨制度，在救灾时统一调度。

(16) 负责应急管理、安全生产宣传教育和培训工作，组织指导应急管理、安全生产的科学技术研究、推广应用和信息化建设工作。

(17) 管理中国地震局、国家矿山安全监察局。

(18) 完成党中央、国务院交办的其他任务。

(二) 应急管理部主要机构

1. 议事机构

国家防汛抗旱总指挥部、国务院抗震救灾指挥部、国务院安全生产委员会、国家森林草原防灭火指挥部、国家减灾委员会。

2. 机关司局

办公厅、应急指挥中心、人事司、教育训练司、险监测和综合减灾司、救援协调和预案管理局、火灾防治管理司、防汛抗旱司、地震和地质灾害救援司、危险化学品安全监督管理一司、危险化学品安全监督管理二司、安全生产执法和工贸安全监督管理局、安全生产综合协调司、救灾和物资保障司、政策法规司、国际合作和救援司、规划财务司、调查评估和统计司、新闻宣传司、科技和信息化司、机关党委、离退休干部局。

3. 部属单位

中国地震局、国家矿山安全监察局、消防救援局、森林消防局、国家安全生产应急救援中心。

二、应急技术与管理专业概况

2019年，辽宁工程技术大学、太原理工大学2所高校首先获批设立应急技术与管理专业。其中，辽宁工程技术大学主要涉及矿山、化工及消防，太原理工大学主要涉及建筑、化工及工矿。2020年，华北科技学院、防灾科技学院与西安科技大学3所高校获批本专业。其中，华北科技学院主要依托自身属于国家级特色专业的安全工程专业，采取"3+1"特色实验班的培养模式；防灾科技学院主要涉及自然灾害领域；西安科技大学以自身安全科学与工程国家重点学科为依托，主要面向应急救援、安全生产和防灾减灾救灾领域。同年，教育部颁布《普通高等学校本科专业目录(2020年版)》，应急技术与管理专业被纳入目录，标志着该专业在本科教育体系中正式落户。应急技术与管理专业和应急管理专业、公共事业管理专业均不相同，应急管理专业侧重于公共安全及管理类课程，公共事业管理专业则多以管理科学与工程为主干学科。应急技术与管理专业的"技术"二字凸显了其以工程技术为导向、实践性与交叉性极强等特点，且该专业特别注重培养学生事中应急的核心能力，其毕业生多数从事现场应急救援、灾害事故处置、应急预案编制等工作。

三、应急技术与管理专业人才的能力及素质要求

（一）应急技术与管理专业人才培养目标

本专业坚持以国家安全发展战略和综合性应急管理人才需求为导向，以服务国家、服务区域经济发展、服务行业为着力点，培养政治素质过硬、劳动情怀深厚，能够树立正确的应急管理理念，具备良好的职业素养，致力于基层政府、企事业单位应急管理事业发展，掌握生产安全事故和火灾防控技术，具备应急管理链条式闭环全过程的理论知识和专业核心能力，具有创新精神，能够运用法律思维和法律手段践行事故风险防控与应急管理实践的高素质应用型、复合型的人才。

（二）应急技术与管理专业人才的知识和能力要求的内容

应急技术与管理专业人才的知识和能力要求主要内容包括：能够将数学、自然科学、工程基础和专业知识用于解决基层事故应急技术与管理复杂问题；能够应用数学、自然科学和工程科学的基本原理，识别、表达并通过文献研究分析基层事故应急管理中的复杂技术和管理问题，以获得有效结论；能够设计针对事故防控与应急管理实践的解决方案，设计满足特定需求的系统、单元(部件)或工艺流程，能够在设计环节中体现创新意识，考虑社会、健康、安全、法律、文化以及环境等因素；能够基于安全、应急管理原理并采用科学方法对复杂应急技术与管理问题进行研究，包括设计试验、分析与解释数据并通过信息综合得到合理有效的结论；能够针对复杂工程问题，开发、选择与使用恰当的技术、资源、现代工程工具和信息技术工具，包括对复杂工程问题的预测与模拟，能够理解其局限性；能够基于工程相关背景知识进行合理分析，评价专业工程实践和复杂工程问题解决方案对

社会、健康、安全、法律以及文化的影响，理解其应承担的责任；能够理解和评价针对全周期应急管理实践对环境、社会可持续发展的影响；具有人文社会科学素养、社会责任感，能够在工程实践中理解并遵守工程职业道德和规范，履行责任；能够在多学科背景下的团队中承担个体、团队成员以及负责人的角色；能够就复杂工程问题与业界同行及社会公众进行有效的沟通和交流，包括撰写报告和设计文稿、陈述发言、清晰表达或回应指令，具备一定的国际视野，能够在跨文化背景下进行沟通和交流；能够理解和掌握工程管理原理与经济决策方法，并能在多学科环境中应用；树立自主学习和终身学习的意识，具有不断学习和适应发展的能力。

【核心概念】

安全科学与工程学科、安全工程、职业卫生工程、应急管理、应急技术与管理、学科体系、生产安全事故、自然灾害、职业病。

【实训拓展】安全类文献综述撰写

文献综述(简称综述)又称文献回顾、文献分析，是针对某一领域、某一专业或某一方面的课题、问题或研究专题，收集大量相关资料，然后通过阅读、分析、归纳、整理当前课题、问题或研究专题的最新进展、学术见解或建议，对其做出综合性介绍和阐述的一种学术论文。

(一) 撰写步骤

在《怎样做文献综述——六步走向成功》中，劳伦斯·马奇和布伦达·麦克伊沃提出了文献综述的六步模型，将文献综述的过程分为六步，即选择主题、文献搜索、展开论证、文献研究、文献批评和综述撰写。

其中，文献综述是研究者在其提前阅读过某一主题的文献后，经过理解、整理、融会贯通，综合分析和评价而组成的一种不同于研究论文的文体。检索和阅读文献是撰写文献综述的重要前提工作。一篇综述的质量如何，很大程度上取决于作者对本题相关的最新文献的掌握程度。如果没有做好文献检索和阅读工作就撰写综述，无法撰写出高水平的综述。

(二) 综述内容

总的来说，一篇文献综述一般包含摘要和关键词、引言、主体和参考文献四部分。

1. 摘要和关键词

摘要限200字以内，应具有独立性和自含性，不应出现图表、冗长的公式和非公知的符号、缩略语。摘要后需要给出3~5个关键词，中间应用分号分隔。

2. 引言部分

引言部分主要是说明写作的目的，介绍有关的概念、定义以及综述的范围，扼要说明有关主题的研究现状或争论焦点，使读者对全文要叙述的问题有一个初步的了解。引言要用简明扼要的文字说明写作的目的、必要性、有关概念的定义、综述的范围、有关问题的现状和动态以及对主要问题争论的焦点等。引言一般200~300字为宜，不宜超过500字。

在引言(导言、介绍)部分要写清以下内容：

(1) 说明写作的目的，定义综述主题、问题和研究领域。

(2) 指出有关综述主题已发表文献的总体趋势，阐述有关概念的定义。

(3) 规定综述的范围，包括专题涉及的学科范围和时间范围，必须声明引用文献起止的年份，解释、分析和比较文献以及组织综述次序的准则。

(4) 扼要说明有关问题的现况或争论焦点，引出所写综述的核心主题，这是广大读者最关心又最感兴趣的，也是写作综述的主线。

3. 主体部分

主体部分是综述的主体，其写法多样，没有固定的格式。主体可按文献发表的年代顺序综述，或按不同的问题进行综述，或按不同的观点进行比较综述。不管采用哪一种形式综述，都要将所收集的文献资料进行归纳、整理、分析及比较，阐明引言部分所确立综述主题的历史背景、现状和发展方向，以及对这些问题的评述。主体部分应特别注意代表性强、具有科学性和创造性的文献引用与评述。主体内容根据综述的类型可以灵活选择结构。

主体的层次标题应简短明了，以 15 字为限，不用标点符号，其层次的划分及编号一律使用阿拉伯数字分级编号法(不含引言部分)，一般用两级，第三级标题上用圆括号中间加数字的形式标识。

插图应精选，具有自明性，勿与文中的文字和表格重复。插图下方应注明图序和图名。

表格应精心设计，结构简洁，便于操作，并具有自明性，内容勿与正文、插图重复。表格应采用三线表，可适当加注辅助线，但不能用斜线和竖线。表格上方应注明表序和表名。

正文是综述的重点，写法上没有固定的格式，只要能够较好地表达综述的内容，作者可创造性地采用诸多形式。正文主要包括论据和论证两个部分，通过提出问题、分析问题和解决问题，比较不同学者对同一问题的看法及其理论依据，进一步阐明问题的来龙去脉和作者的见解。当然，作者也可从问题发生的历史背景、现状、发展方向等提出文献的不同观点。正文部分可根据内容的多少分为若干个小标题分别论述。

小结是对综述正文部分做的扼要总结，作者应对各种观点进行综合评价，提出自己的看法，指出存在的问题及今后发展的方向和展望。内容单纯的综述也可不写小结。

4. 参考文献

参考文献是综述的重要组成部分。一般参考文献的多少可体现作者阅读文献的广度和深度。对综述类论文参考文献的数量，不同杂志有不同的要求，一般以 30 条以内为宜，以 3～5 年内的最新文献为主。

安全工程专业学术论文参考文献的著录格式参见《学术论文编写规则》(GB/T 7713.2—2022)。

(三) 写作要求

1. 开门见山，不绕圈子

避免大篇幅地讲述历史渊源和立题研究过程。

2. 言简意赅，突出重点

不应过多叙述同行熟知的及教科书中的常识性内容，确有必要提及他人的研究成果和基本原理时，只需以参考引文的形式标出即可。在引言部分提示本文的工作和观点时，应意思明确，语言简练。

3. 回顾历史有重点，内容紧扣主题

回顾历史要有重点，内容要紧扣文章主题，围绕标题介绍背景，用几句话概括即可；在提示所用的方法时，不要求写出方法、结果，不要展开讨论；虽可适当引用过去的文献内容，但不要长篇罗列，不能把引言写成该研究的历史发展；不要把引言写成文献小综述，更不要去重复说明那些教科书上已有或本领域研究人员所共知的常识性内容。

4. 尊重科学，实事求是

在引言中，评价论文的价值要恰如其分、实事求是，用词要科学，对本文的创新性最好不要使用"本研究国内首创、首次报道""填补了国内空白""有很高的学术价值""本研究内容国内未见报道"或"本研究处于国内外领先水平"等不适当的自我评语。

5. 引言的内容不应与摘要雷同

引言的内容不应与摘要雷同，注意不用客套话，如"才疏学浅""水平有限""恳请指正""抛砖引玉"之类的语言；引言最好不分段论述，不要插图、列表，不进行公式的推导与证明。

(四) 注意事项

1. 收集文献应尽量全面

掌握全面、大量的文献资料是写好综述的前提，随便收集一点资料就动手撰写是不可能写出好的综述的。

2. 注意引用文献的代表性、可靠性和科学性

在收集到的文献中可能出现观点雷同的情况，有的文献在可靠性及科学性方面存在差异，因此在引用文献时应注意选用代表性、可靠性和科学性较好的文献资料。

3. 引用文献要忠实文献内容

由于文献综述有作者自己的评论分析，因此在撰写时应分清作者的观点和文献的内容，不能篡改文献的内容。引用文献不宜过多。文献综述的作者引用间接文献的现象时有所见。如果综述作者从他人引用的参考文献转引过来，这些文献在他人引用时是否恰当、有无谬误，综述作者是不知道的，所以最好不要间接转引文献。

4. 参考文献不能省略

科研综述可以将参考文献省略，但文献综述不能省略参考文献，尤其是文中引用过的、能反映主题全貌的并且是作者直接阅读过的文献资料。

5. 综述篇幅不宜过长

杂志编辑部对综述的字数一般都有一定数量的约定，一般不宜超过4000字。作者在初写综述时，往往不注意这点，造成虚话、空话较多，重点不突出。综述并不是简单的文献罗列，一定要有作者自己的综合和归纳。有的综述只是将文献罗列出来，看上去像流水账，没有作者自己的综合与分析，使人看后感到重复、费解，材料与评述不协调。

6. 注意引言的写法

一些作者似乎把综述的引言看成了一种形式，是可有可无的部分，将引言的写作和正文的写作相分离，只是为了给论文加一项帽子。常见的现象是，一般化地论述研究的重要

性，甚至从技术所涉及的行业在国民经济中的地位开始谈起，就像一篇领导的讲话稿。就是侧重于研究的主题，从宏观谈起到微观结果，一般性的论述较多。显然，这使读者无法准确地判断"综述命题"的具体价值，缺少对当前研究状况的概括和介绍，不知道作者的研究与以往的研究工作有什么不同。因此，科技综述的引言必须交代研究工作的背景，概括性地论述所研究问题的现状。对研究现状的论述，不仅考查作者对资料的占有程度和熟悉程度，更重要的是从资料的全面程度和新旧程度可以判断研究工作的意义和价值，以及研究结果的可信度。

7. 引文罗列，缺少分析和概括

引言不仅要反映背景的广度，更要考查作者对研究背景了解的深度。一般作者对研究的问题了解不深，在介绍研究现状时往往会列出一大堆参考文献，罗列出不同研究者的不同做法和结论，缺乏作者的分析和归纳，没有概括出研究的成果和存在的问题，有的甚至将一些与本研究没有直接关系的文献也列在其中，片面地强调资料占有的丰富性。尽管有人认为，对研究现状的介绍，不同的杂志有不同的要求，但从综述写作的角度出发，引言的目的是阐述综述命题的意义，而并非研究资料的综述，尽管综述为读者查找资料提供了方便。因此，作者应当用自己的语言概括出研究的现状，特别是存在的难点和不足，从而引出综述研究的主题。

资料来源：https://baike.baidu.com/item/%E6%96%87%E7%8C%AE%E7%BB%BC%E8%BF%B0/3691537?fr=Aladdin.

思 考 题

1. 简述我国安全学科与工程一级学科体系及3个典型专业。
2. 简述我国生产安全、防灾减灾、职业病防治形势。
3. 简述安全工程本科专业人才的能力与素质要求。
4. 简述职业卫生工程本科专业人才的能力与素质要求。
5. 简述应急技术与管理本科专业人才的能力与素质要求。

【本章参考文献】

[1] 许素睿，梁梵洁，谢振华，等. 高校安全科学与工程类专业一体化建设模式研究[J]. 中国安全科学学报，2021，31(5)：70-76.

[2] 国家自然科学基金委员会工程与材料科学部. 安全科学与工程学科发展战略研究报告(2015—2030)[M]. 北京：科学出版社，2016.

[3] 范维澄，刘奕，翁文国. 公共安全科技的"三角形"框架与"4+1"方法学[J]. 科技导报，2009，27(6)：3.

[4] 燕晓飞. 中国职工状况研究报告(2020)[M]. 北京：社会科学文献出版社，2021.

[5] 颜烨. 中国职业安全健康治理趋常化分析[M]. 长春：吉林大学出版社，2020.

[6] 张秋秋.新常态下中国职业安全与健康规制研究[M].北京：经济科学出版社，2018.

[7] 钱洪伟,王明月,郭晶,等.我国应急技术与管理专业人才培养模式探索与挑战[J].中国安全科学学报，2022，32(11)：9-13.

[8] 杨永良,周福宝,李增华.职业卫生工程专业"工医"结合协同教学思路探索[J].高教学刊，2020(6)：80-82.

[9] 陈娜,李秀颖,钟委,等.安全工程专业本科实践教学方案改进研究[J].安全，2022，43(10)：66-72.

[10] 沈海滨,吴同轩.安全科学与工程专业研究生培养质量评价研究[J].综合运输，2022，44(10)：35-42.

第三章
安全公文写作

公文写作是大学生在工作中经常遇到的难题。对于安全专业领域的学生来说，安全公文写作在实际生活中能够发挥非常重要的作用。国内公文写作有专业的具体模式和语言使用。本章通过介绍命令、公告、决定、通报、报告、纪要等六类安全公文的写作，使学生将理论用于实践，在学生掌握基本的公文写作技能之后，鼓励学生根据自己的专业能力服务社会，从而提升职业适应性。

职涯故事

成为公文高手的五种能力

学好公文、写好材料，是很多初入职场的青年大学毕业生的目标。如果刚入手或之前接触不多，想做到这一步，可能会觉得"老虎吃天——无从下口"。今天，我们推荐的这五种能力是材料写作时要重点锤炼提高的，如果你觉得练写作没有更好的途径，可以试着从这里起跑。

1. 记忆力——公文起步的前提

过目不忘、博闻强识是从事文字工作很重要的一点。大家可以翻翻历史，那些大家无不是脑子里预先装了数百篇前人的佳作妙文，才有后来的文思泉涌的。古人从入私塾起，从《三字经》开始，被要求背记的内容何其繁多，有的人成年后，对一些名篇佳句仍是脱口而出、信手拈来。讲个钱锺书的例子，他被誉为学贯中西、博闻强识的大师，有个段子描述他的学识积累，大致意思是别人听说他看了很多书，知道得很多，假装登门请教，其实是故意考考他。请教的是什么呢？据说是国外很冷门的一个领域，问有哪些可以参考的书籍。然而，钱老很快罗列了一长串的书单，请教者这才不得不叹服，相信传言非虚。

大家在写文章时，不知有没有这种感觉，就是有时候知道个大概意思，但是让你用很华美的词句来表达，又差点火候，不能像一些范文中写得那么流畅。其实，这就是积累不够的缘故。想写出一篇好文，肚子里不储藏个十几篇、几十篇经典佳作，就极可能影响"输出"的效率。所以，我们提倡，从背记开始，背记框架、段落、金句都可以，特别是对于缺乏语感、基础较弱的人，这是比较快的一种学习方式。所谓多读、多看不是停留在表面，满足于浮光掠影、蜻蜓点水，而是深入地记忆与掌握。可以买本成语词典、新华字典，遇到不明白的就翻一翻，多掌握一些相似、相近的词汇，这对于提炼标题也有好处。

2. 理解力——公文学习的开始

谈到理解力，有的朋友可能会不以为意，觉得这个太小儿科。其实，理解力不是浅显层次的"看懂"，也不是你以为的"明白"。一篇文章，要想真正读懂悟透，是需要下一番功夫的。行军打仗讲究"兵贵精不贵多"，写文章也一样，你把一篇好文章理解透了，强过读十篇类似内容。

很多人总觉得资料越多越好，素材越广越好。这就和买房子一样，常用的不过尺寸之地，奢求却不厌其多。实际上，大多数人写文章用不了那么多资料，或者说，给你的资料越多，对你来说可能越是负担，怎样取舍经常会左右为难。不如找几篇好素材，深入理解、掌握，以一篇之效收十篇之功，经济、实惠、省心、给力，何乐而不为？

要提高理解公文的能力，可以从三个方面把握：第一，能不能看清文章的"骨架"。撰稿人的运笔走向、脉络框架在你的脑海里有没有一个清晰的画面，读的次数越少，这个画面形成得越快，说明你的理解能力越好。第二，能不能找到文章的"亮点"。要分得清范文的好坏，不能"捡到篮子里都是菜"，文章是立意好、结构好，还是句子好，能讲出个一二三，说出个左中右，这就要考查你的理解能力了。第三，能不能复述"细节"。对文章的承接、过渡、措辞、修辞等体现质量的方面有没有较好的认识，读完后能不能想得起来，这也展现了你的认知程度。书读百遍，其义自见。一开始大家没必要去苛求，开始可以慢点、细点，讲究"慢工出细活"，要像古人那样学会"品""细细地品"，到了一定阶段后，再要求速度、效率。

3. 分析力——公文提高的重点

分析问题是解决问题的前提，如果不对问题进行分析，材料就很难有深度，就可能是素材的堆砌、文字的重复，所以说，提高分析力对于公文写作来说至关重要。这也是反映思想观点、见解深度很重要的一环。比如，撰写总结材料的未来打算部分，如果直奔主题，提出思路、措施，虽然言简意赅，但是对于读者来说，还是不够过瘾，因为你没有讲清楚为什么这样干，很容易给人一头雾水之感。如果你提前加入一点形势分析的内容，把下一步工作有什么样的特点、有什么样的机遇、可能存在哪些挑战进行适当的分析，在此基础上再提出下一步工作的思路、措施，可能针对性、指向性会更强一点。

提高文章写作的分析能力，需要学一点辩证法，多一点哲学思维。具体来说，大家要学会给材料排队、归类的方法。将不同的事物进行筛选分析，同类的情况放一起，同时进行层次的划分。另外，要习惯从正反两个方面分析问题，不管怎么样，遇事分两半，既要看到有利的一面，也要预测不利的因素，综合起来才能得出比较客观的结论。

从写作实践看，多练习是可以提高分析能力的。大家有时候感到一团乱麻，其实都是分析问题方面存在短板，找不到主次、分不清重点，更别谈厘清下一步的方向了。这方面，仅靠看理论、听讲课还不行，必须加强练习与思考，既提高大脑条分缕析的能力，也养成科学思维的习惯。

4. 归纳力——公文出彩的关键

讲完分析，我们再讲综合。这是公文写作中的重头部分，不会综合，就可能让读者如坠云雾、不知所云。所谓综合，应该体现为有明确的观点、特色的论断、精彩的描述。善于综合，最突出的反映就是提高归纳能力。同样的事物，有的人虽然讲出来了，但总感觉印象不深，为什么呢？可能缺乏深度归纳。比如，你表扬一个人，说这个人好，如果没有归纳，就算讲了一堆事、说了一堆话，可能还是会让人感觉中心不突出。但是，你归纳一下，从不同侧面提炼几个好，效果立竿见影。这就是因为通过提炼归纳，用最简短的观点统住了整体，给人耳目一新、眼前一亮的感觉。

提高归纳能力，重点在于学会对比。没有对比，就没有归纳。好是相对于差而言的，新是相对于旧而言的，多是相对于少而言的，因此，归纳出一项工作的特点，要与过去比较、与同类单位或同类工作比较、与预期目标比较。通过比较，才能发现优势长处、查找不足，才能提炼特点、归纳重点。当然，归纳能力也考验炼词的功底，想要归纳好，就需要下苦功夫练习，但总的套路是差不多的，先对比再提炼，不断对比、不断提炼，在对比中提炼，不断暴露事物的本质特征。

5. 模仿力——公文锤炼的保证

新手锤炼公文，起步靠模仿。就像小孩学步、说话一样，前期都是靠模仿，这是相同的道理。有的朋友总是感叹自己不是写公文的料，其实，完全没有必要这样想。据我们所知，很多笔杆子都是后来转行的，所学与所用完全不沾边的也大有人在，这也说明没有谁天生就会写公文，可以边学边练、以练促学。

以前有个朋友写信息，同样的题材(每年什么时段搞什么活动，其实有其内在规律)开始也不会写，后来找了找以往的报纸，梳理了类似的报道，照猫画虎一番下来，居然有模有样，被领导表扬了不说，还上了单位的内刊。在工作中，其实身边有很多类似的范文可以借鉴，但有的朋友却是抱着金娃娃过着苦日子，认为非得有个专业的人来教学才行。仔细想想，有集体培训更好，如果没有这个条件，完全可以自学自练。挖掘你的资源，用好旧的经典，写好新的文章。

需要说明的是，模仿与抄袭是两回事，建议大家模仿，绝不是原封不动、照搬照抄，那样既违反纪律也提高不了能力。模仿重在借鉴思路、借鉴手法、借鉴角度，先看看别人的，再想想自己的，最后综合出新的。这其中需要思维的反复锤炼、角度的不断切换，等到一定阶段了就逐渐形成个人风格了，那时候也就是"老笔杆"常讲的"跳出套路、超脱套路"了。

资料来源：http://www.dangjian.com/djw2016sy/djwjggz/202006/t20200609_5663141.shtml。

启示与思考

作为一个即将进入职场的大学生，应如何提升公文撰写能力？

第一节 命令类

命令是国家权力机关、行政机关、军事机关及其负责人颁布的，是具有强制执行性质的领导性、指挥性的下行公文。本节主要介绍发布令、行政令、奖惩令和任免令四类命令类公文的类型、组成和样例。

一、发布令及实例

发布令是依照有关法律规定，发布行政法规和规章时所使用的命令(令)，是规范性行政公文当中命令(令)的一种重要类别，由颁布对象、颁布依据、颁布决定、执行要求四部分组成。

【样例3-1】

中华人民共和国国务院令
第 397 号

《安全生产许可证条例》已经 2004 年 1 月 7 日国务院第 34 次常务会议通过，现予公布，自公布之日起施行。

总理　温家宝
二〇〇四年一月十三日

资料来源：https://www.gov.cn/gongbao/content/2004/content_63118.htm。

二、行政令及实例

行政令，又称为行政法令，是国家行政机关发布实施重大行政措施时使用的一种命令(令)，具有强制性和权威性。行政令正文由发令缘由(包括原因、目的、依据)、命令事项、施行要求三部分组成。

【样例3-2】

中华人民共和国主席令
第八十八号

《全国人民代表大会常务委员会关于修改〈中华人民共和国安全生产法〉的决定》已由中华人民共和国第十三届全国人民代表大会常务委员会第二十九次会议于 2021 年 6 月 10 日通过,现予公布,自 2021 年 9 月 1 日起施行。

中华人民共和国主席　习近平
2021 年 6 月 10 日

资料来源：http://www.npc.gov.cn/npc/c30834/202106/02ceac7db412477c9b6d889d9363afc5.shtml。

三、奖惩令及实例

奖惩令是命令(令)的一种公文类型，分为嘉奖令和惩戒令。

嘉奖令是中央机关对个人、集体或上级对下级取得重大功绩进行公开表彰的文书，它是法定公文中命令的一小类。嘉奖令比较庄重，发文单位级别较高，属于下行文，一经发出，下级机关必须坚决服从和执行，具有强制性、领导性、指挥性。嘉奖令正文一般包括嘉奖对象的主要事迹和功勋、嘉奖决定(荣誉称号或奖励措施)、号召和希望。

【样例 3-3】

嘉奖令

公司各部门：

　　××××年××月××日是公司开业庆典的重要日子，总经办周××、采购办经理何××、文化传媒李××在庆典过程中，为公司做出了积极表率。

　　鉴于此，公司决定：给予周××、何××、李××通报表扬一次并给予×××元现金奖励，以资鼓励。希望三位员工在今后的工作中戒骄戒躁、继续努力。同时，希望公司的全体员工行动起来，向三位同志学习，共同努力。

××××公司
××××年××月××日

资料来源：作者根据相关资料整理。

　　惩戒令用于惩戒有关人员与撤销下级机关不适当的决定，写法与嘉奖令基本相同。惩戒令正文一般包括惩戒的缘由、受惩戒者所犯错误的事实与后果、惩戒的方式和方法、惩戒的意义。惩戒令使用很少，一般不轻易使用。

四、任免令及实例

　　任免令是命令的类别之一，是国家行政领导机关及领导人任免国家高级干部和其他重要工作人员时，如国务院总理、国务院各部部长、各委员会主任、驻外全权代表等使用的一种命令。任免令正文包括任免依据和任免事项等两项内容。

【样例 3-4】

免职令

各单位、部门：

　　经公司董事会研究决定：

　　免去周××公司总经理职务，此令自××××年××月××日起生效。

××××公司
董事长：李××
××××年××月××日

资料来源：作者根据相关资料整理。

第二节　公告类

公告类公文是行政公文的主要文种之一，属于发布范围广泛的晓谕性文种。本节主要介绍公告、公报、通告三类公告类公文的特点、类型、使用范围和样例。

一、公告及实例

公告是指政府、团体对重大事件当众正式公布或者公开宣告、宣布。国务院2012年4月16日发布、2012年7月1日起施行的《党政机关公文处理工作条例》对公告的使用表述为："适用于向国内外宣布重要事项或者法定事项。"其中包含两方面的内容：一是向国内外宣布重要事项，公布依据政策、法令采取的重大行动等；二是向国内外宣布法定事项，公布依据法律规定告知国内外的有关重要规定和重大行动等。

（一）公告的特点

1. 发文权力的限制性

由于公告宣布的是重大事项和法定事项，发文权力被限制在高层行政机关及其职能部门的范围之内。具体来说，国家最高权力机关(人民代表大会)，国家最高行政机关(国务院)及其所属部门，各省市、自治区、直辖市行政领导机关，某些法定机关，如税务局、海关、铁路局、人民银行、检察院、法院等，有制定与发布公告的权力。其他地方行政机关一般不能发布公告。党团组织、社会团体、企事业单位不能发布公告。

2. 发布范围的广泛性

公告是向国内外发布重要事项和法定事项的公文，其信息传达范围有时是全国，有时是全世界。譬如，以公告的形式公布中国科学院院士名单，一方面确立他们在我国科学界学术带头人的地位，另一方面尽力为他们争取在国际科学界的地位。这样的公告肯定会在世界科学界产生一定的影响。中国有关部门还曾在《人民日报》上刊登公告，公布中国名酒和中国优质酒的品牌、商标和生产企业，以便消费者能认清名牌。

3. 题材的重大性

公告的题材必须是能在国际、国内产生一定影响的重要事项，或者依法必须向社会公布的法定事项。公告的内容庄重、严肃，体现着国家权力部门的威严，既要将有关信息和政策公之于众，又要考虑在国内、国际可能产生的政治影响。一般性的决定、指示、通知的内容都不能用公告的形式发布，因为它们很难具有全国和国际性的意义。

4. 内容和传播方式的新闻性

公告具有一定的新闻性特点。所谓新闻，就是对新近发生的、群众关心的、应知而未知的事实的报道。公告的内容都是新近的、群众应知而未知的事项，在一定程度上具有新闻性的特点。公告的发布形式也有新闻性的特点，它一般不用红头文件的方式传播，而是在报刊上公开刊登。

(二) 公告的基本分类

1. 重要事项公告

凡是用来宣布有关国家的政治、经济、军事、科技、教育、人事、外交等方面需要告知全民的重要事项的公告都属此类公告。常见的重要事项公告有国家重要领导岗位的变动、领导人的出访或其他重大活动、重要科技成果、重要军事行动等的公布。例如，中国人大常务委员会关于确认中国人大代表资格的公告、新华社受权宣布中国将进行向太平洋发射运载火箭试验的公告，均属此类公告。

2. 法定事项公告

法定事项公告是指依照有关法律和法规的规定，一些重要事情和主要环节必须以公告的方式向全民公布。例如，《中华人民共和国专利法》第三十九条规定："发明专利申请经实质审查没有发现驳回理由的，由国务院专利行政部门作出授予发明专利的决定，发给发明专利证书，同时予以登记和公告。"

3. 专业性公告

有一类公告是属于专业性的或向特定对象发布的，如经济上的招标公告，按专利法规定公布申请专利的公告；也有按民事诉讼法规定，法院递交诉讼文书无法送达本人或代收人时，可以发布公告间接送达，是向特定对象发布的。这些都不属行政机关公文。

(三) 公告的使用范围

(1) 公告通常是以国家的名义向国内外宣布重大事件，有时也授权新华社以公告形式公开宣布某一事项的有关规定、要求。例如，公布国家领导人的出国访问，国家领导人的选举结果，洲际导弹、人造卫星的发射，等等。

(2) 公告适用于人民法院审理案件，如向被告送达法律文书等。

(3) 国家机关使用公告公布事项，只限于在自己的职权范围内，基层单位一般不能制发公告。

【样例 3-5】

水利部关于公布第九批水利安全生产标准化达标单位的公告

(2020 年第 26 号)

根据《水利部关于印发〈水利安全生产标准化评审管理暂行办法〉的通知》(水安监〔2013〕189 号)、《水利部关于印发农村水电站安全生产标准化达标评级实施办法(暂行)的通知》(水电〔2013〕379 号)、《水利部办公厅关于印发〈水利安全生产标准化评审管理暂行办法实施细则〉的通知》(办安监〔2013〕168 号)和《水利部关于水利部安全生产标准化评审有关事项的通知》(水监督函〔2018〕206 号)，经评审，淮河水利委员会治淮工程建设管理局等 10 个单位为安全生产标准化一级单位；北京中水科海利工程技术有限公司等 5 个部属单位为安全生产标准化二级单位；唐山市潘家口水利水电工程有限公司为安全生产标准化三级单位，现予公告。

附件：第九批水利安全生产标准化达标单位名单(略)

中华人民共和国水利部
2020 年 12 月 30 日

资料来源：http://www.mwr.gov.cn/zw/tzgg/tzgs/202104/t20210415_1514050.html。

二、公报及实例

公报也称新闻公报，是党政机关和人民团体公开发布重大事项或重要决定的报道性公文，是党和国家经常使用的重要文种。

（一）公报的种类

(1) 会议公报。会议公报是用以报道重要会议或会谈的决定和情报的公报。这种公报一般用于党中央召开的会议。

(2) 事项公报。事项公报是党的高级领导机关用以发布重大情况、重要事件的文件。高层行政机关、部门向人民群众公布重大决策、重要事项或重大措施时有时也沿用此类公报。

(3) 联合公报。联合公报是一种特殊用途的公报，用以发布国家之间、政党之间、团体之间经过会议达成的某种协议，如《中俄联合公报》。

（二）公报的结构

公报包括首部、正文和尾部三部分。

1. 首部

首部包括标题和成文时间。

(1) 标题。公报的标题常见的有三种形式：第一种是只写文种；第二种是由会议名称和文种构成；第三种是联合公报，由发表公报的双方或多方国家的简称、事由、文种构成。

(2) 成文时间。成文时间是指用括号在标题之下正中位置注明公报发布的日期(年、月、日)。

2. 正文

正文包括开头、主体两部分。

(1) 开头。开头即前言部分。事件性公报要求用最鲜明、最精练的语言概述事件的核心内容，即何时、何地、发生了什么重大事件；会议性公报要求概述会议的名称、时间、地点、参加人员等；联合公报要求概述公报的来由，即在何时、何地、谁与谁举行了什么会谈或谁对谁进行了什么性质的访问等。

(2) 主体。主体是公报的核心内容，要求把公报的内容完整、系统、有序地表达清楚。

其常见的写作方式有三种：第一种是分段式，即每段说明一层意思或一项决定；第二种是序号式，多用于内容复杂、问题较多的公报；第三种是条款式，多用于联合公报。

3. 尾部

事件性公报和会议性公报一般没有尾部；联合公报要在正文之后写明双方签署人的身份、姓名、日期(年、月、日)以及签署地点。

(三) 公报特点

(1) 重要性。公报的发布机关级别很高，或者是以党中央的名义，或者是以国家的名义，或者是以中央政府的名义。公报所涉及的内容应是党内外、国内外普遍关心和瞩目的重大事件或重要决定。

(2) 公开性。公报是公之于众的文件，无须保密，一般也没有主送机关、抄送机关，而是普告天下，一体周知。

(3) 新闻性。公报的内容都是新近发生的事件或新近做出的决定，属于人民群众关心、应知而未知的事项，要求制作和发布迅速、及时，因此公报具有新闻性特点。

【样例3-6】

中国作家协会公报

(2017年第3号)

2017年度重点作品扶持工作收到申报选题377项。经专家论证和中国作家协会书记处审核，确定76项选题入选：长篇小说30项，报告文学、纪实文学20项，诗歌3项，散文7项，儿童文学4项，网络文学10项，理论评论2项。其中，"迎接庆祝党的十九大胜利召开"主题专项8项，中国梦主题专项23项。

现予公布。

2017年中国作家协会重点作品扶持选题名单(略)

中国作家协会
××××年××月××日

资料来源：http://www.chinawriter.com.cn/n1/2017/0613/c403964-29336410.html.

三、通告及实例

通告是社会各有关方面用来公布应当遵守或周知的事项时使用的一种公文文种。它的使用者可以是各级各类机关，内容往往涉及社会的方方面面，因为无论其使用主体还是内容都具有相当的广泛性。

(一) 通告的特点

(1) 法规性。通告常用来颁布地方性法规，这些法规一经颁布，特定范围内的部门、单位和民众都必须遵守、执行。

(2) 周知性。通告的内容要求在一定范围内的人们或特定的人群普遍知晓，以使他们了解有关政策法令，遵守某些规定事项，共同维护社会公共管理秩序。

(3) 实务性。所有的公文都是实用文，从根本性质上说都应该是务实的。但它们之间还是有一些区别，如有的公文只是告知某事或宣传某些思想、政策，并不指向具体事务。通告则是一种直接指向某项事务的文种，务实性比较突出。

(4) 行业性。通告具有鲜明的行业性特点，如税务局关于征税的通告，机动车管理部门关于机动车辆年度检验的通告，银行关于发行新版人民币的通告，房产管理局关于对商品房销售面积进行检查的通告，等等，这些都是针对有关方面所负责的那一部分的业务或技术事务发出的通告。因此，通告行文中要时常引用本行业的法规、规章，也免不了使用本行业的术语、行话。

(二) 通告的格式

1. 标题

通告的标题主要有以下几种：

(1) "通告"。如遇特别紧急情况，可在通告前加上"紧急"二字。
(2) "关于××的通告"。
(3) "××关于××的通告"。
(4) "××的通告"。

2. 缘由

缘由主要阐述发布通告的背景、根据、目的、意义等。通告常用的特定承启句式是"为……，特通告如下"或者"根据……，决定……，特此通告"，由此引出通告的事项。

3. 通告事项

通告事项是通告全文的核心部分，包括周知事项和执行要求。撰写这部分内容，首先要做到条理分明、层次清晰。如果内容较多，可采用分条列项的方法；如果内容比较单一，可采用贯通式的方法。其次要做到明确具体，需清楚地说明受文对象应执行的事项，以便于理解和执行。

4. 结语

通告一般用"特此通告"或"本通告自发布之日起实施"作为结语。

(三) 通告的分类

通告一般分为事项性通告、知照性通告、周知性通告、强制性通告、法规性通告、表彰性通告等。

【样例3-7】

通　告

为加强安全管理，确保生产安全，经公司决定，对生产工作中违反安全操作规程、违章作业以及给生产安全带来严重影响的不良行为，制定如下安全管理制度：

1. 工作时间内遛岗串岗，影响他人正常作业的。
2. 工作时间内随意拨打接听电话、玩手机以及使用耳机的。
3. 车间场地嬉笑追打的。
4. 女性长发不扎、披头散发的。
5. 吊运物件选择吊具不当、极容易造成安全事故的。
6. 不按安全规定正确穿戴好劳动防护用品的。
7. 所有违反安全操作规程的。

以上各条希望全体员工共同遵守，为自己、为公司营造一个良好的安全生产环境，对有上述不良情形的岗位和个人，一经发现，罚款 50 元/次，并在全公司通报批评。

特此通告。

××××公司管理部
××××年××月××日

资料来源：作者根据相关资料整理。

第三节　决定类

决定是具有决定权的机关对某专门事项依法依据做出决定时所使用的公文。本节主要介绍决定、决议、通知三类决定类公文的特点、格式、构成、类型和样例。

一、决定及实例

根据 2012 年的《党政机关公文处理工作条例》的规定，决定是"适用于对重要事项作出决策和部署、奖惩有关单位和人员、变更或者撤销下级机关不适当的决定事项"的公文。

（一）决定的特点

(1) 权威性。决定是领导机关按照职责和范围行使职权做出的，一经公布，本级机关和所属单位就必须遵照办理。

(2) 重要性。决定涉及的内容均为重要事项，日常性和临时性的工作安排不得使用决定这一文种。

(3) 强制性。决定的事项具有强制性，本级机关和所属单位应严格贯彻执行，不能强调特殊性而变通，不允许顶着不办，不允许挑战上级领导机关的权威。

(4) 指导性。决定集中地体现了上级领导机关对重要事项或重大行动的决策，具有较强的理论性、政策性，是指导下级机关工作的准则。

(5) 稳定性。决定要求相当长时间内贯彻执行，并在相当长时间内发挥作用。

(二) 决定的格式

1. 标题

决定的标题由发文机关(通过决定的会议名称)、事由、文种三部分组成。如果是会议通过的决定，还应在标题的下方居中位置以括号注明批准、通过该决定的会议名称和通过的日期。

2. 主送机关

决定的主送机关为应该知照的单位或群体。普发性的决定没有主送机关。

3. 正文

正文一般包括决定依据、决定事项和执行要求三部分。

(1) 决定依据要写明发布决定的背景、根据、目的或意义，行文要简短、明确。

(2) 决定事项的写法因决定种类的不同而有所不同。用于指挥工作的决定，决定事项部分要写明工作任务、措施、方案、要求等，内容复杂时要用小标题或条款显示出层次来；用于批准事项的决定，决定事项部分要表达出批准意见，如有必要，还可以对批准此事项的根据和意义予以阐述；用于表彰或惩戒的决定，决定事项部分要写明表彰决定和项目，或处分决定和处罚方法。无论是哪一类的决定，决定事项都要写得准确具体、可行性强。

(3) 执行要求。

4. 落款

落款应标明发文机关和成文日期。

(三) 决定的种类

按照具体用途和内容的不同，决定可以分为以下四类：

(1) 法规性决定。法规性决定用于发布权力机关制定、修订或试行的法律文件以及由政府部门制定的行政法规，如《×××市人民政府关于修改〈市商品交易市场管理规定〉的决定》。

(2) 指挥性决定。指挥性决定用于对某个问题、某个事项、某种行动进行决策性的指挥部署，如《×××市政府关于加快全市工业发展的决定》。

(3) 奖惩性决定。奖惩性决定用于表彰或处分有关的单位或个人，如《×××市人民政府关于表彰 2009 年度先进集体和先进个人的决定》。

(4) 变更性决定。变更性决定用于变更机构人事安排或撤销下级机关不适当的决定事项，如《国务院关于撤销××同志××省省长职务的决定》。

【样例 3-8】

关于表彰××××行业节能先进单位和先进个人的决定

各有关单位：

"××"期间，××××行业面对国内外复杂的经济形势和环境，认真贯彻落实国家节能方针、政策，积极推进节能工作，取得了显著成绩。为表彰先进、树立典型，根据联合会《关于开展全国××

××行业节能先进单位和个人评选活动的通知》(×××发〔20××〕83号)精神，经过推荐、评审、公示，现决定：

授予××有限责任公司等 109 家企业"全国××××行业节能先进单位"称号，授予××集团公司节能技术研究中心等40家单位"全国××××行业节能优秀服务单位"称号，授予××公司××安全副总监等 12 人"全国××××业节能突出贡献者"称号，授予××股份有限公司××等374人"全国××××行业节能先进个人"称号。

希望受表彰的先进单位、优秀服务单位、突出贡献者和先进个人珍惜荣誉，戒骄戒躁，再创佳绩。石油和化工行业广大企业和全体干部职工应以先进为榜样，攻坚克难，开拓创新，继续贯彻落实国家大力推进生态文明建设的战略要求，努力实现科学发展、绿色发展和可持续发展，为××××行业节能事业做出更大贡献。各有关单位可据此给各获奖单位和个人予以奖励。

附件：全国××××行业节能先进单位、优秀服务单位、突出贡献者、先进个人名单(略)

汇报人：×××
××××年××月××日

资料来源：作者根据相关资料整理。

二、决议及实例

决议是指党的领导机关就重要事项，经会议讨论通过其决策，并要求进行贯彻执行的重要指导性公文。决议一般具有权威性和指导性，是某些企业的公文之一。

(一) 决议的特点

(1) 权威性。决议是经过党的会议讨论通过才能生效并由党的领导机关发布的，是党的领导机关意志的反映。决议的内容事关重要决策事项，一经公布，其受文对象必须严格遵守，认真落实，不能有任何违背。决议具有很强的权威性。

(2) 指导性。决议表述的观点和对事项的评价都具有指导意义。

(二) 决议的格式

决议由首部和正文两部分组成。

1. 首部

首部包括标题和成文时间两个项目。

(1) 标题。决议的标题有两种形式：一种由发文机关(会议名称)、事由和文种构成；另一种由事由和文种构成。

(2) 成文时间。成文时间即决议正式通过的日期。一般放在标题下，在小括号内注明会议名称及通过时间，也可只写日期(年、月、日)。

2. 正文

正文由决议缘由、决议事项和结语三部分组成。

(1) 决议缘由。决议缘由部分一般简要说明有关会议审议决议涉及事项的情况，陈述做出决议的原因、根据、背景、目的或意义。

(2) 决议事项。决议事项部分写明会议通过的决议事项，或会议对有关文件、事项做出的评价、决定，或会议对有关工作做出的部署安排和要求、措施。

(3) 结语。结语部分一般紧扣决议事项有针对性地提出希望、号召和执行要求。有的决议可不单列这部分。

(三) 决议的分类

决议一般分为公布性决议、批准性决议和阐述性决议三种类型。

(1) 公布性决议是指为公布某种法规、提案而写作的决议。

(2) 批准性决议是指为肯定或否定某种议案的文件。

(3) 阐述性决议是指对某些重大结论的具体内容展开阐述的文件。

(四) 决议和决定的区别

决定是党政领导机关对重要事项或重大行动做出决策、安排和规定的指导性、指挥性公务文书。在实际运用中，还应对决议和决定做以下区分。

1. 从制作程序上区分

决议须经某一级机关或组织机构的法定会议对某一议题进行集体讨论，由法定多数表决通过，然后形成正式文件，并以会议的名义公布。决定却不一定经过法定会议讨论通过的程序。它既可以是某种会议讨论研究的成果，形成正式文件予以公布，也可以由各级领导机关直接制作并予以公布。

因此，可以认定，凡未经有关法定会议讨论通过这一程序，而是以领导机关的名义发布的议决性文件，就只能使用决定。

2. 从作用上区分

决议一律要求下级机关执行；而决定只有部署性决定才要求下级机关执行，宣告性决定只起知照性作用，一般不需要下级机关执行。

3. 从内容上区分

(1) 在会议讨论通过的前提下，凡做出了具体的规定和要求，履行法定的权力，强制有关部门贯彻执行的，用决定。若只是简要地表示肯定或否定的意见，履行法律程序，指导有关部门遵照办理的，用决议。

(2) 由会议或领导机关直接制定发布行政法规，用决定。由会议审议批准某项议案、重要报告、法规，用决议，所审议批准的条文作为决议的附件。

(3) 授予荣誉称号或给予处分，用决定。审议机构成立或撤销，用决议。

4. 从写法上区分

公布性决议、批准性决议一般写得比较简要、笼统。阐述性决议除提出指令性意见外，还要对决议事项本身的有关问题做若干必要的论述或说明,即做一些理论上的阐述。

决定的写法与决议大不相同,它不多说理论上的道理,而往往着重提出开展某项工作的步骤、措施、要求等。决定要求写得明确、具体一些,措施也更具落实性,行政约束力强,可以直接成为下级机关行动的准则;决议往往写得比较概括,原则性条文多,下级机关在贯彻执行时,多数还要根据决议制定相应的具体办法或实施措施。

【样例 3-9】

青海省人民代表大会常务委员会关于加强农业的决议

(1990 年 3 月 3 日青海省第七届人民代表大会常务委员会第十三次会议通过)

青海省第七届人民代表大会常务委员会第十三次会议,听取和审议了马元彪副省长代表省人民政府所作的《关于全省农业情况的汇报》。会议认为,十年改革使我省农村经济全面发展,粮、油等主要农产品产量有较大增长,农民收入增加,生活明显改善。但是,我省农业发展后劲不足,仍然是国民经济的薄弱环节。为了认真贯彻落实党的十三届五中全会和省委七届四次扩大会议精神,进一步深化农村改革,加强农业基础,大力促进我省农业特别是粮食生产持续稳定发展,特作如下决议健全发展,各级人民政府必须进一步认真贯彻以农业为基础的方针,农业区和半农半牧区要把发展农业真正放在工作的首位,牢固树立立足本省,提高粮食自给率的战略思想,从实际出发,做出逐步提高粮食自给率的规划,齐心协力把农业搞上去,实现粮、油的稳定增长。

一、树立正确的指导思想,强化对农业基础地位的认识。农业的稳定发展是国家稳定的基础,关系到国家的安危和国民经济的健全发展,各级人民政府必须进一步认真贯彻以农业为基础的方针,农业区和半农半牧区要把发展农业真正放在工作的首位,牢固树立立足本省,提高粮食自给率的战略思想,从实际出发,做出逐步提高粮食自给率的规划,齐心协力把农业搞上去,实现粮,油的稳定增长。

二、继续稳定党在农村的各项基本经济政策,深化农村改革。当前,要进一步完善以家庭经营为主的多种形式联产承包责任制和统、分结合的双层经营体制,建立多层次、多形式的农村社会化服务体系,增强为农户提供统一服务的实力。有条件的地方根据生产需要和群众意愿,积极引导农民实行多种形式的适度规模经营,以进一步提高农业劳动生产率。国营农场在深化改革中,要不断完善承包体制,改善经营管理,挖掘内部潜力,为发展农业生产发挥积极作用。

三、采取有效措施,增加农业投入。各级人民政府要根据国家产业政策要点调整投资结构和信贷结构,将有限的财力优先用于农业。逐年增加支农资金,提高农业基本建设投资比重,尽快建立农业发展基金制度。积极创造条件,引进和利用外资。同时,要逐步增强农村积累机制,引导农民积极增加对农业的投入。

四、改善农业生产条件,搞好农业综合开发。各级人民政府要着力农业的深度开发,抓紧水利设施的挖潜配套和老化工程的更新改造,因地制宜地进行平地改土、兴修梯田,努力改造中低产田,提高单产,增加总产。要搞好广度开发,做好新开发土地的科学规划和论证,落实资金来源,努力实现在 1992 年前扩大耕地 40~50 万亩的目标。同时,要抓好小流域治理和植树种草的生态建设，逐步改变生产条件，改善生态环境。要认真执行国家土地管理法，严格控制非农业占地，保护和合理使用土地资源，提高土地使用效益。

五、依靠科技进步，振兴青海农业。各级人民政府要切实加强对农业科技工作的领导，深化和完善农业科技改革的配套政策和措施。建立健全乡级农业技术推广机构，坚持科研与推广相结合的原则，加强和搞好农业技术推广服务工作。近期内，重点组织推广优良品种、丰产模式栽培、优化配方施肥、间套复种、旱作农业和病虫草害综合防治等适用技术，尽快使科技成果转化为生产力。要继续实施农业"丰收计划"和粮食高产丰收竞赛活动。科技人员要深入基层，开展多种形式的科技承包，积极做好农民的技术培训和社会化服务工作，不断提高农民群众的科技文化素质，逐步形成适应农业发展的科技推广服务网络体系。

六、各行各业要大力支援农业。各部门、各单位都要重视农业，把支援农业作为自己的职责和应尽的义务，积极主动地做好各项支农服务工作。要积极发展农用工业，对支农工业所需的资金、能源和原材料要优先保证供应。切实组织好化肥、农药、农膜的专营和其他生产资料的供应工作。搞活农村资金融通，确保支农和农副产品收购资金的支付。对乱涨价、乱收费和卡农坑农的行为要严肃处理，努力减轻农负担，保障农民的合法权益。

七、加强对农村工作的领导。各级人民政府特别是农业区的主要领导同志要亲自抓农业，努力做好农村经济发展的统筹规划和组织协调，深入第一线，调查研究新问题，帮助农民解决生产和生活上的实际困难。进一步加强农村基层政权和村民委员会建设，组织群众围绕粮食生产，全面发展农村经济，继续帮助贫困地区和贫困户尽快脱贫致富，切实做好计划生育工作。

省人大常委会号召全省广大干部和各族群众，要坚定信心，振奋精神，同心协力，为争取今年农业丰收，为20世纪90年代的农业新发展做出贡献。

资料来源：青海人大官方网站，https://qhrd.gov.cn/qhsdfxfg_0/fgxjyjd/.

三、通知及实例

通知是向特定受文对象告知或转达有关事项或文件，让对象知道或执行的公文，适用于发布、传达要求下级机关执行，有关单位周知或者执行的事项，以及批转、转发的公文。

（一）通知的特点

(1) 功能的多样性。通知是功能最为丰富的文体，可以用来传达指示、发布规章、布置工作、技术指导、批转文件、任免干部等。

(2) 通知的针对性。通知是指针对某一事件进行的专指或特指的描述，针对某一项内容进行的具体要求。

(3) 一定的指导性。当发布具有指导意义的工作时往往用通知的形式，用通知来传达指示、发布规章、布置工作、转发文件，都有较强的指导功能，收文单位对通知的内容进行领悟，并在规定时间范围内完成任务。

(4) 较强的时效性。通知是一种制发快捷、运用灵便的公文文种，其所要求办理的事项都有比较明确的时间限制。

(5) 通知的方向性。通知是下行文体，只能是上级单位向下级单位发送，或是由主管单位向非主管单位发送，绝对不能由下级单位向上级单位发送。

(二) 通知的格式

由于通知的功能多、种类多，写法有较大的区别，这里只能概括介绍一些通知写作的基本方法。

1. 标题

通知的标题一般采用公文标题的常规写法，可以由发文机关、主要内容和文种组成，如《中共中央办公厅 国务院办公厅关于严禁用公费变相出国(境)旅游的通知》；也可以省略发文机关，由主要内容和文种组成，如《国土资源部关于印发〈规范国有土地租赁若干意见〉的通知》(国土资发〔1999〕222号)。

发布规章的通知，所发布的规章名称要在标题的主要内容部分出现，并使用书名号。

批转和转发文件的通知，所转发的文件内容要在标题中出现，但不一定使用书名号，如《国务院办公厅转发教育部等部门关于进一步加快高等学校后勤社会化改革意见的通知》。

2. 主送机关

通知的发文对象比较广泛，因此主送机关较多，要注意主送机关排列的规范性。由于级别、名称不同，主送机关的称法和排列非常复杂，这个序列显然是经过深思熟虑后确定下来的。

3. 正文

(1) 通知缘由。通知缘由包括以下几类：

① 发布指示、安排工作的通知的写法与决定、指示很接近，主要用来表述有关背景、根据、目的、意义等。

② 晓谕性的通知。这类通知缘由部分也可参照上述写法。例如，《国务院关于更改新华通讯社香港分社、澳门分社名称问题的通知》，采用了根据与目的相结合的开头方式；《国务院办公厅关于成立国家信息化工作领导小组的通知》，采用的是以"为了"领起的目的式的开头方式。

③ 批转、转发文件的通知。这类通知缘由部分根据情况，可以在开头表述通知缘由，但多数以直接表达转发对象和转发决定为开头，无须说明缘由。

④ 发布规章的通知。这类通知缘由部分多数情况下篇段合一，无明显的开头部分，一般也不交代通知缘由。

(2) 通知事项。通知事项是通知的主体部分，包括发布指示，安排工作，提出的方法、措施和步骤等，都在这一部分有条理地组织表达。若内容复杂则需要分条列款。晓谕性通知有时需要列出新成立的组织的成员名单，以及改变名称或隶属关系之后职权的变动等。

(3) 执行要求。发布指示、安排工作的通知，可以在结尾处提出贯彻执行的有关要求。

如无必要，可以没有这一部分。其他篇幅短小的通知一般不需要专门的结尾部分。

（三）通知的种类

通知根据适用范围的不同，可以分为以下六大类。

(1) 发布性通知：发布性通知用于发布行政规章制度及党内规章制度。

(2) 批转性通知：批转性通知用于上级机关批转下级机关的公文给所属人员，让他们周知或执行。

(3) 转发性通知：转发性通知用于转发上级机关和不相隶属的机关的公文给所属人员，让他们周知或执行。

(4) 指示性通知：指示性通知用于上级机关指示下级机关如何开展工作。

(5) 任免性通知：任免性通知用于任免和聘用干部。

(6) 事务性通知：事务性通知用于处理日常工作中带事务性的事情，常把有关信息或要求用通知的形式传达给有关机构或群众。

【样例 3-10】

关于印发××县××安全生产实施意见的通知

各乡、镇人民政府××管理区，县人民政府各部门：

《××县××安全生产实施意见》已经县人民政府研究同意，现印发给你们，请结合实际，认真贯彻落实。

××县人民政府办公室
××××年××月××日

资料来源：作者根据相关资料整理。

第四节　通报类

通报是具有决定权的机关对某些事项中的先进或者错误做出褒贬性决定，并在特定范围内进行周知时使用的公文。本节主要介绍通报、意见、批复三类通报类公文的特点、格式、构成、种类和样例。

一、通报及实例

通报是党政机关和社会团体把工作情况、经验教训、典型事例以及具有典范、指导、教育、警戒意义的事件通知所属下级单位的公文文种。通报的适用范围很广，各级党政机关和单位都可以使用。其目的是交流经验、吸取教训，教育干部、职工群众，推动工作的进一步开展。

(一) 通报的特点

(1) 晓谕性。通报的内容常常是把现实生活中的一些正反面的典型或者某些带有倾向性的重要问题告诉人们，让人们知晓、了解。

(2) 教育性。通报用于表彰先进单位、先进个人和先进事迹，宣传成功的经验，或者批评错误，打击歪风邪气，以起到警示作用，因此具有教育性。

(3) 典型性。不是任何人和事都可以作为通报的对象来写的。通报的人和事总是具备一定的典型性，能够反映、揭示事物的本质规律，具有广泛的代表性和鲜明的个性等特点。

(4) 严肃性。通报的内容和形式都是严肃的，是领导机关为了指导工作，针对真人、真事和真实情况制发的，无论是表扬还是批评或通报情况，都代表着一级组织的意见，具有表彰、鼓励或惩戒、警示的作用，其使用十分慎重、严肃。

(二) 通报的格式

1. 标题

标题由制发机关、被表彰或被批评的对象和文种构成。其通常有两种构成形式：一种由发文机关名称、事由和文种组成，另外一种由事由和文种组成。

2. 主送机关

有的通报特指某一范围内，其标题可以不标注主送机关。

3. 正文

通报(表彰或批评)正文结构有以下三部分：

(1) 第一部分，说明表彰或批评的原因，即写清先进事迹或错误事实的经过情况，要求用叙述的手法真实客观地反映事实。

(2) 第二部分，对所叙述的事实进行准确的分析、中肯的评价，做到不夸大、不缩小，使人们能从好的人和事物中得到鼓舞，从错误中吸取教训。

(3) 第三部分，一般是对表彰的先进做出嘉奖或对批评的错误做出惩处，最后要根据通报的情况，针对现实的需要，发出号召或提出要求。

4. 落款

落款写上发文机关名称及发文日期。

(三) 通报的种类

(1) 表彰通报。表彰通报是表彰先进集体和个人，树立典型，总结成功经验，号召大家学习的通报。

(2) 批评通报。批评通报是批评、处分错误，通报事故或反面典型，要求被通报者和大家吸取教训的通报。这类通报通过摆情况、找根源阐明处理决定，使受文对象能从中吸取教训，以免重蹈覆辙。这类通报应用面广、数量大，惩戒性突出。

(3) 情况通报。情况通报是传达情况、沟通信息，指导当前工作的通报。这类通报具有沟通和知照的双重作用。

【样例 3-11】

××公司关于处理排查出安全隐患事宜的通报

公司全体员工：

××年××月××日，公司组织对生产现场进行安全隐患排查，发现卸货平台移位，平台支撑倾斜，存在严重的安全隐患。经调查核实，该安全隐患是网络车司机未按公司要求在卸车结束后将车辆停放到指定位置，由××代其挪车时碰撞到卸货平台所导致，现将相关处理情况通报如下：

1. ××为公司运营经理，未能及时发现和排除该安全隐患，属监管不力，督促相关工作落实不到位，给予通报批评处分，并纳入本月综合绩效考核，扣除相应绩效；

2. ××为造成本次安全隐患的直接责任人，给予通报批评处分，并纳入本月综合绩效考核，扣除相应绩效；

3. ××为现场主管，是司机的直接领导人，发现问题未及时上报，属监管不力，执行和安排工作不到位，给予通报批评处分，并纳入本月综合绩效考核，扣除相应绩效；

4. ××为网络车专职司机，未履行自身职责做好相关工作，给予一次警告处分；

5. 以上人员须对该安全隐患进行限期整改，修复受损部分，确保该设备能够安全运行。

为避免再次发生类似事件，运营部须加强司机的管理力度，严格执行公司相关规章制度，合理安排工作，认真履行岗位职责，不得擅自离岗、脱岗。如有违反，公司将严肃处理，视情节轻重给予调岗或劝退处分。

希望公司全体员工引以为戒，增强安全意识，时刻将安全生产放在第一位，遵守公司相关规章制度，认真执行自身岗位职责，加强执行力度，各司其职，做好本职工作，使公司能够更安全、更高效、更平稳运行！

特此通报！

××公司
××××年××月××日

资料来源：作者根据相关资料整理。

二、意见及实例

意见是党的领导机关和国家行政机关对重要问题提出见解和处理办法的一种公文。作为一种公文文体的意见，与一般会议上或公开场合个人发表的口头意见是有区别的。它的内容涉及现实工作中重大的和急需解决的问题，要有可行性的充分论证。意见的指导性很强，有的意见是针对当时带有普遍性的问题发布的，有的意见是针对局部性的问题发布的，意见往往在特定的时间内发生效力。

（一）意见的特点

(1) 灵活性。有些暂时不宜用决定或规章制度形式发布的事项，采用意见这一文种比较稳妥灵活，既能实现以决定或者规章制度形式发文的功能，又能避免出现某些偏差。

(2) 针对性。意见是对某项工作或某项活动中当前遇到的，或者今后一段时期可能出现的实际问题提出见解和具体处理办法，可以说是一文一事，针对性很强。

(3) 指导性。意见具有很强的指导性，对现实工作中的情况或问题提出具体见解和办法，起着传达上级机关指示、指导布置工作的作用，对下级工作具有明确的指导性，指明了工作方向，以便下级遵照执行。

(4) 原则性。意见一般只是提出原则性的见解和处理办法。下级单位在实际工作中，还需要根据意见的指导方向，探索切实可行的具体措施，做好相关工作。

(二) 意见的格式

意见的正文一般由开头、主体、结尾和落款组成。

1. 开头

意见的开头部分一般概括性地说明制定意见的缘由、目的或依据，常用"现提出如下意见"作为承启语，转入意见的主体部分。

2. 主体

意见的主体部分一般是解决"如何认识"和"如何解决"这两个问题。文章的结构安排上应先写原则性指导意见，后写具体性指导意见；先写理论性的认识，后写具体的解决办法。对于内容较多、篇幅较长的意见，可以用序号或小标题形式进行排列，以便使文章结构更加清晰、明朗。

3. 结尾

如果是上报的意见，在意见的结尾处可提出请求上级批转的要求。如果是下发的意见，一般要求下级结合实际情况贯彻执行，不做强制性规定，同时可提出下级在贯彻执行中遇到的困难和问题，并应当及时报告，或者结合本单位、本部门、本层级实际情况制定具体实施方案的要求。

4. 落款

落款应署名，标明成文日期，并加盖印章。

(三) 意见的注意事项

(1) 意见是贯彻执行上级精神时提出带有引导、说明、宣传、阐释意义的指导性文件，语气要相对缓和，不使用命令性的强制口气。

(2) 意见应该以说理的表达方式为主，要求说理简洁、明了，不要使用写论文或宣传材料的手法做全面论述。

(3) 意见大多是生活中出现的新问题的解决方案，所以，写作时要注意选题，应该深入调查研究，掌握第一手资料。

(四) 意见的类型

(1) 指导性意见。指导性意见用于上级机关对下级机关的工作指导，其内容是针对工作中的某些薄弱环节或出现的问题，上级机关用"意见"向下行文，阐明指导思想、工作原则，提出工作思路、措施和办法，给下级机关以及时的指导，从而促进工作顺利推进，如《××省人民政府关于加强科学技术普及工作的若干意见》。意见在内容上注重原则性和灵活性相结合、规定性与变通性相结合，为下级机关留有更多的创造性余地。

(2) 规划性意见。规划性意见对某一时期、某一方面的工作提出大体构想。其特点是适用时期长，内容宏观化、整体化，类似于规划、纲要等计划性文件。它指示了一个时期内某项工作的要点、原则和努力方向，但一般没有具体的方法和措施。

(3) 实施性意见。实施性意见一般是为贯彻落实某一重要决定或工作所制订的实施方案，它重在阐发上级机关的有关精神，使下级机关对上级机关的文件精神有更深入的理解，同时提出较为具体的行动方案和工作安排。

(4) 具体工作意见。具体工作意见是指对如何做好某项工作提出意见，所涉及的内容比较具体，有时还会有一些可操作的办法、措施等。行政机关的一些意见可以更具体地指向某项工作。

【样例 3-12】

××市人民政府关于进一步
健全社会救助和保障标准与物价上涨
挂钩联动机制的实施意见

各区人民政府，市政府各委、办、局：

为贯彻落实党中央、国务院关于改革完善社会救助制度的决策部署，切实做好困难群众基本生活保障工作，根据《国家发展改革委等部门关于进一步健全社会救助和保障标准与物价上涨挂钩联动机制的通知》（发改价格〔2021〕1553号）要求，结合本市实际，现就进一步健全本市社会救助和保障标准与物价上涨挂钩联动机制（以下称价格补贴联动机制）提出如下意见。

一、总体要求

略。

二、主要内容

（一）保障对象。城乡低保对象、特困人员、符合低收入家庭救助条件的低保边缘家庭成员、领取失业保险金人员、享受国家定期抚恤补助的优抚对象，以及孤儿、事实无人抚养儿童、艾滋病病毒感染儿童。

（二）启动条件。价格补贴联动机制按月启动，价格临时补贴按月发放。本市城镇低收入居民基本生活费用价格指数（SCPI）单月同比涨幅达到2%或者居民消费价格指数（CPI）中的食品价格单月同比涨幅达到6%，启动价格补贴联动机制，发放价格临时补贴；当上述两个条件均不满足时，中止价格补贴联动机制，停止发放价格临时补贴。

……

三、工作要求

略。

本意见自印发之日起施行。××市人民政府《关于进一步完善基本生活必需品价格上涨与困难群众生活补助联动机制的通知》（津政发〔2011〕28号）同时废止。

××市人民政府
2022年1月20日

（此件主动公开）

资料来源：https://www.tj.gov.cn/zwgk/szfwj/tjsrmzf/202201/t20220124_5787903.html

三、批复及实例

批复是指答复下级机关的请示事项时使用的文种，是机关应用写作活动中的一种常用公务文书。

（一）批复的特点

(1) 被动性。批复的写作应以下级机关的请示为前提。批复先有上报的请示，后有下发的批复，一来一往，被动行文，这一点与其他公文有所不同。

(2) 针对性。批复要针对请示事项表明是否同意或是否可行，批复事项必须针对请示内容来答复，而不能另找与请示内容不相关的话题。因此，批复的内容必须明确、简洁，以利于下级机关贯彻执行。

(3) 权威性。批复是上级机关的结论性意见，下级机关对上级机关的答复必须认真贯彻执行，不得违背。批复的效用在这方面类似命令、决定，带有很强的权威性。

(4) 明确性。批复的内容要具体明确，不能有模棱两可的语言，否则会让请示单位不知道如何处理。

（二）批复的格式

批复一般由标题、主送机关、正文和落款构成。

1. 标题

标题的写法最常见的是完全式，即由发文机关、事由和文种构成。在事由中，一般将下级机关及请示的事由和问题写进去。

还有一种完全式的标题，即发文机关+表态词+请示事项+文种，这种写法较为简明、全面和常用。

此外，也有的批复只写事由和文种。

2. 主送机关

主送机关一般只有一个，是报送请示的下级机关。其位置同一般行政公文，写于标题之下，正文之前，左起顶格。批复不能越级行文，当所请示的机关不能答复下级机关的问题而需要向更上一级机关转报"请示"时，更上一级机关所作批复的主送机关不应是原请示机关，而是转报机关。如果批复的内容同时涉及其他机关和单位，则要采用抄送的形式送达。

3. 正文

正文包括批复引语、批复意见和批复要求三部分。

(1) 批复引语要点出批复对象，一般称收到某文或某文收悉，要写明是对于何时、何号、关于何事的请示的答复，时间和文号可省略。

(2) 批复意见是针对请示中提出的问题所做的答复和指示，意思要明确，语气要适当，如什么同意、什么不同意、为什么某些条款不同意、注意事项等都要写清楚。

(3) 批复要求(其实可以单独算作结尾)是从上级机关的角度提出的一些补充性意见，或是表明希望、提出号召。如果同意，可写要求；如果不同意，也可提供其他解决办法。

4. 落款

落款部分写在批复正文右下方，署成文日期并加盖公章，成文日期用阿拉伯数字表示(2012年新规)。

(三) 批复的注意事项

(1) 注意行文的针对性。下级机关请示什么事项，上级机关就批复什么事项。

(2) 批复的观点要明确。无论是审批性批复还是指示性批复，上级机关的态度都要明确，不能太原则，更不能模棱两可，以免使下级机关无所遵循。

(3) 批复要及时。批复是因下级机关的请示而行文，凡下级机关能够向上级机关行文请示的，都说明事关重要、时间紧迫，急需得到上级机关的指示和帮助，所以上级机关应当及时批复，否则就会贻误工作，甚至会造成重大损失。

(4) 批复的行文要言简意赅。批复要做到言止意尽、庄重周严，以充分体现批复的权威性。

(四) 批复的类型

根据内容、性质的不同，批复可分为两类：一类是审批性批复，另一类是指示性批复。

(1) 审批性批复主要是针对下级机关请示的公务事宜，经审核后所做的指示性答复，如关于机构设置、人事安排、项目设立、资金划拨等事项的审批。

(2) 指示性批复主要是针对方针、政策性问题进行答复。这一类批复不只是对请示机关提出请示事项的答复，而且批复的指示性内容在其管辖范围内具有普遍的指导和规范作用。另外，授权政府职能部门发布或修改行政法规和规章的批复也属于指示性批复。

【样例 3-13】

关于县××大桥拓宽改造工程项目的批复

××县城市建设投资有限责任公司：

  你司《关于要求县××大桥拓宽改造工程项目立项的函》(城投〔20××〕××号)文收悉。为加快城市道路规划建设，满足城市发展的需求，经研究，同意你司该改建项目立项。该项目全长 293.08 米，为 6 孔净跨 43 米，7 肋 6 波双曲拱桥，每跨两边各跨腹孔，第一孔腹拱为三铰拱。采用加强拱圈、加强侧墙及腹拱。用预应力混凝土悬臂板加宽桥面，将桥面宽度增加到 16 米(其中左、右人行道为 2 米)，拱圈宽度为 9.92 米，同时减轻栏杆质量，增强桥梁的稳定性。项目总投资 900 万元。项目资金由企业自筹。项目建设期：150 天。

  希接文后，抓紧做好前期工作，以便项目按计划组织实施。

  特此批复。

××
××××年××月××日

资料来源：作者根据相关资料整理。

第五节 报告类

  报告是用于向上级机关汇报工作、反映情况、提出建议，答复上级机关询问的公文。本节主要介绍请示、报告、议案三类报告类公文的特点、格式、注意事项和样例。

一、请示及实例

  请示是下级机关向上级机关或业务主管机关请示某项工作中的问题，明确某项政策界限，审核批准某事项时使用的请求性的上行公文，是应用写作实践中的一种常用文体。

（一）请示的特点

（1）针对性。请示属于上行文，其应用范围比较广泛，但也并非任何事项都可以用请示行文。只有本机关单位权限范围内无法决定的重大事项，以及在工作中遇到了新情况、新问题或克服不了的困难，才可以用请示行文，请求上级机关给予指示、决断、批准或答复，其行文的针对性很强。

（2）呈批性。正是因为请示是针对本单位当前工作中出现的情况和问题，请求上级机关给予指示或批准，所以上级机关对呈报的请示事项，无论同意与否，都必须明确表态，并以批复回文。下级机关只有接到上级机关的批复后，才能根据批复意见开展工作。因此，请示的这种呈批性就决定了其必须在事前行文，而不允许"先斩后奏"。

（二）请示的格式

请示一般由标题、主送机关、正文和落款等内容构成。

1. 标题

请示的标题有两种形式：一种是由发文机关、事由和文种等三要素构成，另一种是由事由和文种构成。无论是哪种形式的标题，制作时都要注意所使用的动词不要与文种名称的词语表意重复。比如，《关于请求批准××的请示》，其中"请求批准"即与后面的"请示"表意重复，此类标题不合语法规范，应避免出现。

2. 主送机关

请示必须写明主送机关。请示的主送机关只能有一个，而且要根据上级机关的业务分工和请示关涉的业务内容严格对口选定。如需同时报送其他机关，应当用抄送形式处理。

3. 正文

请示的正文主要包括请示缘由、请示事项和请示结语等内容。

(1) 请示缘由是正文的重要内容，应简要而充分地说明请示的原因、理由或依据。其原因应讲得客观、具体，理由应讲得合理、透彻，能为请示提供充分的依据，以便上级机关及时决断，予以有针对性的答复，否则会影响问题的及时处理。

(2) 请示事项是向上级机关请示的具体内容，即请求上级指示、批准或答复的具体事项。陈述请示事项，无论是采用篇段结合式还是分条列项式，都要实事求是地说明问题，简明扼要地说清要求，具体可行地提出意见，以便上级机关迅速决策，做出答复。请示事项还要力求内容单一，即一篇公文只宜请示一件事。至于一件事涉及几个方面，如既请求批准修建一个小商品市场，以便解决部分下岗职工的就业问题，又要求上级拨款，实质上还是一件事，这是允许的。

(3) 请示的结语一般用"妥否，请指示""当否，请批示""特此请示，请予批复""够上请示，请予审批"等习惯用语重申批复意愿。请求批转的请示，一般用"以上请示(意见)如无不妥，请批转各地(有关部门)贯彻执行"的结语作为结尾。

4. 落款

请示的落款包括署名和成文时间两项内容。标题中若已写明发文机关，这里可不再署名，但需加盖公章。成文时间应注明年、月、日。

(三) 请示的注意事项

(1) 请示与报告不能混用。请示与报告是两种不同性质的公文文种，使用时应严格区分。既不能将请示事项写在报告中，也不能将请示、报告混用，在制作标题时写成"请示报告"。否则，上级机关就无法批复。

(2) 遵守行文规则。请示只能主送需要直接办理和答复的上级机关；若请示单位受双重领导，其请示内容又涉及不止一个上级机关，可用抄送的办法解决。不要搞多头请示，也不要越级请示。如遇特殊情况，确需越级请示的，应该同时抄送被越过的机关。

(3) 一事一请示。请示应一文一事；如果是几件事，必须是与一个问题相关的不同侧面的几件事。切忌把两个以上互不相关的问题或事件搅在一起请示。

(4) 请示语气要谦恭。行文不能出语生硬，更不能以决定的口吻说话，语气应该谦恭、平实、恳切，只有这样才能引起上级机关的重视，才有利于问题的解决。

(四) 请示的种类

根据内容及行文意图，请示可以分为以下三种：

(1) 请求指示的请示。这种请示常用于涉及方针、政策界限的重大问题，无章可循的特殊问题，难以把握或有意见分歧的疑难问题，等等。

(2) 请求批准的请示。这种请示主要用于需要办理、解决而自己却无权、无力办理解决的事项和问题。

(3) 请求批转的请示。这种请示是职能部门就自己分管业务范围内出现的新情况、新问题提出解决办法或措施，却因权力范围所限，不能自行向有关地区、部门发出指令性文件，需请求上级机关审定批准后转发执行时所使用的请示。

【样例 3-14】

关于市体育部门的安全生产工作职责调整的请示

市安全生产委员会办公室：

根据《××市安委办关于征求市有关部门和单位安全生产工作职责规定(征求意见稿)意见建议的通知》要求，我局对市体育安全生产工作职责进行了认真研究，认为征求意见稿所列的市体育部门部分安全生产工作职责与市体育局工作职能和实际情况有一定出入。根据《中华人民共和国体育法》《全民健身条例》《市政府办公厅关于印发××市体育局主要职责内设机构和人员编制规定的通知》等有关规定，并参照《全省各级人民政府、有关部门和单位安全生产工作职责暂行规定》关于体育部门安全生产工作职责的规定，建议将市体育部门的安全生产工作职责调整界定为：

一、负责市体育系统安全管理工作。

二、对主办或承办的重大体育竞赛活动承担安全管理主体责任。

三、在法定职责范围内，履行对高危险性体育项目经营主体的安全监督管理职责。

四、参与体育场所突发公共事件应急救援和调查处理工作。

妥否，请批示。

××市体育局
××××年××月××日

资料来源：作者根据相关资料整理。

二、报告及实例

对于报告，《党政机关公文处理工作条例》规定："适用于向上级机关汇报工作、反映情况，回复上级机关的询问。"报告是党政机关和企事业单位、团体组织广泛采用的重要上行文。

(一) 报告的特点

(1) 内容的汇报性。一切报告都是下级向上级机关或业务主管部门汇报工作，让上级机关掌握基本情况并及时对自己的工作进行指导的文件,所以,汇报性是报告的一大特点。

(2) 语言的陈述性。因为报告具有汇报性,向上级讲述做了什么工作或工作是怎样做的,有什么情况、经验、体会,存在什么问题,今后有什么打算,对领导有什么意见、建议,所以行文一般都使用叙述方法,即陈述其事,而不是像请示那样采用祈使、请求等法。

(3) 行文的单向性。报告为上级机关进行宏观领导提供依据,一般不需要受文机关的批复,属于单向行文。

(4) 成文的事后性。多数报告都是在事情做完或发生后,向上级机关做出汇报,是事后或事中行文。

(5) 双向的沟通性。报告虽不需要批复,但其是下级机关以此取得上级机关支持指导的桥梁;同时上级机关能通过报告获得信息,了解下情。报告是上级机关决策指导和协调工作的依据。

(二) 报告的格式

报告一般由标题、主送机关、正文、落款四部分组成。

1. 标题

报告一般不以文种"报告"单独作为标题。报告的标题一般有以下两种形式:
(1) 发文机关+事由+文种。
(2) 事由+文种。

2. 主送机关

主送机关是发文单位的直属上级领导机关。

3. 正文

正文结构与一般公文相同。

从内容上看,报情况的,应有情况、说明、结论三部分,其中情况不能省略;报意见的,应有依据、说明、设想三部分,其中设想不能省略。

从形式上看,复杂一点的正文要分开头、主体、结尾。开头多使用导语式、提问式给出总概念或引起注意;主体可分部分加二级标题或分条加序码;结尾可展望、预测,也可省略,但结语不能省略。

4. 落款

落款包括发文机关名称、成文日期、印章。

(三) 报告的注意事项

(1) 注意明确写作目的:一是根据目的确定报告的具体种类,二是根据目的选择典型材料和重点内容。

(2) 报告的材料应确实、可靠。写报告要做到如实反映情况。

(3) 报告里的观点要正确。写报告不能吞吞吐吐或者含糊不清,并且每一条意见都必须切实可行。

(4) 文字要简练。写报告要做到有一说一、有二说二，减少花哨的形容词以及含糊不清或过于灵活的概念的使用。

(四) 报告的类型

1. 汇报性报告

汇报性报告主要是指下级机关向上级机关汇报工作、反映情况的报告，一般分为两类：

(1) 综合报告。这种报告是本单位工作到一定阶段，就工作的全面情况向上级机关写的汇报性报告。其内容大体包括工作进展情况，成绩或问题，经验或教训，以及对今后工作的意见或建议。这种报告的特点是全面、概括、精练。

(2) 专题报告。这种报告是针对某项工作中的某个问题，向上级机关所写的汇报性报告。

2. 答复性报告

答复性报告是针对上级机关或管理层所提出的问题或某些要求而写出的报告。这种报告要求问什么答什么，不涉及询问以外的问题或情况。

3. 呈报性报告

呈报性报告主要是下级机关向上级机关报送文件、物件随文呈报的一种报告。一般是一两句话说明报送文件、物件的根据或目的，以及与文件、物件相关的事宜。

4. 例行工作报告

例行工作报告是下级机关因工作需要定期向上级机关所写的报告，如财务报告、费用支出报告等。

【样例 3-15】

××县人民政府关于治理水质污染问题的报告

××市人民政府：

前接××政发〔20××〕106号函，询问我县水质污染原因及治理问题，现将有关情况报告如下：

我县水质现污染较严重，其主要原因：一是公众环境保护意识差，一些居民随意向河道坑塘倾倒垃圾；二是我县市政基础设施薄弱，无污水处理厂，居民生活污水直接排入大环境；三是近几年，我县"三业"发展较快，其产生的废水杂物直接排入护城河及坑塘，造成水质严重污染；四是县纸厂停产治理后，虽有污水处理系统，但运行费用高，工程设计落后，不能做到不间断达标排放。

解决水质污染问题的根本途径：其一，建设污水处理厂。目前，县政府正在积极筹备之中。其二，加大宣传力度，增强全民环保意识，减少污水无序排放。其三，加大环保监督检查力度，确保排污企业治污设施正常运行，达标排放，促进水质好转。其四，环保部门依法行政，严格执法，从源头把关，减少各种污染。

专此报告。

××县人民政府(印章)
××××年××月××日

资料来源：作者根据相关资料整理。

三、议案及实例

议案是由具有法定提案权的国家机关、会议常设或临时设立的机构和组织以及一定数量的个人，向权力机构提出进行审议并做出决定的议事原案如法律议案(简称法案)、预算案、决算案、国民经济和社会发展计划案、对内阁的不信任案、弹劾案、质询案以及有关全国性和地方性的重大事项的议案等。

(一) 议案的特点

(1) 制发机关的法定性。议案的制发机关只能是各级人民政府，政府的职能部门无权制发。

(2) 内容的特定性。人民政府所提议案的内容必须属于该人民代表大会或其常务委员会职权范围内的有关事项。

(3) 时效的规定性。各级人民政府的议案应当而且必须在同级人民代表大会或其常务委员会举行会议规定的限期前提出，否则不能列为议案。超过期限提交的议案一般改为建议处理或移交下次人民代表大会处理。提交人民代表大会审议的议案，必须限期审议表决或提出处理意见。

(4) 行文的定向性。议案只能由各级人民政府向同级人民代表大会或其常务委员会行文，不能向其他部门单位行文，主送机关只有一个。

(5) 事项的必要性和可行性。适合提交人民代表大会的议案审议的事项必须是重要事项，符合人民群众的意愿和要求，而且议案中提出的方案、办法、措施必须是切实可行的，这样才有可能获得通过。

(二) 议案的格式

议案一般由公文常规的标题、正文和落款三部分构成，落款分为上、下款。

1. 标题

标题由发文机关、事由(提请审议事项)、文种三部分构成。例如，《国务院关于提请审议〈中华人民共和国劳动法(草案)〉的议案》，发文机关是国务院，事由是"关于提请审议《中华人民共和国劳动法(草案)》"，文种即提案。

议案的标题采用常规公文标题模式，有两种写法：一是发文机关+案由+文种，二是省略发文机关，案由+文种。前者如《××市人民政府关于提请审议〈××市乡镇企业条例〉的议案》，后者如《关于提请审议修改后的国务院机构改革方案的议案》。议案标题一般不能采用发文机关加文种或者只有文种的写法。

议案的主送机关只能是同级人民代表大会及其常务委员会，不能有其他并列机关；要采用全称或规范化简称，不得随意简化。

2. 正文

从内容上看，正文由提请审议内容、说明(包括缘由、目的、意义、形成过程等)和要求组成。从形式上看，正文除多以"要求"结尾外，可以从提出审议事项开头，然后加以说明；也可以在开头说明议案的缘由或目的意义或形成过程，然后提出审议事项，再结尾。议案的正文包括以下三个部分：

(1) 案据。议案的第一部分叫作案据，顾名思义，这部分要提供提出议案的根据。由于内容不同，这部分的篇幅长短在不同议案中会有很大差异。

【样例 3-16】

例如，《关于加强道路交通治"乱"的议案》的案据部分：道路交通是经济社会发展的重要内容，直接关系到经济社会的健康发展和广大群众的工作生活。畅通便捷有序的道路交通也是城市的一张名片。截至 2018 年底，我市通车公路里程(不含高速公路)670 多公里，城区道路总里程 32 公里。目前我市机动车 163 277 辆，驾驶员 188 220 人。登记在册的电动车 22 万辆，未登记的电动车大约 3 万辆。近几年，我市在道路交通治乱方面采取了一些措施，取得一定成效。但是，道路交通乱象依旧突出，有损城市形象，公众反映强烈，需要采取有效措施加以整治。这个案据和常规的根据、目的、意义式的公文开头很接近。

资料来源：玉环市人民政府网，https://www.yuhuan.gov.cn/art/2020/10/28/art_1229424663_25529.html.

有时案据部分的内容很复杂，文字也很多。例如，《国务院关于提请审议兴建长江三峡工程的议案》的案据部分超过全文的一半，这样一个耗时耗资十分巨大的工程，将理由阐述得充分一些是很有必要的。有时案据部分的内容可以写得很简短，如《国务院关于提请审议〈中华人民共和国著作权法(草案)〉的议案》就是一种比较常见的目的式写法，仅三四行，百余字而已。

(2) 方案。方案部分对提请审议的事项或问题提出解决的途径、方法。如果是提请审议已制定的法律法规，解决问题的方案就在法律法规之中，这部分只需写明提请审议的法律法规的名称即可，但要把法律或法规的文本作为附件。

如果是任免性议案，要将被任免人的姓名和拟担任的职务写明；如果是提请审议重大决策事项，要把决策的内容一一列出，供大会审阅；如果是建议采取行政手段解决某方面问题的，要把实施这一行政手段的方案详细列出，以便于审议，不能只指出问题，而没有解决问题的方案。

(3) 结语。结语是议案的结尾部分，主要用于提出审议请求。结语一般都采用模式化写法，言简意赅，如"这个草案业经市政府同意，现提请审议"。

3. 落款

上款，即收文机关，某人民代表大会或其常务委员会，有的要写明某次或第几届第几次会议；下款，发文机关和行政首长签名，另行写提请审议的年、月、日。

(三) 议案的类型

1. 立法性议案

立法性议案主要在两种情况下使用：一是政府机构制定了某项法律或法规之后提请人

民代表大会审议通过时,如《国务院关于提请审议〈中华人民共和国著作权法(草案)〉的议案》;二是建议、请求某行政机构制定某项法规时,如《关于尽早制定我省普及九年制义务教育实施条例的议案》。

2. 重大事项的决策性议案

关于财政预算决算、城乡发展规划、重大工程启动以及政治、经济、文化、教育、科技、卫生等领域的重大事项的决策,需要提请人民代表大会审议批准时使用的议案就属于重大事项的决策性议案,如《国务院关于提请审议兴建长江三峡工程的议案》。

3. 任免性议案

行政机关向权力机关提请任命、免去或撤销行政机关工作人员职务,请求人民代表大会审议批准的议案就是任免性议案,如《国务院关于提请××等同志职务任免的议案》。

4. 建议性议案

以行政部门的身份向权力部门提出建议,也可以使用议案。这种议案类似建议报告,供人民代表大会审议、采纳。

(1) 按形成时间划分,议案主要有以下两类:

① 平日议案。平日议案主要是由人民政府就日常工作中的有关重大事项向本级人大常委会提出供常委会议审议的议案。

② 会上议案。会上议案主要是人民代表大会召开期间,与会的人大常委会、人大专门委员会、人民政府和人大代表就有关重大事项向该次会议提出并供其审议的议案。

(2) 按作者分,议案主要有以下四类:

① 人大常委会议案。人大常委会议案是各级人大常委会在本级人民代表大会上提出的议案。

② 人大专门委员会议案。人大专门委员会议案是各级人大各专门委员会在本级人民代表大会上提出的议案。

③ 人民政府议案。人民政府议案是人民政府向本级人民代表大会或其常委会提出的议案,既有会上的,也有平日的。

④ 人大代表议案。人大代表议案是各级人大代表在本级人民代表大会上提出的议案。

【样例3-17】

××市人民政府关于提请审议《××市环境保护条例(草案)》的议案

市人大常委会:

为了维护和改善本市的生活环境与生态环境,防治污染和其他公害,保障人民群众身体健康,促进社会主义现代化建设,根据《中华人民共和国环境保护法》和其他法律法规,结合本市情况,本环保局起草了《××市环境保护条例(草案)》。该草案已经××××年××月××日第××次市政府常务会议讨论通过,现提请审议。

附件：关于《××市环境保护条例(草案)》的说明。(略)

市长：×××(印章或签名)
××××年××月××日

资料来源：作者根据相关资料整理。

第六节　纪要类

纪要是记载重大会议主要情况和议定事项的公文。本节主要介绍函与会议纪要两类纪要类公文的特点、格式、注意事项和样例。

一、函及实例

函作为公文中唯一的一种平行文种，适用的范围相当广泛。在行文方向上，它不仅可以在平行机关之间行文，而且可以在不相隶属的机关之间行文，包括上级机关行文或者下级机关行文。在适用的内容方面，它除了主要用于不相隶属机关相互商洽工作、询问和答复问题外，还可以向有关主管部门请求批准事项，向上级机关询问具体事项，也可以用于上级机关答复下级机关的询问或请求批准事项，以及上级机关催办下级机关有关事宜，如要求下级机关函报报表、材料、统计数字等。此外，函还可用于上级机关对某个原发文件做较小的补充或更正，不过这种情况并不多见。

(一) 函的特点

(1) 沟通性。函对于不相隶属机关之间相互商洽工作、询问和答复问题起着沟通作用，充分显示了平行文种的功能，这是其他公文所不具备的特点。

(2) 灵活性。函的灵活性表现在两个方面：一是行文关系灵活。函是平行公文，但是它除了平行行文外，还可以向上级机关行文或向下级机关行文，没有其他文种那样严格的特殊行文关系的限制。二是格式灵活。除了国家高级机关的主要函必须按照公文的格式、行文要求行文外，其他一般函比较灵活，也可以按照公文的格式及行文要求行文。函可以有文头版，也可以没有文头版，不编发文字号，甚至可以不拟标题。

(3) 单一性。函的主体内容应该具备单一性的特点，一份函只宜写一件事项。

(二) 函的格式

函由标题、主送机关、正文和结尾落款四个部分构成。

1. 标题

函的标题一般有两种形式：一种由发文机关名称、事由和文种构成，另一种由事由和文种构成。

2. 主送机关

主送机关即受文并办理来函事项的机关单位，于文首顶格写明全称或者规范化简称，其后用冒号。

3. 正文

正文一般由开头、主体、结尾、结语等部分组成。

(1) 开头。开头主要说明发函的缘由。开头一般要求概括发函的目的、根据、原因等内容，然后用"现将有关问题说明如下："或"现将有关事项函复如下："等过渡语转入下文。复函的缘由部分一般首先引叙来文的标题、发文字号，然后交代根据，以说明发文的缘由。

(2) 主体。主体部分是函的核心内容，主要说明致函事项。函的事项部分内容单一，一函一事，行文直陈其事。无论是商洽工作、询问和答复问题，还是向有关主管部门请求批准事项等，都要用简洁得体的语言把需要告诉对方的问题、意见写清楚。如果属于复函，还要注意答复事项的针对性和明确性。

(3) 结尾。结尾一般用礼貌性语言向对方提出希望，或请对方协助解决某一问题，或请对方及时复函，或请对方提出意见或请主管部门批准，等等。

(4) 结语。通常应根据函询、函告、函商或函复的事项选择运用不同的结语，如"特此函询(商)""请即复函""特此函告""特此函复"等。有的函也可以不用结束语，如属便函，可以像普通信件一样，使用"此致""敬礼"。

4. 结尾落款

结尾落款一般包括署名和成文时间两项内容。署名写明机关单位名称，写明成文时间(年、月、日)，并加盖公章。

(三) 函的注意事项

(1) 函的写作要注意行文简洁明确，用语把握分寸。无论是平行机关还是不相隶属机关的行文，都要注意语气平和有礼，不要倚势压人或强人所难，也不必逢迎恭维、曲意客套。至于复函，则要注意行文的针对性和答复的明确性。

(2) 注意时效性问题，特别是复函更应该迅速、及时，要像对待其他公文一样，及时处理函件，以保证公务等活动的正常进行。

(3) 严格按照公文的格式写函。

(4) 函的内容必须专一、集中。一般来说，一个函件以讲清一个问题或一件事情为宜。

(5) 函的内容必须真实、准确。

(6) 函的写法以陈述为主，只要把商洽的工作、询问和答复的问题、向有关主管部门请求批准的事宜写清楚即可。

(7) 发函都是有求于对方的，或商洽工作，或询问问题，或请求批准。因此，函的语言要朴实，语气要恳切，态度要谦逊。

(8) 函的结尾一般常用"即请函复""特此函达""此复"等惯用语，有时也可以不用。

(四) 函的类型

函可以从不同角度分类：

(1) 按性质，函可以分为公函和便函两种。公函用于机关单位正式的公务活动往来，便函则用于日常事务性工作的处理。便函不属于正式公文，没有公文格式要求，甚至可以不要标题，不用发文字号，只需在尾部署上机关单位名称、成文时间并加盖公章。

(2) 按发文目的，函可以分为发函和复函两种。发函即主动提出公事事项所发出的函，复函则是为回复对方所发出的函。

(3) 按内容和用途，函可以分为商洽事宜函、通知事宜函、催办事宜函、邀请函、请示答复事宜函、转办函、催办函、报送材料函等。

【样例 3-18】

××办公厅关于同意调整完善危险化学品安全生产监管部际联席会议制度的函

国办函〔××〕××号

××部：

你部关于完善危险化学品安全生产监管部际联席会议制度的请示收悉。经××同意，现函复如下：

××同意调整完善危险化学品安全生产监管部际联席会议制度。联席会议不刻制印章，不正式行文，请按照国务院有关文件精神认真组织开展工作。

附件：危险化学品安全生产监管部际联席会议制度。

××办公厅

××××年××月××日

资料来源：https://www.gov.cn/zhengce/content/2018-09/29/content_5326622.htm。

二、会议纪要及实例

纪要是指记述要点的文字，在工作中经常涉及的是会议纪要，主要用于记载、传达会议情况和议定事项。

会议纪要有别于会议记录，二者的主要区别如下：第一，性质不同。会议记录是讨论发言的实录，属事务文书；会议纪要只记述要点，是法定行政公文。第二，功能不同。会议记录一般不公开，无须传达或传阅，只做资料存档；会议纪要通常要在一定范围内传达或传阅，要求贯彻执行。

(一) 会议纪要的特点

(1) 内容的纪实性。会议纪要如实地反映会议内容，它不能离开会议实际进行再创作，否则就会失去其内容的客观真实性。

(2) 表达的提要性。会议纪要是根据会议情况综合而成的，因此，撰写会议纪要时应围绕会议主旨及主要成果来整理、提炼和概括，重点不是叙述会议的过程，而是介绍会议成果。

(3) 称谓的特殊性。会议纪要一般采用第三人称写法。由于会议纪要反映的是与会人员的集体意志和意向，常以会议作为表述主体，使用"会议认为""会议指出""会议决定""会议要求""会议号召"等惯用语。

(二) 会议纪要的格式

会议纪要通常由标题、正文、落款三部分构成。

1. 标题

标题有两种情况：一是会议名称+纪要，如《全国农村工作会议纪要》；二是召开会议的机关+内容+纪要，如《省经贸委关于企业扭亏会议纪要》。

2. 正文

会议纪要的正文一般由以下两部分组成：

(1) 会议概况。会议概况主要包括会议时间、地点、名称、主持人、与会人员、基本议程。

(2) 会议的精神和议定事项。常务会、办公会、日常工作例会的纪要一般包括会议内容、议定事项，有的还可概述议定事项的意义；工作会议、专业会议和座谈会的纪要往往还要写出经验、做法，今后工作的意见、措施和要求。

3. 落款

落款包括署名和时间两项内容。署名只用于办公室会议纪要，署上召开会议的领导机关的全称，下面写上成文时间(年、月、日)，加盖公章。一般会议纪要不署名，只写成文时间，加盖公章。

(三) 会议纪要的类型

(1) 办公会议纪要。办公会议纪要主要用于记载和传达领导的办公会议决定和决议事项。如其中涉及有关部门的工作，可将会议纪要发给他们，并要求其执行。

(2) 工作会议纪要。工作会议纪要用于传达重要的工作会议的主要精神和议定事项，有较强的政策性和指示性。

(3) 协调会议纪要。协调会议纪要用于记载协调性会议所取得的共识以及议定事项，对与会各方有一定的约束力。

(4) 研讨会议纪要。研讨会议纪要主要记载研究讨论性或总结交流性会议的情况。其写作要求全面客观，除反映主流意见外，如有不同意见，也应整理进去。

【样例 3-19】

×× 公司安全生产会议纪要

××××年××月××日上午，公司召开安全生产会议，对上季度的安全生产工作进行了总结，部署下一步的安全生产工作。

经过讨论，会议达成了一致的认识。会议决定如下事项：

一、高度重视，严格落实安全生产责任制。

二、严格监管，确保安全生产工作稳定有序。

三、突出重点，切实做好安全生产常态工作。

四、强化建设，认真开展隐患排查治理工作。

五、加强值班，保障信息渠道高效畅通。

会议强调，××××年要着力搞好安全生产标准化工作，公司人员要团结协作，奋力进取，保证各项工作顺利进行。

××公司
××××年××月××日

资料来源：作者根据相关资料整理。

【核心概念】

发布令、行政令、奖惩令、任免令、公告、公报、通告、决定、决议、通知、通报、意见、批复、请示、报告、议案、函、纪要。

【实训拓展】事故调查报告编制

××省××市××酒店坍塌事故调查报告
××事故调查组
××××年××月

一、事故有关情况

(一) 事故发生和救援情况

(二) ××酒店建筑物基本情况

(三) 事故单位基本情况

(四) ××酒店被确定为集中隔离观察点有关情况

二、事故直接原因

三、事故发生单位及有关企业主要问题

(一) ××市××有限公司

(二) ××酒店

(三) 技术服务机构

四、有关部门主要问题

(一) 国土规划局

(二) 城市管理部门

(三) 住房和城乡建设部门

(四) 消防机构

(五) 公安部门

五、地方党委政府主要问题

（一）××市××区××街道

（二）××市××区

（三）××市

六、对事故有关单位及责任人的处理建议

（一）公安机关已采取强制措施人员

（二）有关公职人员

（三）事故单位和技术服务机构

七、事故主要教训

八、事故防范和整改措施建议

附件：

1. 事故现场抢险救援情况
2. ××酒店建筑物有关情况
3. ××市××区特殊情况建房情况

思 考 题

1. 简述公文的种类和相应特点。
2. 请示和报告是两种不同的文种，但却经常被混用，试辨析二者的区别与联系。
3. 决定与决议两种公文在写作中的注意事项分别是什么？
4. 作为一名安全专业的学生，如何处理公文写作与职涯规划二者的关系？
5. 你认为作为一名安全行业的从业人员，应该具备哪些基本的公文写作能力？

【本章参考文献】

[1] 学公文. 公文写作从入门到精通[M]. 北京：北京大学出版社，2019.

[2] 付传，林爽. 行政公文写作[M]. 哈尔滨：黑龙江大学出版社，2017.

[3] 张浩. 新编工会公文写作、格式、模板与实例[M]. 北京：中国文史出版社，2019.

[4] 周欣展. 公文写作基本规范[M]. 3版. 南京：南京大学出版社，2019.

[5] 高永贵. 公文写作与处理[M]. 北京：北京大学出版社，2013.

[6] 张浩. 新编党政机关公文写作与规范处理全书[M]. 北京：中国文史出版社，2017.

[7] 魏成春. 公文写作实用教程[M]. 杭州：浙江大学出版社，2008.

[8] 闻君，倪亮. 党务公文写作及范例全书：党务公文写作及学习的实用指南[M]. 北京：北京工业大学出版社，2008.

[9] 路安华，崔政斌. 企业安全工作公文写作指南[M]. 北京：化学工业出版社，2005.

下篇 职涯实践案例

本书的下篇是职涯实践案例，重点介绍大学生劳动素养评价、国内大学毕业生职业发展实例和国外安全专业人员职业生涯实例3个实践模块，帮助学生进一步认识自身劳动素养水平，进一步了解国外安全专业人员的职业能力和素质要求，进一步开阔职业规划过程的国际视野。下篇中的各章主要内容如下：

第四章　大学生劳动素养评价，主要介绍大学生劳动素养评价内容、方法和校院系三级劳动素养评价机制。

第五章　国内大学毕业生职业发展实例，主要介绍安全工程、职业卫生工程和应急技术与管理专业毕业生在出国与考研、国企就业和私企创业的职业发展成功实例。

第六章　国外安全专业人员职业生涯实例，主要介绍美国、英国和日本安全科学与工程专业教育状况，安全类专业人员职业能力与素质要求，并从职业初期、中期和后期三个阶段介绍了国外安全专业人员职业生涯实例。

第四章
大学生劳动素养评价

劳动素养是新时代大学生的核心素养之一，国家将劳动素养纳入学生综合素质评价体系，是加强学生劳动教育、落实立德树人根本任务的现实需要。本章通过阐述大学生劳动素养评价的内容、方法和机制，进一步解答高校在全面深化劳动教育过程中应如何全面开展大学生劳动素养评价。

职涯故事

全面发力劳动教育　助推提升劳动素养

多年来，××××学院始终坚持知行合一，搭建两大平台，全面提升学生的劳动素养，让劳动素养助力广大学生职业生涯规划，成为当前高校劳动教育的优秀范例。

1. 鲜明提出"劳动情怀深厚"育人目标

紧密围绕"政治素质过硬、劳动情怀深厚、专业功底扎实、实践能力突出"的高素质应用型人才培养目标，充分发挥学校劳动科学学科齐全的学科资源优势和多年举办劳模本科教育的人力资源优势，立体化搭建课程教学平台与劳动模范协同育人平台。两大平台协同推进，一方面，让学生"明劳动之理"，加强马克思主义劳动价值观和与学生未来职业发展密切相关的通用劳动科学知识教学；另一方面，"效楷模之行"，以劳模精神、工匠精神引领大学生实践创新，教育引导新时代大学生坚定理想信念、厚植劳动情怀、练就过硬本领、勇于实践创新，自觉地把人生理想融入国家富强、民族复兴的伟业，使学生成长为德智体美劳全面发展的社会主义事业建设者和接班人。

2. 协同推进劳动教育的组织管理与实施

2019年，学校成立劳动教育中心。2020年，劳动教育学院开展公共管理(劳动教育管理领域)研究生教育。2021年，劳动教育中心更名为劳动教育学院(劳动教育研究院)，负责学校劳动教育实施推进工作的顶层设计、编写劳动通论教材、组织劳育师资培训、举办劳育专题沙龙、深化劳动科学与教育研究等，以开阔性视野和前沿性研究引领学校劳动教育不断走向深入。同时，教务处配合做好劳动通论和劳动实践创新课程的排课及考评安排，学工部负责劳动模范协同育人制度的规范化管理，宣传部主攻劳育特色校园文化建设，团委负责"劳动+志愿"活动品牌建设,各学院则负责本学院"劳动+专业"活动品牌建设。各部门各司其职,协同推进劳动教育在整个人才培养体系中落地生根。

3. 保障落实劳动教育课程教学学时学分

将劳动教育纳入人才培养方案,按32学时、2学分的标准,在大一第二学期开设"劳动通论"通识必修课。授课教师则是来自学校劳动哲学、劳动关系、劳动法学、劳动与社会保障、劳动安全卫生等各学科专业的优秀教学团队。在大三两个学期开设"劳动实践创新"公共选修课,32学时、2学分。该课程通过学生分享+师生互动、教师讲解+学生反馈、师生互助+动手实践三部曲,实现了劳动创新理论与劳动创新实践的有机结合。

4. 精心打造"劳模进课堂"思政劳育课

以"弘扬工匠精神 提升职业素养"为主题,开设"大国工匠面对面"系列讲座公选课。该课程为全校公选课程,共设5次专题讲座,16个学时、1学分,采取"211"(2位授课教师+1个主题+1堂课)授课模式,邀请全国劳模走进课堂,与思政部教师共同授课。劳动模范与学生面对面交流,演示精湛技艺、讲述工匠事迹、传授做人做事的经验和体会,思政部教师围绕劳模所在行业领域进行理论分析,强化思想引领,既体现了课程的实用性与实效性,又增强了课程的理论性和思想性。

5. 持续扩大大学生志愿服务品牌影响力

引入众创众筹众评机制,由志愿者自发进行项目众创众筹众评。校团委负责为通过评选的项目聘请相关全国劳模担任导师,通过劳动模范的专业培训和指导,切实提升志愿者的动手实践能力和业务创新能力。项目结束后,每位志愿者都要在新媒体平台上推送、分享活动反思与心得体会,并上传至学校"第二课堂成绩单"劳动教育专项,换取相应学分。整个项目从招募到培训再到过程管理与结项等各项工作都是在大学生喜闻乐见的新媒体平台上完成的,极大地增强了活动的时代感、吸引力、渗透力和影响力。

6. 积极建构劳动模范协同育人常态化机制

为充分发挥劳模学员对普通大学生的积极引领作用,学校探索建立了劳模学员党支部与本科生党支部结对子共建机制,鼓励劳模党员与本科生党员互帮互学、共同进步。同时,聘请了20余位劳模学员担任大学生辅导员、德育导师、社团活动导师,加强大学生理想信念教育、国情教育、劳动精神教育、劳动能力培养和就业创业指导。

7. 创新营造劳育特色校园文化建设新机制

学校坚持举办"劳模大讲堂"活动,先后邀请许振超等全国著名劳模和20余位劳模学员与青年大学生分享成长历程及先进事迹;在校园公共场所设立宣传栏,以多种形式展示各行各业劳动模范和大国工匠的成长故事;在官微开设"身边劳模"专栏,在官网报道劳模故事,实现劳模精神宣传的常态化和传播的广域化。

8. 举全校之力打造,形成劳动教育品牌效应

学校"劳模大讲堂"被纳入全总宣教部和教育部关工委联合开展的"大国工匠进校园"示范活动,"大国工匠面对面"志愿服务项目获得第四届中国青年志愿者服务项目大赛银奖和第一批全国青年优秀志愿服务项目入库奖。相关活动得到多家主流媒体的关注和报道。活动模式被多家单位复制,产生了广泛的社会影响。二级学院中涌现出大量"专业+劳动"

特色活动品牌，经济管理学院的"50元能买什么"的暑期社会调研、法学院的"劳动法律宣传与服务进社区进企业活动"、社会工作学院的"致青春·关注民主志愿公益行动团"等，均已建设成持续时间久、参与面广、社会影响力大的学院劳动教育特色品牌。学生的实践创新意识增强，近3年，在省部级以上学科知识竞赛中获奖超过100人次；志愿服务活动踊跃，志愿者数占学生总数的92%，多项志愿服务活动在市及全国大赛中获奖。意识形态教育效果良好，递交入党志愿书的学生比例超过了90%；报名参军学生逐年增加；学生连续7年在高校思想政治理论课学生社会实践优秀论文评比中获奖。

资料来源：作者根据相关资料整理。

启示与思考

高校在全面深化劳动教育过程中应如何全面提升大学生劳动素养？

第一节 大学生劳动素养评价内容

劳动素养的形成是一个动态的和不断发展的过程，具体指向劳动价值观、劳动情感态度、劳动品德、劳动习惯和劳动知识技能。本节主要从新时代劳动素养的概念入手，阐述大学生劳动素养评价的内容和实施过程。

一、新时代劳动素养的概念提出

2020年3月20日，中共中央、国务院《关于全面加强新时代大中小学劳动教育的意见》提出："健全劳动素养评价制度。将劳动素养纳入学生综合素质评价体系，制定评价标准，建立激励机制，组织开展劳动技能和劳动成果展示、劳动竞赛等活动，全面客观记录课内外劳动过程和结果，加强实际劳动技能和价值体认情况的考核。"2021年8月24日，教育部举行新闻发布会介绍劳动教育进课程教材情况时强调："注重全面提升学生劳动素养，防止把新时代劳动教育与过去的劳技训练混为一谈。"党的二十大报告提出："广泛践行社会主义核心价值观……弘扬以伟大建党精神为源头的中国共产党人精神谱系，用好红色资源，深入开展社会主义核心价值观宣传教育，深化爱国主义、集体主义、社会主义教育，着力培养担当民族复兴大任的时代新人。"大学生要通过劳动教育形成劳动素养，从而为职业生涯规划和进入职业世界打好基础。加强新时代高校劳动教育，应注重学生劳动素养评价，健全劳动素养评价体系。

（一）新时代劳动教育的概念

对劳动教育的本质属性的认识大体可以分为以下四类：

(1) 将劳动教育视为德育的一部分。《辞海》对劳动教育的解释是，劳动教育是德育内容之一,"对学生进行热爱劳动和劳动人民、珍惜劳动成果、树立正确的劳动观点和劳动态度、通过日常生活培养劳动习惯和技能的教育活动"。《中国大百科全书·教育》中将劳动教育定义为:"劳动教育,使学生树立正确的劳动观点和劳动态度,热爱劳动和劳动人民,养成劳动习惯的教育,是德育的内容之一。"以上定义都凸显了劳动教育的德育属性,直接将劳动教育纳入德育的范畴。促使学生热爱劳动和劳动人民、珍惜劳动成果、树立正确的劳动观点和劳动态度正是德育的重要部分。

(2) 将劳动教育视为智育的一部分。《教师百科辞典》对劳动教育的解释是:"劳动教育就是向受教育者传播现代生产的基本知识和技能,培养他们具有正确的劳动观点、劳动习惯和热爱劳动人民、劳动成果的感情。劳动教育十分重视劳动过程中的智力因素,把平凡的劳动同创造性劳动结合起来,把简单的劳动与富有知识的劳动结合起来。"成有信在《教育学原理》中更是直截了当地将劳动教育定义为:劳动教育是"培养学生具有现代工农业生产的基本知识和基本技能的教育"。这两个关于劳动教育的定义都涵盖了传播现代生产基本知识和技能的内容,体现了劳动教育的智育属性。

(3) 将劳动教育视为德育和智育的综合体。《中国百科大辞典》对劳动教育的解释是:"劳动教育是以劳动实践为主,结合进行思想教育。技术教育是使学生掌握一定的生产知识及技术和劳动技能。其实施有利于培养学生的劳动观点、劳动技能和劳动习惯,为普通教育和职业教育打下基础。"黄济先生认为,劳动教育是一个涉及范围很广、不太确定的概念,"但从其基本任务而言,不外两大方面:一是劳动技能的培养,二是思想品德的教育。在学校的劳动教育中,常常是二者兼而有之"。徐长发认为:"劳动教育是使青少年学生获得正确劳动观念、劳动习惯、劳动情感、劳动精神,了解和懂得生产技术知识,掌握生活和劳动技能,在劳动创造中追求幸福感的育人活动。它包括劳动思想观念的教育、劳动技术知识和劳动技能的教育。"以上三个关于劳动教育的定义表明了劳动教育具有思想品德教育和知识技能教育双重属性。劳动教育既是思想品德的养成,又是劳动技能的提高。

(4) 将劳动教育视为促进学生全面发展的实践教育形式。苏霍姆林斯基认为,"劳动教育是对年轻一代参加社会生产的实际训练,同时也是德育、智育和美育的重要因素",其劳动教育的理想追求是"使每一个人早在少年时期和青年早期就能领悟到劳动能使他的自然天赋更全面、更明显地发挥出来,劳动会带给他精神创造的幸福"。陶行知说:"中国教育之通病是教用脑的人不用手,不教用手的人用脑,所以一无所能",劳动教育的目的就在于"谋手脑相长,以增进自立之能力,获得事物之真知及了解劳动者之甘苦"。陈勇军认为,"劳动教育的本质含义是指通过参加劳动实践活动所进行的一种有目的、有计划、有组织的培养受教育者多种素质的教育活动,是融德育、智育、体育、美育为一体的全面提高学生素质的综合性教育"。以上三位教育家都认为劳动教育是一种实践教育形式,同时融合了德育、智育、美育和体育等综合性内容。

从劳动教育相关概念的辨析中可以发现,劳动教育既是一种教育内容,又是一种教育形式。从内容上看,劳动教育可以理解为"关于劳动的教育",它应该是与德智体美四育并举的概念,有自身独特的教育任务——热爱劳动和劳动人民的情感的养成,正确劳动观念和劳动态度的培养、劳动习惯的培养、劳动生产技术知识的学习等。但劳动教育的这些内容被认为可以包含在广义的德育和智育范围内，所以一直没有取得独立的课程地位。从形式上看，劳动教育可以理解为"通过劳动的教育"，就是让学生通过生产劳动实际锻炼，全面发展德智体美劳各方面素质。当劳动教育被视作教育形式时，它就只是承载各育的平台，难以取得与其他各育平等的地位。可见，劳动教育在学校中被弱化现象的出现与劳动教育本身的性质及其在国民教育体系中的地位不明确有很大的关系。因此，要落实好习近平总书记在2018年全国教育大会上提出的"努力构建德智体美劳全面培养的教育体系"的总要求，首要着力解决的是劳动教育在整个教育体系中的性质和地位问题，这也是把握新时代高校劳动教育内涵的首要问题。

（二）新时代劳动素养的概念

1. 劳动素养的基本内涵

关于劳动素养的内涵，学者们大多是从劳动素养的构成要素方面进行研究的。

檀传宝从广义和狭义两个维度来界定劳动素养，认为劳动素养是经过生活与教育活动形成的与劳动有关的人的素养，包括劳动价值观(态度)、劳动知识与能力等维度。广义的劳动素养包括劳动价值观，狭义的劳动素养专指劳动知识、能力和习惯。

曲霞、刘向兵认为，劳动素养的构成要素主要有劳动价值观、劳动情感态度、劳动品德、劳动习惯和劳动知识技能。

邵长威认为，劳动素养是实践主体在掌握一定知识储备和劳动技能的基础上，在开展实践活动中所展现的优良品质的集合，包括劳动意识、劳动精神、劳动能力以及知识储备和创新精神等维度。

苏联教育家苏霍姆林斯基认为，劳动教育的目的不仅是培养具有生产技能的劳动者，而且要让学生有热爱劳动的劳动情感，有坚强的意志和实干精神，从而使学生的劳动情感、劳动技能等更加健全，促进学生道德品格的发展。

马卡连柯主张教育与生产劳动相结合，他强调"教育出来的人，应该懂得生产，懂得生产组织，也懂得生产过程"，从而实现知识丰富与熟练技术的结合。

2. 劳动素养的主要特点

(1) 实践性。劳动素养不是先天具备的，而是在后天学习实践中不断形成的。劳动素养培育要坚持理论和实践相结合，知行合一。

(2) 发展性。劳动形态随着时代的变化不断发展，劳动素养的培育随着劳动形态的变化具有发展性特点。只有掌握了劳动形态的变化，才能更好地培养学生的劳动素养。经济社会的高速发展促进了更多创新型劳动形态的出现。新时代、新征程对广大劳动者提出了更高的要求，这就意味着劳动者需要有更好的劳动素养来满足社会和自身的发展需求。

(3) 内在性。劳动主体通过劳动教育学习与实践，形成对劳动价值观的塑造、对劳动知识的学习和劳动技能的掌握。由于个体理解接受信息的程度和受教育的程度不同，表达能力也有所差异，当用客体标准进行评价时，人的行为所呈现的劳动意识、态度、动机等有不同程度的体现。

(4) 综合性。劳动素养的形成与德智体美等四育的形成具有密不可分的关系。劳动素养并不是简单的生存发展技能，也不仅仅是某一学科知识，而是与其他四育渗透、交叉，相互融合。劳动素养各构成要素之间是相互关联的，只有采取综合的劳动素养培育体系，才能使劳动者的劳动素养得到提升。

3. 新时代大学生劳动素养的概念

劳动素养一般是劳动者在家庭、学校和社会的劳动中通过教育学习与训练，对劳动价值观的塑造、对劳动知识的学习和对劳动技能的掌握的程度。

新时代大学生劳动素养是指大学生在掌握扎实专业知识的同时，具有热爱劳动的劳动价值观、积极主动的劳动意识，并尊重他人的劳动成果；不仅能够扎实地开展学习、生活、工作中的脑力劳动和体力劳动，而且能够根据劳动形态的变化创造性地开展劳动。

二、大学生劳动素养评价的内容

大学生劳动素养的内涵需要在把握劳动素养内涵的基础上，结合大学生特殊群体的特征来界定。大学生作为新时代的主力军，既要具备一般劳动者所必需的劳动素养，也要具备更高水平的劳动素养。大学生与基础学段的中小学生在知识层次、思维知识、价值追求方面存在差异，针对不同学段的目标任务对劳动素养的培育也有不同的要求，大学生劳动素养是中小学劳动素养的不断深化。大学生不仅要爱劳动、会劳动，更要懂劳动。大学生劳动素养的概念界定为大学生通过劳动教育学习与实践，形成正确的劳动价值观念，掌握马克思主义劳动观和习近平总书记关于劳动的重要论述，具备创新型的劳动技能。

（一）大学生劳动素养的基本内容

大学生劳动素养包括劳动价值观、劳动知识和劳动技能三个要素，对大学生劳动素养各要素进行进一步的分析，既能明晰一个具有良好劳动素养的大学生所应当具备的素质，也对大学生劳动素养的提升进行进一步的思考。

1. 劳动价值观

马克思主义认为，劳动是人类最基本和最重要的社会实践，是人类社会生存和发展的根本前提。劳动至上是马克思主义的重要原则，劳动价值论是马克思主义政治经济学的理论基石。马克思曾指出："历史承认那些为共同目标劳动因而自己变得高尚的人是伟大人物；经验赞美那些为大多数人带来幸福的人是最幸福的人。" 2018年4月30日，习近平总书记在给学院劳模本科班学员的回信中强调："劳动最光荣、劳动最崇高、劳动最伟大、劳动最美丽。全社会都应该尊敬劳动模范、弘扬劳模精神，让诚实劳动、勤勉工作蔚然成风。"习近平总书记关于劳动价值观的重要论述是对马克思主义劳动价值论、劳动观的丰富和发展，是习近平新时代中国特色社会主义思想的重要组成部分。习近平总书记倡导的劳动价值观认为，辛勤劳动是基本要求，诚实劳动是基本保障，创新性劳动是根本目标。安全类专业培养安全工程、职业卫生工程、应急技术与管理等领域富有创新精神的应用型专门人才，安全类专业大学生应该将劳动素养与职业生涯紧密结合，培养辛勤、诚实、创造性的劳动观念。

2. 劳动知识

掌握与社会主义建设发展需求和未来人工智能相适应的劳动知识和能力是大学生劳动素养的根本，是培养大学生劳动素养的主要内容。劳动知识是大学生在学习与实践中必须掌握并不断学习的知识。高校大学生要懂得劳动创造世界、劳动创造历史、劳动创造人本身，劳动是人类认识世界、改造世界的实践活动的统称，是实现人类全面发展的重要途径；懂得劳动的复杂构成及表现形式，如脑力劳动和体力劳动、群体劳动和个体劳动、有偿劳动和公益劳动、简单劳动和复杂劳动、创造性劳动和重复劳动、数字经济和人工智能时代的劳动等，对各种劳动同样尊重，做到习近平总书记在2016年同知识分子劳动模范青年代表座谈时倡导的那样，"无论从事什么职业，都要勤于学习、善于实践，踏实劳动、勤勉劳动，在工作上兢兢业业、精益求精"。安全类专业大学生要懂得马克思主义劳动观和必要的劳动科学知识，如劳动关系、劳动法律、劳动与社会保障、劳动与安全、劳动与未来等与学生职业发展密切相关的通用劳动科学知识，"悟劳动之美""明劳动之理"，积极形成劳动的自觉性和主动性。

3. 劳动技能

劳动知识和技能密不可分。大学生劳动知识越丰富，在实践中越有章可循。劳动知识和技能决定了大学生在从事生产劳动、服务性劳动、创造性劳动的过程中改造客观物质世界的能力，归根到底取决于大学生是否会运用劳动能力解决实际问题。劳动技能教育是使学生掌握基本的劳动技术和技能，培养学生正确的劳动观点，使学生形成良好的劳动习惯，初步掌握一定劳动技术知识和技能的教育。为促进安全类专业大学生对劳动技能的掌握，高校可以安排学生参加校内工厂、农场或校外共建单位的生产劳动；组织安排学生参加农、工、林、牧、渔等的生产劳动；适当安排学生参加校内外服务性劳动和公益劳动；结合生产的实际，进行生产劳动技术知识的教学；组织学生参观工农业现场的生产劳动；指导学生课外科技学习小组活动；等等。

（二）大学生劳动素养评价的基本内容及原则

劳动素养评价是通过一系列手段对大学生在劳动教育实施过程中的优缺点和价值观念进行判断的过程。评价应能判断劳动教育提升大学生劳动素养的养成程度、大学生在劳动实践中完成任务的程度及接受劳动教育后生成劳动成果的质量；激发全社会深刻认识提高大学生劳动素养的重要意义，增强各单位、机构责任意识并支持、参与劳动教育，从而提高劳动教育质量；促进大学生自我教育、自我管理、自我监督、自我反思，从而使其发挥主观能动性，形成高尚的劳动精神和正确劳动价值观。

安全类专业大学生劳动素养评价是双向性多元评价，评价应既能体现大学生接受劳动教育所获得的成效、取得的成果，又能体现劳动教育实施方所付出的努力。评价原则是评价主体多元化、评价标准多元化、评价方法科学化、定量评价与定性评价相结合、过程性评价与结果性评价相整合、评价体现综合性。其中，评价主体多元化是以大学生为主，还包括高校、教师和同学，同时涉及相关企事业单位、工厂、农场、社区、街道、公益组织等多元主体。评价标准多元化涉及素质标准、职责标准和效果标准。素质标准是完成劳动任务所应具备的条件，职责标准和效果标准是完成劳动任务时应承担的职责、应完成的任务及最后取得的效果。评价方法科学化主要是劳动素养中知识、技能、成果容易量化并以数据形式体现。劳动价值观、劳动知识和劳动技能等内容需要通过评价者与评价对象交流互动来确定，应使用定量评价和定性评价相结合的方法。过程性评价与结果性评价相整合强调评价目的是促进人的全面发展，消除完全结果导向评价的片面性弊端。评价体现综合性确保劳动教育能够实现"五育并举"，提升安全类专业大学生劳动素养。

三、新时代劳动素养评价的实施

劳动素养评价是劳动教育实施的重要环节，其目的是促进学生劳动素养的提升和素质的全面发展。劳动素养评价既是确保劳动教育有效推进的关键性因素，又与大中小学生毕业和升学休戚相关。为此，各学校应该做细做实劳动素养评价工作。

（一）建立劳动素养信息化评价系统

建立劳动素养信息化评价系统，运用大数据、云平台、物联网等现代信息技术手段，全面客观地记录学生课内外劳动过程和结果。

（二）建立健全劳动教育评价过程中的评审制度

建立健全劳动教育评价过程中的公示制度、诚信制度、申诉复议制度和责任追究制度，确定针对劳动素养评价结果使用的评优评先办法、毕业要求和招生录取办法等。通过这些制度的运行，确保劳动素养纳入学生综合素质评价体系的规范化、常态化实施。

（三）注重劳动素养多元化评价

将学生平时劳动表现评价和学段综合评价相结合，劳动观念评价、劳动能力评价、劳动情感评价和劳动习惯评价相结合，过程性评价和结果性评价相结合，重点加强对学生参加日常劳动、社会劳动和创新劳动的评价。对于安全类专业大学生来说，更应将生产性劳动纳入其中。

劳动教育与学生发展核心素养有着很强的内在一致性，它们从总体目标上都指向学生的全面发展。构建劳动素养的指标体系，依据劳动素养的内涵和水平对劳动教育进行评价，是必要且可行的。

第二节　大学生劳动素养评价方法

构建科学合理的劳动素养评价方法，既是加强劳动教育的必然要求，又是实现劳动素养科学评价的重要依据。本节重点介绍大学生劳动观念养成、劳动知识学习、劳动技能培养三个方面的评价方法。

一、劳动观念养成评价方法

劳动观是人们对劳动总的看法和根本观点，是一个人"三观"的重要组成。《教育大辞典》(增订合编本)(上海出版社，1998年版)将劳动观定义为："个人关于劳动的基本看法是组成人的世界观、思想意识和道德品质的一个重要方面。正确劳动观点的培养是学校德育和劳动技术教育的任务之一。"

劳动观念是人们对劳动的看法和态度，是劳动教育的核心，安全类专业大学生需通过参加各类劳动教育活动，领悟劳动的意义价值，培育勤俭、奋斗、创新、奉献的劳动精神，开展劳动教育观念自我评价，形成正确的职业生涯规划和就业观。

新时代的劳动观念要以热爱劳动为荣、以不劳而获为耻，尊重努力劳动、贡献社会的不同阶层的劳动者，愿意以自己的体力和脑力劳动建设祖国、贡献社会、服务人民，树立正确的劳动观念，这是提高安全类专业大学生劳动素养的基本要求。

劳动观念养成评价主要包括劳动精神、劳动动机、劳动态度和劳动品格四个方面的评价。

(一) 劳动精神

劳动精神是每一位劳动者为创造美好生活而在劳动过程中秉持的劳动态度、劳动理念及其展现出的劳动精神风貌。其传递方式主要有以下两种。

1. 向在校大学生传递劳动精神

负责开展劳动教育的相关部门或团体可通过邀请知名企业家、成功人士、劳动模范、普通劳动者等开设专业讲座、先进事迹报告、专业培训等活动向在校大学生传递劳动精神。

(1) 劳模大讲堂。邀请劳动模范开设专业讲座、先进事迹报告会、劳模事迹分享会，打造集事迹分享、劳动教育于一体的劳模大讲堂。负责开展活动的相关部门或团体需明确讲座的时间、地点、主讲人、主题等信息，总结讲座的主要观点，鼓励参与学生自觉分享个人对于劳动精神的看法及参加劳模大讲堂的感悟。

(2) 举办以"劳动关系与工会"为主题的研讨会。通过邀请劳动关系领域、工会领域的知名专家、学者，开展劳动关系与工会领域学术研讨，打造集学术交流、专业劳动教育于一体的劳动教育峰会，营造丰盈的学术劳动教育氛围。负责开展活动的相关部门或团体需明确研讨会的时间、地点、主题、分会议题、分会主持人等信息，总结研讨会的主要观点并形成论文集，鼓励学生积极投稿参加或参与旁听。

(3) 大学生职业生涯指导和就业指导课。将大学生择业、就业指导与劳动精神相融合，可按专业邀请资深校友分享择业、就业故事，可以让在校学生对于毕业择业、就业有更为系统、生动、详尽的了解，更可以让大学生从校友奋斗史中体悟劳动创造未来美好生活的至理箴言。负责开展活动的相关部门或团体需明确指导课的授课周期、形式、地点、授课人、课后考核等信息，加强学生与资深校友的良性互动，增强授课效果。

2. 培养勤俭、奋斗、创新、奉献的劳动精神

负责开展劳动教育的相关部门或团体还可组织与劳动相关的主题实践活动,通过引导、组织安全类专业大学生参与劳动,使其体会劳动创造美好生活,进而体认劳动不分贵贱,培养勤俭、奋斗、创新、奉献的劳动精神。

(1) 劳动+校园文化活动(文化、学术、艺术等)。将劳动元素纳入高校第二课堂活动策划范畴,将劳动与校园文化活动相结合,通过开展劳动歌曲主题快闪、劳动主题征文比赛、最美劳动者主题摄影比赛、劳动主题合唱比赛、劳动诗会等丰富多彩的文化活动,将劳动观念赋形于具体活动,让学生在接受劳动美育的同时,涵养勤俭、奋斗、创新、奉献的劳动精神。负责开展活动的相关部门或团体需明确活动的主题、时间、地点、流程等信息,做好活动策划、活动保障、活动总结,在确保安全的情况下开展相关活动。

(2) 安全知识竞赛。开展劳动安全知识竞赛,关注劳动者的人身健康安全,在提升学生安全知识水平的同时,引导学生关注基层劳动者。负责开展活动的相关部门或团体需明确竞赛的主题、时间、地点等信息,做好题库筛选、赛制策划,在确保安全的情况下开展知识竞赛。

(3) 劳动技能大赛。有相关条件的高校,可组织专技学生参加劳动技能大赛。负责开展活动的相关部门或团体需明确大赛的主题、时间、地点等信息,做好项目申报、赛制策划、大赛评选、赛后宣传等工作,让劳动技能大赛成为发掘人才、宣扬劳动精神的多维阵地。

(二) 劳动动机

劳动动机是指推动人开展劳动活动的内部动力。安全类专业大学生通过在劳动过程中感悟与思考,明确劳动所追求的目的与意义,达到明确劳动动机的效果。

1. "劳动的名义"主题劳动教育征文活动

举办"劳动的名义"主题劳动教育征文比赛,动员安全类专业大学生以手中纸笔描摹身边劳动者的劳动场景,涵养大学生的劳动情怀,端正其劳动动机。负责开展活动的相关部门或团体应明确活动主题、赛程安排等信息,做好赛前动员、作品遴选、赛后宣传等工作。

2. "我身边的劳动者"主题调研报告

号召、鼓励安全类专业大学生利用假期开展"我身边的劳动者"主题调研实践,让他们通过"我身边的劳动者"故事征集、劳模事迹宣讲等丰富多样的形式,深入了解劳动模范、一线劳动者的劳动动机,进而端正其对劳动的认识,树立正确的劳动价值观。负责开展活动的相关部门或团体应明确活动主题、调研安排、实践保障、实践宣传等信息,做好安全培训、调研素材收集、调研评比、后期宣传等工作。

3. 劳模寻访活动

安全类专业大学生的培养院系可利用劳模资源,鼓励大学生通过实践活动与劳模面对面交流。通过举办劳模寻访主题党日、团日活动,增进大学生与劳模之间的距离;通过分享劳模事迹,感召大学生真正领悟"劳动最光荣,劳动最崇高,劳动最伟大,劳动最美丽"

的深刻内涵。负责开展活动的相关部门或团体应明确活动主题、了解被寻访劳模的相关事迹、确定活动时间、地点，做好会务接待、活动资料收集、劳模口述史收集及后期宣传等工作，同时组织学生积极分享活动心得，扩大活动影响范围。

(三) 劳动态度

大学生可通过在劳动过程中的心理感受与思考，端正对劳动的态度，进而达到强化劳动意识的效果。

1. 参与劳动活动的学习心得

高校可在第二课堂评价系统内细化针对德智体美劳全面发展的相关评分细则，其中劳育模块增加活动心得分享模块。负责搭建第二课堂评价平台的部门或单位需明确评分标准及积分细则，学习心得评分需有层次、有区分，讲究图文并茂，对于特别突出、典型的范例可在系统内公开展示，扩大辐射范围，做到既有劳动又有教育。

2. 在各项劳动活动中的获奖情况

对劳动态度的评价可参考安全类专业大学生各项劳动活动的获奖情况，可采用积分制考查法。负责评价的部门或团体应做好劳动活动的分类和认证，倡导在校大学生积极参加劳动。对于劳动积极性较低的大学生可通过访谈等形式了解具体原因，做好鼓励教育工作；对于劳动态度良好，活动积极性高的大学生应予以表扬，并将其表现纳入大学生评奖评优考核范畴。

(四) 劳动品格

高校通过让大学生参与劳动活动，坚定其理想信念，使其体悟劳动创造的价值，展现参与劳动活动的品质。

1. 安全类专业大学生参与服务的学校管理的服务性活动

可将学生参与志愿服务的情况、参与学校管理的服务性活动表现纳入学生劳动品格的考查范畴，负责考查的相关部门、团体或平台应明确活动评价细则，做好学生参与活动类别收集、表现收集、结果收集工作，确保评价有据可循，有理可依。

学生参与服务的学校管理的服务性活动包括但不限于：协助保洁人员自觉参与教室、食堂、校园等公共场所的卫生保洁，掌握卫生保洁工具的操作方法；协助服务人员修剪校内花草树木，了解修剪的一般程序和基本方法；协助绿化养护人员对校园绿化带内的杂草进行清理，了解绿植和花卉的养护知识，掌握简单的花卉养护、浇水、施肥、修剪等技能；协助会务人员做好校内各种会议、会场的宣传布置工作，了解宣传栏与横幅等的设计、排版、制作、摆放等知识；协助维修人员做好校园水电、土建和日常设施设备的维修维护工作，掌握家用水电、房屋等基本设施的维修方法；协助交通人员做好校车的安全运营维护工作，组织同时排队乘车、安全坐车；协助食堂工作人员做好学生就餐引导工作，组织同学有序用餐、文明用餐，做到"不插队，不拥挤，不喧哗"；积极参加"尊老、爱老、敬老、助老"献爱心活动，帮助敬老院、空巢老人等打扫卫生、清洗衣物、购买日常生活用品，陪老人拉家常、谈心。

2. 学生干部履职担当情况

针对在校期间担任学生干部的安全类专业大学生，可将学生干部履职担当情况纳入学生劳动品格的考查范畴，评价环节应有民主评议、民主公示。如有第二课堂系统，学生干部履职担当情况可作为劳动品格类考查的加分项目，对于作风良好、成绩突出的学生干部予以嘉奖。

二、劳动知识学习评价方法

劳动知识学习评价主要包括马克思主义劳动观、劳动教育课程和劳动理论学习活动三个方面。

（一）马克思主义劳动观

通过学习马克思主义劳动观的经典著作和权威解读，深入了解马克思主义劳动观的具体内涵和价值意义，理解和形成马克思主义劳动观。

1. 学习马克思主义劳动学说的读书会活动

依托思想政治类社团，举办马克思主义劳动学说专题读书会，引导在校大学生研读马克思主义劳动学说相关著作。学生阅读的劳动教育经典书目包括《马克思恩格斯选集》《毛泽东论教育》《邓小平论教育》等以及习近平总书记关于劳动教育的重要论述等。负责开展活动的相关部门或团体应明确活动主题、阅读周期。每一期读书会，举办者都应明确阅读的书目名称、具体章节、主编、出版社等基本信息，明确是否邀请资深专家共读原文，对所阅读书目中的主要观点应进行总结，同时利用新媒体平台进行发布。

2. 学习习近平总书记关于劳动的重要论述

党的十八大以来，习近平总书记多次对劳动的价值、弘扬劳动精神、构建和谐劳动关系等内容做出深刻阐述，内涵丰富、思想深邃，为决胜全面建成小康社会、夺取新时代中国特色社会主义伟大胜利、实现中华民族伟大复兴的中国梦提供了强大的思想引领和精神支撑。

安全类专业大学生劳动知识的学习不仅要注重学原文，还要注重精神领会，更要重视针对习近平总书记关于劳动的重要论述的学习。学生可通过线下研讨会、读书会，线上知识竞答、一图读懂、动画视频等形式开展学习活动。负责开展活动的相关部门或团体应明确活动形式、主题、时间、地点，相关活动要及时留存，及时进行总结，并利用新媒体平台进行发布。

（二）劳动教育课程

将本科阶段不少于 32 学时的劳动教育主要课程结合安全类学科、专业特点，有机地融入劳动教育内容。

1. 通论课程：32 学时《劳动教育通论》通识必修课

负责开设课程的相关部门应明确课程名称、授课教材、任课教师、上课时间、上课地点，课程讲述的主要观点，同时要做好课程考核及课后评教工作。

2.《大国工匠面对面》特色思政选修课

通过邀请全国劳模、工人先锋等一线工人作为授课导师，为安全类专业大学生开设或录制《大国工匠面对面》特色思政选修课，提升学生的劳动知识水平。负责开设课程的相关部门应明确课程名称、主讲嘉宾、上课时间、上课地点，课程讲述的主要观点，同时要做好课程考核及课后评教工作。

(三) 劳动理论学习活动

1. 树立正确的劳动观，崇尚劳动、尊重劳动

高校通过让学生学习习近平总书记关于劳动的重要论述，使学生树立正确的劳动观，崇尚劳动、尊重劳动，增强对劳动人民的感情，报效国家，奉献社会。

(1) 劳动主题相关的科研项目。高校设立学生科研项目时，可适量设立与劳动主题相关的科研项目类别，鼓励学生跨专业、跨年级组队参与劳动主题相关的科研项目。负责设立、监管科研项目的相关部门应明确科研项目的类别及结项要求，并及时发布相关信息。

(2) 劳动主题相关的学术论文。高校图书馆可建立劳动主题学术论文数据库，收录劳动主题相关论文，为学者、大学生进行劳动理论知识学术研究提供资源。图书馆数据平台可同时开辟劳动主题学术论文专栏，推送劳动知识研究领域现状及学术论文。负责筹建、运营相关数据库的相关单位或团体需明确收录标准、论文主题、论文作者，并及时更新、收录相关主题论文。

2. 树立劳动最光荣、劳动最崇高、劳动最伟大、劳动最美丽的观念

高校通过让学生学习习近平总书记给中国劳动关系学院劳模本科班学员的回信内容及精神，使学生牢固树立劳动最光荣、劳动最崇高、劳动最伟大、劳动最美丽的观念。

(1) 学习习近平总书记给劳模本科班学员的回信内容及精神系列活动。高校以主题党日、主题团日、研讨会、主题班会等活动为载体，让学生学习习近平总书记给中国劳动关系学院劳模本科班学员的回信内容及精神，帮助学生牢固树立劳动最光荣、劳动最崇高、劳动最伟大、劳动最美丽的观念。负责组织活动的相关部门或团体需明确活动主题、活动时间、活动内容、活动形式，正确传达回信精神，整理相关活动资料，总结活动主要观点。

(2) 观看五一劳动节表彰大会。高校在重大时间节点，组织安全类专业大学生通过网络视频、在线直播等方式观看五一劳动节表彰大会，并提交心得体会，感悟习近平总书记关于劳动精神、劳模精神的重要论述，涵养学生深厚劳动情怀，丰富劳动理论知识。负责组织活动的相关部门或团体需及时收集、整理相关资料，总结活动主要观点，并及时推送相关会议精神及优选心得体会。

三、劳动技能培养评价方法

劳动技能培养评价主要包括日常生活劳动、生产劳动、服务性劳动和创新性劳动四个方面。

(一) 日常生活劳动

1. 抓住日常生活中的劳动实践机会

高校通过抓住衣食住行等日常生活中的劳动实践机会，鼓励安全类专业大学生积极参与宿舍卫生打扫、校园集体劳动。

(1) 文明宿舍评比。高校通过开展文明宿舍评比活动倡导学生从身边小事做起，树立正确的劳动价值观。负责开展活动的相关部门或团体应制订评比方案，明确组织机构、评比类别、评比范围、基本条件、评比方法。

(2) 诚信考试。高校为促进学期末举行诚信考试周宣传活动，通过在校园内张贴横幅、海报，制作宣传视频，号召在校学生期末考试期间认真复习、诚实劳动，树立正确的劳动价值观，尊重知识、尊重创造、尊重劳动。负责主办或协办的相关单位及团体需明确诚信考试周宣传内容，制作的标语及海报需符合主题，引人入胜。

(3) 校园文明养成评比。为推动校园文明行动评选，高校通过评选"文明班级""文明社团""文明志愿者""文明学生"，倡导在校大学生规范个人行为举止，杜绝随地吐痰、乱扔瓜皮纸屑等不文明行为，尊敬师长、恪守言行、乐于助人，端正价值取向，诚实劳动、文明劳动。负责组织活动的相关部门或团体需及时公布评比标准、评选项目、评选内容，及时收集、整理文明事迹，并推送相关事迹。

2. 承担家务劳动

学生在家中可通过主动分担家务、为父母做饭等多种方式，自觉参与、自己动手，随时随地、坚持不懈地进行劳动。

(1) "我为父母做顿饭"活动。高校号召安全类专业大学生利用周末、假期开展"我为父母做顿饭"活动，鼓励学生分享劳动纪实视频日志或图文视频至宣传平台。负责主办或协办的相关部门或团体需明确活动主题，及时整理、汇总相关素材，进行宣传。

(2) "内务整理，我型我秀"活动。通过宿舍内务整理评比、居家内务整理评比等活动，高校号召安全类专业大学生从身边小事做起，积极参加日常生活劳动，树立正确的劳动观，提升劳动技能水平。负责主办或协办的相关部门或团体需明确活动主题、活动内容，同时开辟主题宣传专栏，及时整理、汇总相关素材，做好宣传工作。

(3) "洗涤缝补，种植养护"活动。高校组织安全类专业大学生居家期间开展"洗涤缝补，种植养护"活动，培养动手能力，通过居家创意性劳动，提升劳动技能水平，践行劳动创造美好生活的价值观，树立勤俭节约、艰苦朴素的作风。负责主办或协办的相关部门或团体需明确活动主题、活动内容，同时开辟主题宣传专栏，及时整理、汇总相关素材，做好宣传工作。

（二）生产劳动

1. 劳动实践课程

通过主动参加劳动实践选修课或其他方式，宜工则工、宜农则农，深入工厂车间、田间地头等生产劳动第一线，感受劳动的魅力。

安全类专业应遵循"宜工则工、宜农则农"原则，将劳动实践课程建设纳入本科生培养方案统筹，完善劳动实践课程体系建设，贴合专业培养计划，设置劳动实践必修课、选修课、公共课，全面提升本科生劳动实践能力。劳动实践课程可根据专业特点灵活设置，包括但不限于工厂体验日、农业体验日、社区基层实践、劳动日志纪录片拍摄等形式。劳动实践课设置要有完善的授课方案、考核准则，负责开设课程的部门需明确课程内容、课时安排、授课教师、考核要求。

2. 开展实习实训

结合学科和专业积极开展实习实训等，重视新知识、新技术、新工艺、新方法应用，创造性地解决实际问题。

(1) 专业实习、实训。将劳动技能培养纳入专业实习、实训考核范畴。针对学生专业实习、实训成果的考查，应加入劳动技能水平项目。

高校在学生大三或大四期间应组织专业实习、实训。实习、实训内容应契合专业人才培养方案对学生专业实践能力的要求，实习周期应不少于 6 个自然周，参加专业实习、实训的学生应严格遵守实习单位的相关要求，不迟到、不早退，认真完成实习导师交付的相关工作。实习、实训期间的文档材料应妥善保管、规范整理、及时存档。负责组织实践、考核的相关部门应做好学生岗前培训、制作考核标准、明确实习要求，负责接收实习、实训学生的单位需明确工作计划、实习实践内容、培养方案、实践要求，做好实习、实训学生的培养、考察工作。实习、实训结束后，高校应组织学生撰写实践报告，并召开实习、实训总结大会。

(2) 创新创业类活动。高校组织安全类专业大学生积极参与创新创业类活动，通过创意设计、创新项目、创业实践等活动，提升学生创新创业水平。高校可组织创新创业活动沙龙，搭建高校创新创业实践活动、项目孵化和指导服务平台，鼓励建立创新创业类大学生社团，开设创业基础课程等活动，助力大学生创新创业。负责设计活动、开设课程的部门或团体需制订详细的大学生创新创业能力培养方案，明确活动内容、课程内容、课时安排、授课教师、考核要求。

（三）服务性劳动

1. 参加志愿服务类型的劳动

高校可引导大学生参与校内公益劳动，助教、助研、助管工作，以及主动在城乡社区、街道、福利院、养老院等公共场所参加志愿服务类型的服务性劳动。

(1)"爱劳动,爱传递"志愿服务项目大赛。鼓励校内各志愿者分会、志愿者团体以团队身份参赛,自主设计公益项目、志愿服务项目,引导学生更加深入地理解劳动教育的新内涵和新时代条件下的劳动新需求,提升社会责任感,持续投身公益、投身志愿,共同营造热心公益的校园文化氛围。负责主办、协办大赛的相关部门及团体需明确大赛主题、活动时间及地点,招募参赛团队,邀请大赛评委,制定评分细则,同时收集大赛素材,做好赛后宣传工作;对于特别优秀的公益项目、志愿服务项目,要进行跟踪培养,以打造志愿服务特色项目。

(2) 校内外系列志愿服务活动。依托校内各志愿服务团体、青年志愿服务队,组织学生参加志愿服务活动,进行服务性劳动实践。这些活动包括但不限于:积极参加"祭奠祖先、缅怀先人"烈士陵园服务活动,做好公交站台导向工作,为游客做解说员,帮助园区工作人员清理园区垃圾;积极参加"履行植树义务 共建美丽家园"活动,做好松土、浇水、施肥、除草、抓虫、植树等工作;积极参与学校在学雷锋纪念日、五一劳动节、农民丰收节、志愿者日等重大节日开展的劳动主题教育;积极响应"三支一扶"计划、大学生志愿服务西部计划等号召,到西部农村地区基层从事支教、支农、支医和乡村振兴服务工作;积极参加"青年红色筑梦之旅""三下乡""青年志愿者智力支乡小分队"等社会实践活动,充分发挥专业优势,开展青年乡村创客沙龙、举办乡村创客高峰论坛,做到"受教育、长知识、练才干、做贡献";积极参加社会组织、学校、学院举办的各种志愿服务活动。

2. 寒暑期社会实践活动

高校可引导安全类专业大学生利用寒暑假开展劳动实践活动,如开展返乡调查、走访一线产业工人、寻访家乡劳模、大国工匠、脱贫攻坚楷模等一系列寻访活动,开展工厂开放体验日、劳模事迹宣讲团、一线劳动者关怀行动、劳动关系现状调研实践等实践活动,丰富大学生寒暑假生活。负责组织、开展寒暑假社会实践的相关部门或团体需明确实践主题、实践日程安排、实践要求、考核要求,同时做好实践项目组的答辩及筛选工作,组织实践负责人进行安全培训并做好实践过程记录及宣传工作。

(四) 创新性劳动

高校鼓励安全类专业大学生在专业实践中尝试新方法、探索新技术、解决新问题,培养其创新精神和实践能力。例如,通过鼓励学生参加中国国际"互联网+"大学生创新创业大赛、"挑战杯"中国大学生创业计划竞赛、国家级大学生创新创业训练计划项目等,培养学生的创新精神和实践能力。学生参加创新性劳动实践的表现纳入综合考评。其包括但不限于:引导学生参加由教育部(省部委)主办的各类大学生学科竞赛,如全国大学生数学建模大赛、"挑战杯"全国大学生课外学术科技作品竞赛等;引导学生积极参加各种国际比赛、竞赛活动,如奥运会、亚运会、世锦赛、艾景奖国际园林景观规划设计大赛等;引导学生积极参加由教育部(省部委)主办的各类大学生学科竞赛,如全国艺术体操锦标赛、大学生电子设计竞赛、大学生机械创新设计大赛、计算机仿真大赛、大学生结构设计竞赛、全国大学生工程训练中心综合能力竞赛等;引导学生积极参加由教育厅(教委)主办的各类竞赛,如大学生物理实验创新设计大赛、"飞思卡尔"智能车大赛、SOPC电子设计竞赛、化学实验技能竞赛、生物实验技能大赛、美术与设计大展、师范生教学技能大赛等；引导学生积极参加由教指委或全国性学会(协会)主办的各类竞赛，如全国大学生数学竞赛、全国软件专业人才设计与开发大赛、大学生网络商务创新应用大赛、先进图形技能与创新大赛、全国大学生英语竞赛、中国大学生原创动漫大赛等。

第三节　大学生劳动素养评价机制

劳动素养评价体系应当与当前高校普遍实行的学生综合素质评价体系相一致、相融合，将劳动素养纳入综合素质评价的"五育"目标，从加强劳动教育的视角，优化学生综合素质评价的各项指标设计，实现劳动教育在综合素质体系中的独立占比，提升劳动教育各项内容的重要性。本节主要介绍校级、院(系)和自我三个方面的评价机制。

一、校级评价机制

为了科学、有序地实施高校学生劳动素养评价，学校一般都成立了劳动教育委员会，主要负责学校劳动教育工作的实施和学生劳动素养的评价。校级劳动素养评价应注重探索劳动素养评价的独立考评机制、综合机制和档案机制，形成学校劳动素养评价的顶层设计。

（一）学校劳动教育委员会独立考评机制

劳动教育作为"五育"并举的重要指标之一，与德智体美四育相比，尚未建立有效的表彰或惩戒机制。学生的思想状态、学习成绩、体格检测、文体评比等都有相对独立的考评办法和表彰机制，但对于劳动教育而言，探索劳动素养评价体系的目标之一，就是要在形成劳动素养评价的定量或定性结果的基础上，对劳动素养优秀的学生予以表彰，对相对落后的学生进行促进，即通过正面奖励和反向引导的方式，强化劳动教育的具体实施。因此，高校不仅要从劳动素养评价体系的结果认定上建立劳育表彰的物质性或荣誉性奖励机制，设立"劳动光荣奖""劳动之星""劳动先进奖""劳动创造奖"等项目，并辅以适当的物质奖励，还要举办劳动技能大赛、劳动表彰大会等活动，扩大劳动素养的教育教学成果，巩固劳动教育的长期效应。

（二）学校劳动素养评价与学生综合素质测评融合机制

劳动教育是德智体美劳全面培养教育体系的重要组成部分，将劳动素养纳入学生综合素质评价体系，能够充分发挥劳动教育的激励和导向作用。制定涵盖劳动观念、劳动意识、劳动能力的评价制度和评价标准，通过学生综合测评结果将劳动教育与学生评奖评优挂钩，能够促进学生增强劳动意识，注重自身劳动素质的培养。目前，在学生综合素质评价体系中，劳动教育方面的体现不多，甚至缺失，这种情况亟待改变。劳动素养评价融入综合素质评价体系，要充分考虑劳动素养评价的四个维度，既要设计好劳动意识、劳动观念等非客观维度的测量方法也要为劳动能力、劳动结果等适宜定量考查的指标进行合理赋值,从而达到充分肯定学生劳动素养的成长与进步的测评目的。

(三) 学校劳动素养评价结果的长期记录机制

劳动素养评价体系应能够体现学生的综合劳动素质,促进学生崇尚劳动、尊重劳动,让学生争做辛勤劳动、诚实劳动、创造性劳动的积极践行者。劳动素养评价为挖掘学生的专业能力潜质提供了基本素质保障,使学生在专业知识的学习中发扬吃苦耐劳的精神,形成比学赶超、奋勇争先的浓厚学习氛围,更加有助于挖掘学生的专业能力潜质,为学生未来成为本专业、本行业的卓越劳动者打下基础。建立劳动素养评价结果的长期记录机制,能够客观地反映学生的成长过程,体现学生劳动能力、劳动态度的发展变化,这对其未来求职升学、择业就业、创新创业等都是有益的。学生个体的劳动素养评价结果是检验学生个人成长的重要记录,以建立劳动素养评价线上、线下记录等方式综合反映学生的基本素质,为开展就业推荐、择业指导等提供了背景材料和基础信息。

另外,对学生劳动素养评价做群体性的长期记录分析,是检验和考查劳动教育成果、效率的重要方面。因此,高校可以尝试通过网络化、系统化、平台化的方式采集学生劳动素养评价信息,构建科学合理的劳动素养评价体系,形成劳动素养评价结果的长期记录,推动劳动教育在高校的具体落实落地。

二、院系评价机制

院(系)是大学生劳动教育工作的直接领导者和组织者,对学生劳动价值观的塑造、劳动知识的传输以及劳动技能的掌握具有直接的教学和实践责任。学校劳动素养的评价更多建立在院(系)劳动素养评价的基础上,因此,院(系)劳动素养的评价需要形成独立的劳动素养评价机制。

(一) 成立组织机构

劳动素养评价制度是院(系)人才培养体系的重要组成部分,遵循"客观记录、科学评价、促进成长、融入社会"的基本原则。通过该制度推动劳动教育活动的系统化、制度化、规范化,可实现在校学生参与劳动教育活动可记录、可评价、可测量、可呈现的一整套工作体系和工作制度。

为确保工作有序开展,院(系)成立劳动素养评价工作领导小组,组长由院(系)领导担任,成员由教学人员、科研人员、学生管理等相关教师学生组成,领导小组下设办公室。领导小组负责制度制定、资源统筹、信息系统建设、项目管理、课时认定、档案管理、社会推广等工作。

各院(系)应根据学校实施办法制定相应的工作制度和措施,在院(系)设立工作负责人,通过明确各层级职责分工,定期开展工作培训,建立一支政治可靠、业务精通、运转有力的工作队伍,规范劳动素养评价的发布审核流程,对记录、审核、评价、反馈、申诉等各个环节严格把关，做到便捷、透明、公平、公开。

(二) 项目实施

项目体系是劳动素养评价的实施基础。项目类别为劳动价值取向、劳动知识、劳动技能水平等三个类别，总体目标是让学生通过劳动教育牢固树立"劳动最光荣、劳动最崇高、劳动最伟大、劳动最美丽"的观念；使学生形成与理解马克思主义劳动观和习近平总书记关于劳动的重要论述，体会劳动创造美好生活，体认劳动不分贵贱，热爱劳动，尊重普通劳动者，培养勤俭、奋斗、创新、奉献的劳动精神；具备满足生存发展和创新型劳动需要的基本劳动能力，形成良好的劳动习惯。

劳动素养的评价管理主要通过信息系统进行，按照学院审批的方式实施，原则上项目由相应的教学部门、科研部门和学生管理规章合法注册的学生组织负责申报。相关课程或活动举办时间、指导教师和人数规模应严格遵守学校相关规定要求，合理安排。

(三) 记录评价

记录评价体系是劳动素养评测实施的核心。凡学校全日制本科生在校期间必须经过劳动素养评测考核。

学生通过网络管理系统申请参与劳动素养评测。参与的相关项目结束后，项目负责人将学生参与经历与结果等信息予以认定和反馈，无误后记载在学生劳动素养评价体系中。

(四) 数据管理

信息系统是落实劳动素养评测制度的实施手段，是记录、评价、审核学生劳动素养情况的主要平台，是院(系)利用信息化技术对学生参与劳动教育活动进行全面记录，通过大数据分析，服务学生个性化发展与培养的重要途径。数据管理系统服从学校数字化校园建设的总体规划。

学生可通过信息系统观察、选择、申报、反馈劳动素养评测及实施情况，打印本人的劳动素养评测单；课程相关管理部门可进行课程发布、过程管理、收集反馈，监督、考核、评价、认证学生参与劳动教育的情况，并可通过大数据分析来评估、调整劳动教育活动的实施方式；社会用人单位可通过专门的学生信息查证入口查看相关信息，为在招聘用人中选择学生、评价学生提供重要的参考依据。

(五) 工作运行

院(系)劳动素养评价工作领导小组定期发布大纲和指导手册；院(系)每学期末对学生劳动素养评测情况进行公告，对未完成相应课时的学生进行预警；院(系)对存在弄虚作假等行为的学生，撤销其相关记录和绩点，并按照学校相关管理规定进行处理。

院(系)在对毕业生进行毕业审核时，向学校学生处提供毕业生劳动素养评测，装入学生档案。学生处将劳动素养评测情况纳入综合素质测评。校团委将劳动素养评测情况纳入第二课堂成绩单。学校设专项经费保障劳动素养测评项目的正常运行，并在政策、资源等其他方面给予必要支持，鼓励专业教师、校友等社会力量参与学校劳动素养测评建设。

三、自我评价机制

安全类专业大学生的自我评价是基于自身经验的整体性评价,涉及对劳动项目的关注、劳动技法的掌握、劳动工具的操作、劳动环境的保护等方面。

(一) 学生的自我评价环节

(1) 根据劳动素养评价指标,在劳动小组内展示自己的劳动成果。
(2) 同小组相互比较,与组内其他成员交流劳动经验。
(3) 自己根据劳动素养评价指标,申报劳动教育活动参加情况。
(4) 总结经验、问题,完善下次劳动实践学习和活动。

(二) 学生的自我评价指标

1. 学生自我评价的总体目标

高校应该通过劳动教育使学生理解和形成马克思主义劳动观,牢固树立"劳动最光荣、劳动最崇高、劳动最伟大、劳动最美丽"的观念;体会劳动创造美好生活,体认劳动不分贵贱,热爱劳动,尊重普通劳动者,培养勤俭、奋斗、创新、奉献的劳动精神;具备满足生存发展需要的基本劳动能力,形成良好的劳动习惯。

2. 学生自我评价的基本原则

学生在进行劳动教育自我评价时应该坚持"客观记录、科学评价、促进成长、融入社会"的基本原则,A校大学生劳动教育自我评价参考指标见表4-1。

表4-1 A校大学生劳动教育自我评价参考指标

一级指标	二级指标	三级指标	支撑指标
劳动观念养成(30分)	劳动精神(10分)	参加知名企业家、成功人士、劳动模范、普通劳动者等开设专业讲座、先进事迹报告、专业培训等活动,传播劳动精神(5分)	(1) 劳模大讲堂; (2) "劳动关系与工会"为主题的研讨会; (3) 学院举办的相关活动; (4) 学生申报的相关活动
		通过参与劳动,体会劳动创造美好生活,体认劳动不分贵贱,培养勤俭、奋斗、创新、奉献的劳动精神(5分)	(1) 劳动+校园文化活动(包括文化、学术、艺术等活动); (2) 安全知识竞赛; (3) 劳动技能大赛; (4) 学院举办的相关活动; (5) 学生申报的相关活动

(续表)

一级指标	二级指标	三级指标	支撑指标
劳动观念养成(30分)	劳动动机(10分)	通过在劳动过程中的感悟与思考,明确劳动所追求的目的与意义,达到明确劳动动机的效果	(1) "劳动的名义"主题劳动教育征文活动; (2) "我身边的劳动者"主题调研报告; (3) 学院举办的相关活动; (4) 学生申报的相关活动
	劳动态度(5分)	通过在劳动过程中的心理感受与思考,端正对劳动的态度,进而达到强化劳动意识的效果	(1) 参与劳动活动的学习心得; (2) 在各项劳动活动中的获奖情况; (3) 学院举办的相关活动; (4) 学生申报的相关活动
	劳动品格(5分)	通过参与劳动活动,坚定理想信念,体悟劳动创造的价值,展现参与劳动活动的品质	(1) 学生参与服务的学校管理的服务性活动; (2) 学生干部履职担当情况; (3) 学院举办的相关活动; (4) 学生自主申报的活动
劳动知识学习(30分)	马克思主义劳动观(10分)	通过学习马克思主义劳动观的经典著作和权威解读,深入了解马克思主义劳动观的具体内涵和价值意义,形成和理解马克思主义劳动观(10分)	(1) 学习马克思主义劳动学说的读书会活动; (2) 学习习近平总书记关于劳动的重要论述; (3) 学院举办的相关活动; (4) 学生申报的相关活动
	劳动教育课程(10分)	通过本科阶段不少于32学时的劳动教育主要课程学习,结合学科、专业特点,有机地融入劳动学习内容(10分)	(1) 通论课程:32学时《劳动教育通论》通识必修课; (2) 《大国工匠面对面》特色思政选修课; (3) 劳动经典研读活动; (4) 学院举办的相关活动; (5) 学生申报的相关活动
	劳动理论学习活动(10分)	通过学习习近平总书记关于劳动的重要论述,树立正确的劳动观,崇尚劳动、尊重劳动,增强对劳动人民的感情,报效国家,奉献社会(10分)	(1) 劳动主题相关的科研项目; (2) 劳动主题相关的学术论文; (3) 学院举办的相关活动; (4) 学生申报的相关活动
		通过学习习近平总书记给某校劳模本科班学员的回信内容及精神,牢固树立"劳动最光荣、劳动最崇高、劳动最伟大、劳动最美丽"的观念(10分)	(1) 学习习近平总书记给某校劳模班学员的重要回信精神系列活动; (2) 观看五一劳动节表彰大会; (3) 学院举办的相关活动; (4) 学生申报的相关活动

(续表)

一级指标	二级指标	三级指标	支撑指标
劳动技能培养(40分)	日常生活劳动(10分)	通过抓住衣食住行等日常生活中的劳动实践机会，参与宿舍卫生打扫、校园集体劳动(5分)	(1) 文明宿舍评比； (2) 诚信考试； (3) 校园文明养成评比； (4) 学院举办的相关活动； (5) 学生申报的相关活动
		在家中通过主动分担家务、为父母做饭等多种方式，自觉参与、自己动手、随时随地、坚持不懈地进行劳动(5分)	(1) "我为父母做顿饭"活动； (2) "内务整理，我型我秀"活动； (3) "洗涤缝补，种植养护"活动； (4) 学院举办的相关活动； (5) 学生申报的相关活动
	生产劳动(10分)	通过主动参加劳动实践选修课或其他方式，宜工则工、宜农则农，深入工厂车间、田间地头等生产劳动第一线，感受劳动的魅力(5分)	(1) 劳动实践课程； (2) 学院举办的相关活动； (3) 学生申报的相关活动
		结合学科和专业积极开展实习实训等，重视新知识、新技术、新工艺、新方法的应用，创造性地解决实际问题(5分)	(1) 专业实习、实训 (2) 创新创业类活动 (3) 学院举办的相关活动； (4) 学生申报的相关活动
	服务性劳动(10分)	参与校内公益劳动，助教、助研、助管工作，以及主动在城乡社区、街道、福利院、养老院等公共场所参加志愿服务类型的服务性劳动(5分)	(1) "爱劳动，爱传递"志愿服务项目大赛； (2) 校内系列志愿服务活动； (3) 学院举办的相关活动； (4) 学生申报的相关活动
		通过与普通劳动者一起经历劳动过程，主动参与新型服务性劳动(5分)	(1) 寒假社会实践活动； (2) 暑假社会实践活动； (3) 学院举办的相关活动； (4) 学生申报的相关活动
	创新性劳动(10分)	在专业实践中尝试新方法、探索新技术、解决新问题，培养创新精神和实践能力(10分)	(1) 参加由教育部(省部委)主办的各类大学生学科竞赛，如大学生数学建模大赛、"挑战杯"全国大学生课外学术科技作品竞赛等； (2) 积极参加各种国际比赛、竞赛活动

【核心概念】

劳动教育、新时代劳动教育、劳动素养、新时代劳动素养 大学生劳动素养、劳动价值观、劳动知识、劳动技能、劳动观念、劳动精神、劳动态度、劳动品格、马克思主义劳动观、生产劳动、服务性劳动、创新性劳动、劳动素养评价、自我评价。

【实训拓展】

高校"五好学生"评价标准编制

"五好学生"是指思想品德优良、学习成绩优异、身心健康、审美趣味健康、热爱劳动的"五育"优秀新时代大学生。开展"五好学生"评价的目的是贯彻党的教育方针,鼓励学生锤炼品德修为,刻苦学习、奋发向上,不断提高综合素质,使学生成长为德智体美劳全面发展的社会主义事业建设者和接班人。

(一) 评审原则与范围

遵循"公开、公平、公正"的评审原则,各院(系)成立由党总支(副)书记、辅导员、班主任等教师和学生代表组成的评审小组,负责本院(系)学生的评优工作。

"五好学生"的评选范围为高校全日制在校本专科生、研究生,对外交流学生按照相应交流项目政策确定参评资格。

(二) 评审条件

1. 思想品德

热爱祖国,有正确的政治立场,拥护党的路线、方针和政策,积极践行社会主义核心价值观,具有良好的品行修养和高尚的道德情操,作风正派,遵纪守法,尊敬师长,团结同学,模范遵守《高等学校学生行为准则》和学校各项规章制度,无违法违纪记录。

2. 学习成绩

学习目标明确,态度端正,勤奋刻苦,学习成绩优良,无补考(重修)课程,全年出勤率为95%以上。

3. 身心素质

积极参加体育锻炼,拥有健康的身体和良好的心理素质,良好的卫生习惯,体质健康水平达到《国家学生体质健康标准》要求。

4. 审美情操

具有高尚的审美情操和健康的兴趣爱好,能正确辨别真善美与假丑恶,具有感受美、表现美、鉴赏美、创造美的能力,积极参加各类文化艺术活动。

5. 劳动素养

积极参加劳动教育活动、社会劳动实践和公益劳动等,具有良好的劳动习惯和劳动品质,具有正确的劳动价值观和崇尚劳动、热爱劳动、辛勤劳动、诚实劳动的劳动精神。

6. 测评成绩

"五好学生"综合素质测评成绩在班级排名前30%。

(三) 评审办法

1. "五好学生"的评选比例为参评学生总数(以班为单位)的10%。

2. "五好学生"的评选由院(系)评审小组经民主评议等方式进行，评选结果经公示3天无异议后，提交学生处审核，最后报学校领导审批。

3. 各院(系)组织获奖学生填写《五好学生登记表》(一式两份)，院(系)签署意见并盖章，一份存入学生个人档案，一份留存学校档案室。

资料来源：作者根据相关资料整理。

思 考 题

1. 什么是劳动素养？劳动素养与劳动教育的区别是什么？
2. 简述劳动素养评价的重要意义。
3. 简述劳动素养评价的主要内容。
4. 简述劳动素养评价的基本方法。
5. 简述劳动素养评价的基本机制。

【本章参考文献】

[1]《辞海》编辑委员会. 辞海[M]. 上海：辞书出版社，1999.

[2]《中国大百科全书》总编委会. 中国大百科全书[M]. 2版. 北京：中国大百科全书出版社，2009.

[3] 檀传宝. 劳动教育的概念理解——如何认识劳动教育概念的基本内涵与基本特征[J]. 中国教育学刊，2019(2)：82-84.

[4] 曲霞，刘向兵. 新时代高校劳动教育的内涵辨析与体系建构[J]. 中国高教研究，2019(2)：73-77.

[5] 邵长威. 思想政治教育视域下提升大学生劳动素养的途径探索[J]. 辽宁工业大学学报(社会科学版)，2019，21(4)：98-100，106.

[6] 苏霍姆林斯基. 论劳动教育[M]. 萧勇，杜殿坤，译. 长沙：湖南教育出版社，1987.

[7] 吴式颖等. 马卡连柯教育文集[M]. 2版. 北京：人民教育出版社，2005.

[8] 中共中央马克思恩格斯列宁斯大林著作编译局. 马克思恩格斯选集：第2卷[M]. 北京：人民出版社，2012.

[9] 张铭. 高师院校劳动教育评价指标体系构建初探[J]. 安庆师范大学学报(社会科学版)，2021，40(1)：121-124，128.

[10] 檀传宝. 加强和改进劳动教育是当务之急——当前我国劳动教育存在的问题、原因及对策[J]. 人民教育，2018(20)：30-31.

[11] 王燕. 对新时代劳动素养评价的几点思考[J]. 学校党建与思想教育，2023(2)：42-44.

[12] 莫逊. 基于核心素养培育的高校劳动素养评价机制改革研究[J]. 辽宁经济职业技术学院(辽宁经济管理干部学院学报)，2022(6)：105-107.

第五章
国内大学毕业生职业发展实例

职业发展既需要掌握职涯规划基础理论知识,也需要借鉴别人的职业发展经验。本章通过阐述国内安全科学与工程类专业的职业发展实例,进一步解答学生在职涯规划过程中的现实困惑。

职涯故事

就业与创业孰好孰坏

对于大学本科应届毕业生来说,就业途径选择往往是他们人生面临的一个重要难题,大学生小俞的选择或许给出了正确的答案。

"长长黄条身,中间劈两半。红糖身上撒,蓬松又香软。"红糖馒头伴随着几代人经过了岁月,经历了成长,同一种食物,诠释着越来越"香甜松软"的生活。

小俞的父亲做了30年的红糖馒头,由于健康美味,他家的红糖馒头在埠头当地很有名气,许多外地游客也会前来购买。有一次小俞在家里帮忙的时候,偶然听到外地客户说:"要是在家也能买到你家的红糖馒头就好了。"这让小俞的心思一下子活了起来。他辞去外地稳定的工作,返乡创业,专业化生产红糖大馒头和红糖馒干松,同时注册"俞仙生"商标,并开启了线上平台销售渠道,与周边餐饮服务机构洽谈合作。目前红糖馒头被周边农家乐、饭店等餐饮机构作为酒店餐饮特色主食之选。小俞用自己的创新和诚信把生意做得越来红火,他的实体店一天能卖出800多个红糖馒头。他还经营着一家双皇冠网店。有见识,讲诚信,他是埠头创新好青年。

此外,小俞现在还有另一个身份,埠头镇寺东村的网格员。在加入网格员团队后,小俞积极做好本职工作——排查危旧房、消防检查等,守护网格内的平安。他平时积极参加镇村两级活动,曾当选县共青团代会正式代表。有责任,讲担当,他是就就业业的网格员。

"青春是用来奋斗的",从返乡大学生小俞的青春故事里我们看到了青年该有的创新和拼搏精神,也看到了他立足岗位做到的认真和担当。

资料来源:https://www.010ky.com/wendang/qitafanwen/112648.html。

> **启示与思考**

作为一名安全科学与工程类专业学生,面对未来的就业或创业你该如何选择呢?

第一节 安全工程专业毕业生职业发展实例

安全工程专业是一个伴随中国安全生产事业发展起来的特色专业,重点培养安全生产技术开发、安全管理、劳动保护、安全评价与咨询、职业卫生检测、安全监管监察、安全教育培训等工作的基本能力和素质。本节主要介绍安全工程专业毕业生考研与出国、国企就业与私企创业职业发展实例和职涯规划案例。

一、安全工程专业学生考研与出国案例分享

【案例5-1】春天种下希望,夏日需要发芽

A同学,女,安全工程学院2017级安全工程专业本科生,在校期间担任学院第十三届团总支学生会主席一职,曾获国家奖学金、中华全国总工会奖学金,获得"五好学生""优秀团员"等荣誉称号。2021年考入某高校,在安全科学与工程专业攻读硕士研究生。

【开启大学生活】

4年,学校的每一寸天空都有她仰望梦想的痕迹;48个月,学校的每一棵树畔都有她思考未来的神情;1460天,学校的每一处角落都有她梦想花开的声音。

4年前的A同学,带着自己的梦想,带着家长的叮嘱,来到了"安工大家庭"。上大学之前的她是胆小的、懦弱的,只想做一片碌碌无为的浮萍。但她不想这样一直堕落下去,高考以后她拥有了自己的梦想,她坚信"机会是留给有准备的人的"。进入大学时,她对大学生活进行了规划,一步步地拼搏,一步步地朝目标迈进。

机缘巧合下,学长(学姐)找到了她,为她推荐学生会这个能够展示并提升自己的平台,也是学长(学姐)的鼓励让她迈出了改变自己的第一步,走上了蜕变之路。她说道:"4年以来我一直在为自己的梦想努力奋斗着,细数大学4年的小美好,感触颇深。"

崇德力行,用良好的品德修养提升自己

歌德说:"思想是导游者;没有导游者,一切都会停止,目标会丧失,力量也会化为乌有。"因此,正确的思想是人们行动的指南。A同学在大一的时候就向党组织递交了入党申请书,之后成功通过学院党课学习,并成为班里入党积极分子。不仅学院的党校培训培养了她的政治思想素质,一些优秀党员的先进事迹也指引着她树立正确的人生观、价值观,使她认识到一个人只有在奉献中才能真正实现自己的价值。从递交入党申请书到成为一名预备党员,她意识到这不仅是一项荣誉,更是一种责任。"我要在学习、生活及各种

活动中自觉做好先锋表率，同时带动周围的同学积极向党组织靠拢。"她说道。在平时的学习生活中她时刻以一名优秀党员的标准严格要求自己，跟随党组织学习的步伐，学习习近平总书记重要讲话精神和党的政治理论，积极关注国内外时事，让自己的思想紧随党中央的前进方向。

在生活中，她严于律己、诚实守信，严格遵守学院各项规章制度，建立了良好的群众基础；她以一颗真挚随和的心与人相处，用宽广的胸怀去包容万事万物；她乐于帮助身边的同学，与同学建立了良好的友谊；她尊敬师长，关心集体，爱护公物，文明礼貌，思想品德方面表现优良；她以饱满的热情迎接生活中的每一个挑战，养成了批评与自我批评的优良作风，正确定位自己，从而发扬自己的长处，及时改正不足，也养成了良好的生活规律。

智慧学习，以扎实的专业基础武装自己

爱因斯坦说："我要做的只是以我微薄的绵力来为真理和正义服务。"在大学期间，A同学一直严格要求自己，勤奋踏实、积极主动，认认真真地上好每一堂课，在学好专业知识的同时去涉猎其他专业知识。学习上的勤奋刻苦使她在大学期间获得了一次国家奖学金，两次中华全国总工会奖学金，通过了大学英语四、六级考试。

在学习之余，A同学还会参与老师的科研项目，在老师的指导下，她学习了很多科研知识，掌握了撰写期刊论文的基本方法。通过科研，她熟悉了许多仿真分析软件的使用，并在老师的带领下陆续撰写了多篇论文，其中有两篇已经发表，还有一篇正在投稿。

也是因为有了一些科研经验，A同学更加坚定了自己想要继续进行科研的决心。大四一年，通过自己的努力以及大学期间构建的专业知识体系，她成功地考取了某大学的研究生，为自己的深层次学习开启了新的篇章。

沉浸舞蹈，以丰富的业余爱好充实自己

作为学校体育舞蹈队的一员，大学4年A同学多次在首都高等学校体育舞蹈比赛中斩获佳绩。在2019年首都高等学校体育舞蹈比赛中，她加入舞蹈队代表学校参赛并获得了团体第四名。她热爱跳舞，因为她坚信舞蹈能使人优雅地锻炼身体，让人在悠扬的音乐中、在动感的节奏中完成一些枯燥的锻炼，让人在不知不觉中既锻炼了身体又陶冶了情操。

比赛也让A同学深深地感受到了合作的重要性。一个人的力量是有限的，但是一个团体的力量是强大的，一个问题对于个人来说也许解决不了，但是对一个团队来说也许就迎刃而解了。人生活在一个大团体中，就需要学会与人合作，在竞争中合作，在合作中竞争，这样才会实现共同进步。在大学期间，A同学一边利用自己的学习优势帮助同学，一边不断从同学身上学习闪光点。她将自己在学习中的收获和体验及时与同学分享，带领同学共同进步；同时借鉴同学优秀的学习方法，进一步促进自己前进。在这种相互借鉴学习的过程中，她和同学的成绩都得到了很大的提高。

热爱劳动，以劳模、工匠精神滋养自己

因工作作风踏实、具备领导组织能力，A同学很幸运地被选为学院第十三届团总支学生

会主席。作为一名学生干部,她以高度的责任心和服务意识,无私奉献地为同学服务。在担任学生干部期间,她既体验着兼顾工作和学习的不易,也享受着认真学习和通过工作获得成长的乐趣。作为学生干部,她一直以身作则,积极配合辅导员的工作,顾全大局,踏实做事,发挥桥梁作用,做好年级的学生工作,始终以服务同学为宗旨,对工作尽心尽力,虚心向别人学习,力求进取,在坚持自己原则的同时,接受和采纳同学们的意见,做到有错就改,以集体利益为重,赢得了大家的支持和认可,工作经验和能力都有长足的进步和提高。

一路走来,风雨兼程,磨砺的是品行,历练的是成长。过去的已经成为历史,未来的路还很长。A 同学明白,学习须持之以恒,成功永远都不会降临到懒惰者的身上,当一个人做成功一件事时,千万不要等待着享受荣誉,而应该继续完成其他需要做的事。在校期间的荣誉对于她来说是对过去 4 年的肯定,这已经是一种过去,现在她还要继续努力读书。有更高的追求,才能够有更多的动力,只有更加努力才能不断前进。她说道:"眼泪和汗水是不会背叛我的,我相信唯有努力奋斗,才能有更好的人生,因此,我会一直奋斗拼搏,争取在各个方面全面发展,绝不辜负老师、家长的厚望。"

当回忆自己 4 年的大学时光时,A 同学说道:"4 年里我们见证了无数次母校辉煌的时刻。我们见证了习近平总书记在 2018 年给劳模本科班的回信,我们见证了母校 70 周年华诞,我们见证了学院成功通过实验室认证,我们也见证了学院成功申报全国第一个职业卫生工程专业。我为自己是中劳人感到骄傲,我为自己是安工人而自豪!曾经在学校发光发热的满天星们,如今将化作一团烈火,而这一团浓浓的烈火,将会在今天之后继续散发在全国各地,我们将秉持着'刚健创新,和而不同'的校训,在各自的岗位上发光发热!在未来的几十年中,我们将会把课上课下所学都运用到自己的工作岗位中,做到干一行爱一行,热爱劳动、尊重劳动,弘扬劳动最光荣、劳动最伟大、劳动最崇高、劳动最美丽的劳模精神,为努力成为各行各业的佼佼者而奋斗!"

【步入研究生生活】

通过大学的不懈努力,A 同学终于在毕业后踏入了研究生阶段,本以为等到的是宽松的学习环境、舒适的生活氛围,但当开启研究生生活时,她才发现自己对研究生的理解太过于浅薄。

在学习上,大家是不是一提到研究生,脑子里浮现出来的就是开放研讨式的学习环境,没有固定的上课时间,整天泡在实验室做研究,得空整理实验数据,形成论文,最后发表。没错,研究生的学习生活主要是为了科研,但是科研的基础是什么?是基础知识。比如,在研一时,需要学习仿真软件运行的理论基础,要学扎实流体力学相关内容,这样在学习各种火灾烟气仿真软件时才能更加准确地了解每个参数变化代表的意义,软件计算变化的趋势是否符合实际情况;学习弹塑性力学相关内容时,要掌握有限元方法,这样对管道进行破坏机制分析的时候才能更加准确,在使用 Ansys 有限元分析软件时才能不依赖软件,能够运用有限元知识对于软件结果进行验算,保证结果的真实性。这一切都离不开一个字——"学",在研一要打好专业基础,继续认真听课,继续提升解题技巧,继续承受高强度学习的压力。

在社会实践方面,每一项社会实践都有众多同学勇跃参加,特别是对科研经历有帮助的各种学术创新大赛。所以还没来得及适应研究生生活的 A 同学就跟随同学的脚步参加了学校、学院各种学生组织的面试，虽然很累，但这对她来说是一件好事，有利于积攒更多的社会实践经验。

在生活方面，研究生的生活环境并没有大家想象的那么舒适，大部分和本科时相似，甚至比本科时的条件更局限，其实这样安排更能激发学习热情，不会让人贪恋宿舍的温暖，而是奋斗在图书馆、实验室、自习室等。学习之余，A 同学和其他同学一样，在导师的基本要求下想方设法地延伸，在课程之余学习多种软件编程技能，在这种氛围下逐渐将自己的各方面潜能激发出来。

A 同学认为，真正的研究生生活就像一台启动的跑步机，一旦踏入就必须紧跟它的节奏，否则就会被"甩出局"，但当自己慢慢适应以后会发现，自己各方面的素质都在慢慢地提升。

这就是 A 同学的研究生生活，虽然累、枯燥，但这是她所热爱的、所选择的，并愿意为此付出自己的时间与精力！

【给学弟学妹们的忠告】

(1) 一定要学好本科阶段的专业课知识，这样才能为研究生的学习打下良好的专业基础。因为研究生的课程在该校本科阶段已有，老师是不会再重复讲授的，需要学生自学，没有老师的指导，学习完全靠自己，理解上还是有难度的。

(2) 快速适应新方向的转型。本科阶段的科研经历很重要。因为学校不同，培养方案也会不同，哪怕是一样的专业，在导师组具体的研究方向上也有差异，所以适应新方向的能力就要很强。在本科阶段的科研锻炼很有必要，它能帮助自己提升专业学习能力，也能承担起研究生阶段的科研任务，高效发表学术论文，减轻学习压力。

(3) 研究生是人才集中的圈子，如果不努力而停下来歇歇，很快就会被别人赶超，这样的环境会促使每一个人不愿意被落下，积极去学习、充实自己。本科阶段的学术比赛、文体活动很重要，既能锻炼技能、提升交际能力、增加自信，又能在竞争激烈的当下帮助自己乐观地面对压力，充满战斗力，更好地去学习生活。

【学涯反思与职涯启迪】

A 同学的大学 4 年只是莘莘学子的一个缩影，班级工作、社团工作等各种各样的群团组织都为学生提供了锻炼自己、提升自己的机会。4 年间，学生可以通过各种各样的组织参加各种类型的活动，在各大平台中闪耀着光芒。正如 A 同学所说，比赛活动本身可能只是一个事件，但这背后的能力锻炼、为人处世、个人自信、成就感等是今后人生中无法估量的能量，能帮助自己更有动力地前行！很多同学都计划大学毕业后考取硕士研究生继续深造，也会选择院校和专业，也能通过自己的奋战考取，但为什么要读研，怎么去规划自己的学习，如何和本科阶段的学习衔接起来……可能都没有仔细考虑过。A 同学如果在本科较早阶段就说明确考研目标，可以通过咨询导师、学长学姐、目标院校同学等全面了解考研，找出自己在本科阶段专业学习的重点，那样或许能更好地将本科阶段专业学习和研究生阶段衔接起来，研究生考试时专业课的准备也会轻松很多。

资料来源：作者根据教学案例整理。

【案例 5-2】高职生的"逆袭"之路

B同学，男，2017级安全工程专业学生，在班级中担任过班长、团支部书记，曾获校级一等奖学金，获得"三好学生""优秀团员""校级优秀毕业生"等荣誉称号。2017年毕业后响应国家号召应征入伍，服役于中国人民解放军某部队，服役期间，荣获"中国人民解放军优秀士兵"荣誉称号，受到中国人民解放军嘉奖一次。2019年9月退役，通过退役士兵免试专升本，进入安全工程学院2017级安全工程专业学习劳动安全管理，2021年本科毕业，完成的毕业设计被评为"校级优秀毕业论文"。2021年全国硕士研究生统一招生考试，报考"退役大学生士兵计划"，调剂到某高校资源与环境专业攻读硕士研究生。

【开启大学生活】

越挫越勇，化劣势为优势

B同学的学习经历很特殊。2014年，来自高考压力大省的他没有进入理想的本科专业学习，而是来到了某高职学院数控专业学习。他没有自暴自弃，在新的环境中，他克服学历的劣势，努力让自己变得更优秀。2017年毕业时，他选择磨炼自己的意志品质，响应国家号召应征入伍，服役于中国人民解放军某部队。

凤凰涅槃，从容应对起伏

过往的累积使B同学顺利达到退役士兵免试专升本的要求，他于2019年9月进入安全工程学院2017级安全工程本科专业学习劳动安全管理。从部队退役重新进入校园生活，是需要适应的。本科专业学习的良性竞争还是很激烈的，B同学不仅要赶上大部队的步伐，还要查漏补缺，完善自身专业建设。通过两年的努力，他不但顺利完成本科学业，毕业设计还被评为"校级优秀毕业论文"，并考取了安全工程相关专业研究生。

坚持到底，努力终得回报

当然，B同学的经历也并不是顺风顺水的，在全国硕士研究生统一招生考试时，原本计划利用退役士兵资格报考"退役大学生士兵计划"，以为能轻松过关的他还是由于英语短板没能被第一志愿录取。垂头丧气的他在辅导员的关心建议下，咨询了专业课老师，学院给予了他很多帮助。他最终如愿深造，被调剂到某高校资源与环境专业，学习采矿工程，攻读硕士研究生。

关于调剂，B同学分享了一些心得。调剂中最重要的有两点：一是心态，另一是信息。调剂在某种意义上说就是一场信息战，了解哪些学校有调剂信息是最重要的。通常来说，需要调剂的学生可以去中国研究生招生信息网查找开设本专业的院校、科研院所，在这些招生单位中寻找有调剂名额的单位，然后打电话、发邮件询问学校招生的老师是否有调剂名额、自己是否有机会到调剂的目标院校学习。虽然很多情况下调剂的院校都不如第一志愿报考的院校，但还是有很多好的调剂选择，要根据专业的不同情况来看。联系招生单位的目的是希望得到一个复试的机会。一般来说，能得到调剂学校的复试机会，基本上半只脚已经踏入这所学校了，所以，也不用太过于担心自己不怎么熟悉调剂学校的复试科目。调剂系统是程序上的事情，调剂更多的工作还是在系统之外的。一般来说，如果时间上来得及，可以参加2~3所学校的复试，但是只能接受一所学校的待录取通知，一旦接受了，就被该学校录取了，调剂也就结束了。

对于未来职业生涯的期待，B同学说："我仍旧是想不到10年之后我会在哪里，但是我能想到的是，至少我现在前进的每一步，都是在这座山上，在向上的一步。"所以对于调剂而言，或者说对于考研而言，其实都是让需要调剂的学生有机会去思考，有机会去选择，有机会去改变，至少不会让他们等到不能思考、不能选择、不能改变的时候再去后悔。

【步入研究生生活】

因为调剂时的主动出击，导师非常欣赏B同学的积极性，还在假期就已邀请他加入科研团队，参与到两个国家自然科学基金项目中，这使他感到振奋，积极投入学习、研究，紧跟团队的步伐。

除了科研任务，B同学每天的生活都以上课为主，其余时间就泡在实验室学习。因为是纯工科研究生，实验室也有一个特别的名字——导工室，在那里他可以更好地沉浸于学术，查阅研究方向的文献资料，做好读书笔记。

在紧密的科研时间之余，B同学会参加一些学校活动，以丰富自己的研究生生活。还有一天不落的3km跑，他从部队退役后仍保持着这个习惯，既能强健体魄，又能舒畅心情，也是科研路上的放松利器。

这就是B同学平淡而不简单的研究生生活，他还会结合适应期心得，规划研究生生涯，以不辜负自己多年的求学人生。

【给学弟学妹们的忠告】

(1) 当学业遇到不利环境时，要及时找到解决途径，调整自己的心态，建立能学会、能学好的信心。在基本改善逆境之后，再寻找更积极的方式去全面发展自己，让自己变得优秀、强大。

(2) 调剂不是失败，而是给自己另一种可能，或许会获得更好的机遇。当然，也要考虑清楚自己考研的目的是什么，如果是自己可以接受的结果，那么就勇敢去选择，坚定信念，一样可以活出更好的自己。

【学涯反思与职涯启迪】

这里谈谈什么是"退役大学生士兵计划"。为贯彻落实国务院、中央军委征兵工作有关文件精神，进一步完善高校学生参军入伍优惠政策，鼓励更多高素质高校学生参军入伍，根据《教育部办公厅关于进一步做好高校学生参军入伍工作的通知》(教学厅〔2015〕3号)，2016年起，教育部设立"退役大学生士兵"专项硕士研究生招生计划(以下简称"退役大学生士兵计划")，专门招收退役大学生士兵攻读硕士研究生。通俗来讲，就是给参军入伍的同学考研加分、推免的机会(单独划线)。由于每所学校的招生计划不同，实际落实政策内容不相同。

报考"大学生士兵计划"的退役大学生士兵考生，初试成绩如达到招生单位硕士研究生招生考试的全国初试成绩基本要求，以及符合招生单位确定的接受其他招生单位"大学生士兵计划"考生调剂的初试成绩要求，可以申请调剂到招生单位普通计划中(须参加复试)。符合条件参与调剂的，可按规定享受退役大学生士兵初试加分政策，但纳入"大学生士兵计划"招录的考生，不再享受退役大学生士兵加分政策。

再来说说为什么说这是非常友好的政策。

(1) 学校自主划线。虽然成绩没达到国家分数线，但是上了报考院校自主划线的分数一样有录取的机会。

(2) 大部分学校招生按1∶1等额录取。考研竞争一年比一年激烈，初试过了还有复试这个坎。而1∶1等额复试意味着什么？若报考院校招生10个，那么其自主划线也就是第十名的成绩为录取线。只要初试在这10个人之中，就被录取了。

(3) 部分学校没有单科成绩限制。这个需要关注报考的学校有没有限制，只要总分达到报考院校初试分数线，单科不达线是不影响录取的。

资料来源：作者根据相关教学案例整理。

【案例5-3】从"TPO"中学习人生哲学

C同学，女，2016级安全工程学院安全工程专业本科生，在校期间曾获学业奖学金，积极参加文体比赛，发挥特长优势，获得"文体优胜奖"等荣誉。2019年大四上学期，凭借着大学期间保持的优异成绩和英语水平测试证书，成功申请到与所在学校签订联合培养协议的某大学，攻读硕士研究生。现已在该校进行博士学位的深造。

【开启大学生活】

比起其他同学精彩纷呈的大学生活，C同学的大学生活可能简单很多，但是简单并不代表平庸。四年中，她的规划是很明确的，她因为英语水平较高，希望能到国外学习先进技术，再回来报效祖国。国外高校一般采用申请制入学，学业平均成绩点数(grade point average，GPA)和英语雅思、托福等水平证书是必不可少的。提到安全工程她就有说不完的话，满满的幸福与开心，坐地铁、逛商场，看着生活中的点点滴滴，无时无刻不把它们与专业联系在一起。一直以来，她都无比坚定地相信自己以后一定会从事安全工程领域的工作，以其作为一生的事业。

机会是给有准备的人的。2018年机会就降临了，C同学所在学校注重学生的国际化培养，与某大学开展交流和人才培养合作。完全符合申请要求和热爱本专业学习的她，就这样顺理成章地拿到了国外留学通知书，实现了当年的理想。

C同学为了适应英文学习环境，她听起了TPO听力，当初被折磨到绝望的材料，现在听来倒是别有一番风味。TPO的全称是TOEFL Practice Online，是托福官方出题机构ETS所推出的一款模考产品。每套TPO均包含3篇阅读、6段听力、6个口语任务、2个写作任务——相当于一场标准托福考试的全部内容，其来源是曾经考过的真题。因此，用TPO模考能真实反映考生在考场上的表现，二者的分数也几乎一致。正规途径的TPO绝对是所有托福考生考前"磨枪"的不错选择！

C 同学在分享中说道："从不同教授的用词、语调中总能或多或少找到真实课堂上教授的影子。而除了这些，最让我惊艳的，还是在 TPO 中学到了人生哲学，十分受用。在 TPO4 的第二个讲授中，教授介绍了爱默生最有名的作品《论自助》，一开始我听得浑浑噩噩，不知所云。而细听下去、细品下去又有醍醐灌顶般的领悟，这也是我第一次感受到 TPO 听力的有趣之处。"

认识你自己

C 同学认为，每个人都有自己的想法，这些想法往往是一些普遍真理，只是大多数时候人们并没有发觉。天才与普通人之间相差的或许只是发现自己的能力。

C 同学有时会去思考反省，与自己对话的过程是她发现与认识自己的过程。

相信你自己

C 同学说："我常常会对自己不自信，有时是对一件事情的判断，有时是对自我决定的怀疑。就好像上课时回答老师的问题，不敢确定自己的答案对不对，一定要等到有人说出和我一样的答案之后，我才会把自己的想法说出来。如果遇到我的答案与其他人都不一样(即使我确定我的答案是对的)，我便会自我怀疑，然后缄口不提，甚至人云亦云。"

自我认识、自我相信不仅适用于以前，也适用于当今和 C 同学一样的学生。从小到大，我们一直被师长提醒着早做规划，找准自己的方向就是这个道理。文理分科、选学校、选专业、选未来的职业规划，总有一些人没有自己明确的方向，看着别人学理、考研便也跟着学，却没有问问自己真正想要的是什么。

【步入留学生活】

《企业系统工程》学习经历

C 同学选的第一门课是必修课，原本是打算秋季学期上的，但是一学期四门课实在担心吃不消，她就先提前选了夏季的课程。后来听选过这门课的同学说暑假上这门课是最好的选择，因为可以少一个课题，而且不用为其他课程发愁。

5 周的时间，需要完成一个课题(建立模型，20 页的书面报告和 15 分钟的口头报告)，一个读书报告(原本是两个，后来因为条件有限无法借书就减掉了一个)，4 个作业(小组分工写，一人一题，每题 10 页)，一个学期论文(10 页)。除此之外，每周还有 5 节课和一个班级讨论(针对选题查资料写想法，还要与至少两位同学讨论)。

看完课程安排的时候，C 同学差点退课，但是因为已经找好组员了，她狠狠心、咬咬牙，坚持下来了。幸运的是，组长是一个有十几年工作经验的工程师，他很好地统筹规划、安排任务，在他的督促下，团队每次的作业都完成得很好。

其实在上课过程中挑战是很大的，虽然那时候已经学习了一学期了，但是上学期的课都是数学内容，C 同学还从来没有自己写过一篇文章，所以非常不自信。而在上这门课的过程中，每周 10 页的作业量大大锻炼了她的写作能力，写完之后组长会帮助继续修改。而最开心的时候，不是作业完成或者他们跟她说"good job(干得好)"的时候，而是看到修改完的内容里仍然保留着她原本的语言文字，只是小部分润色，这才说明她写的东西得到了认可，是可以作为合格品提交上去的。

整个课程，她经历了从痛苦到接受的过程。痛苦是因为觉得学的东西和安全工程没有一点关系，没有热情，没有动力。后来她慢慢想开了，既然学了，那不如当作一项技能，以后就业也是能力的一部分。

【给学弟学妹们的忠告】

(1) 当不确定自己大学毕业后是否要出国深造时，可以先不顾虑那么多，毕竟优异的学业成绩谁都不会嫌弃，给自己大学 4 年一个高 GPA，无论将来申请国外高校研究生，还是报考国内研究生，甚至是找工作，都是一个强劲的竞争加分利器。

(2) 一定要激发自己学习英语的兴趣，毕竟现在国际交流还是使用英语的多。

(3) 如果自己的职业生涯规划里有出国深造这一项，请一定找准目标院校，研究它的申请要求，提前制订好目标。

【学涯反思与职涯启迪】

如果攻读硕士期间完成的是学术性质的毕业论文，可以直接继续攻读博士。博士面试时教授问 C 同学，"是不是真的对这个项目感兴趣"。面试后，C 同学也反复地想象着以后的生活、学习、工作，不是翻天覆地，却也大相径庭。5 年前误打误撞，接触了安全工程专业，所有人都劝她转专业，她毅然决然地拒绝，那时的她相信，一切都是最好的安排。所以这次也是，她坚信，仍然是最好的安排。

资料来源：作者根据教学案例整理。

二、安全工程专业学生国企就业案例分享

【案例 5-4】一切都是最好的安排

D 同学，男，安全工程学院 2005 级安全工程专业本科生，国家注册安全工程师，国家一级安全评价师，某市应急管理局专家组成员。2009 年，考入某大学安全技术及工程专业，攻读硕士研究生。2012 年，进入某公司，安全管理综合岗。2017 年，作为某公司合伙人，为企业提供安全生产咨询服务。2019 年，进入某职业技术学院，担任安全智能监测技术专业主任。

【开启大学生活】

2005 年高考遭遇滑铁卢的 D 同学打破了原有的学习规划，原立志当医生的他，在所有志愿落空后，无意间发现并选择了某学院安全工程这个当时还属于冷门的专业。来到学院后，D 同学发现这是一所有历史积淀，人文气息浓郁的院校，校园文化的熏陶弥补了他某些方面的不足。随着对安全工程专业的了解，他更是欣然发现，如果说医生是为人看病的

职业，那么安全工程师就是为企业看"病"的职业。殊途同归，他因此立下了学好专业，以一技之长造福一方的目标。

知行合一，在实践中提升专业技能

或许是一些不实的言论D同学信以为真，或许是高考带来的打击还没有消散，找到一个借口，他在游戏、追剧中过了一个多学期，落下了功课，也出现了挂科的危机。庆幸的是在一次学校组织的优秀毕业生讲座上，讲台上学长们自带的光环深深打动了他，于是他决定奋起拼搏。

改变不是一蹴而就的，大学课业负担繁重，一旦落下要想追上谈何容易。当时的学院党委书记看出了D同学的焦虑，与他耐心交流，鼓励他知行合一，学以致用，把理论和实际结合起来，把学到的理论知识运用到实际行动中，优先掌握专业实践中涉及的核心课程，在实践中提升对专业的认知，通过实践提升专业技能，然后达到触类旁通的效果。之后，在暑期实践中，D同学听从老师的建议去安全生产监督管理局实践，在基础科和危化科轮岗，承担安全检查、安全培训、方案审核等工作，曾经枯燥的知识在那一刻都鲜活了起来。D同学知道了为什么要学习"安全管理学""安全系统工程"等课程，也深刻体会了课程中知识应用的环境和要点，再去翻阅专业知识时，似乎一切都顺理成章了。当时安监系统里专业人才缺乏，D同学积累的专业知识在应用过程中得到了安全管理中队队长的认可，并邀请他毕业后来单位工作。

找到了专业学习的路径，也重拾了学习的信心，D同学接下来的大学学习顺风顺水。实践对于专业能力提升的重要性不言而喻，在之后的工作中也一直帮助D同学成长。

顺势而为，打下坚实的理论基础

大学里大家都很忙碌，有人在学生会组织学生活动，有人在英语角练习口语，有人在实验室做项目，还有人组织社团，发展兴趣爱好。到了大三下学期，D同学还没有明确毕业之后的方向，但是他发现周围准备考研的人逐渐多了起来，很多认识的同学、朋友都在图书馆里学习。在大环境的影响下，D同学当时的想法就是那么多优秀的同学都选择读研，这应该是一个好的方向，于是他也选择了读研这条路。

学习的路上并不孤单，D同学和几个志同道合的同学相互督促，共同进步。冬天天还没亮，他们就起床赶公交去考研辅导班上课，天冷，心热。功夫不负有心人，D同学最终考出了高分成绩。读研期间，导师严谨的治学态度、渊博的知识、乐观豁达的生活态度让D同学受益匪浅，不仅是他学习上的导师，更是他人生的导师。

锦上添花，在快乐中成长

在大学里不仅需要学习知识，更需要学习如何塑造完善的人格。大学不仅仅是学知识的地方，更是一个小社会。大学里有很多兴趣社团，D同学加入了翔远骑行社，在骑行中锻炼身体，磨炼意志，结交友人。旅途的艰辛自不必说，但团队活动的收获很多，时至今日回想起来，他还会怀念夕阳下骑行的时光。

生命中既要有一路向前的勇气,也要有沿途看花的心境。在大学中奋发图强的历程中,D 同学遇到一群有趣又可爱的同学,他们在操场上用锅炉房的煤烧烤,在公园的湖面滑冰,在首都寻觅各色美食,这些点滴成为他一生中宝贵的财富之一。在之后的人生里,得意时朋友善意的提醒让 D 同学百尺竿头更进一步,失落时朋友的加油宽慰让他走出低谷,继续扬帆起航。

兴趣、爱好、情感等这些学业以外的收获增加了 D 同学生命的厚度,成为他之后面临风雨时的依仗。至今他仍感谢所读的大学,他的大学时光是收获满满且快乐的。

【步入企业生活】

硕士研究生毕业后,考虑到家族原因 D 同学选择了回家乡。工作上几次过渡,虽有波折,但也一直前进;生活上遇到自己的爱人,接着成家立业,幸福快乐,满意知足。

进入企业后,D 同学从事与专业相关的工作,仍不忘精进专业。第一次在公司中被领导注意到也是因为将数值模拟的技术运用到台风油罐模型中,提供抗台风的一个新思路。他也因此从一线基层工作岗位被调入公司管理岗位。在这个岗位上大学里的人文积淀显得更加重要,如何处理人际关系、如何协调沟通、如何培训员工能力等。

专业上前进的步伐一直没有停滞,D 同学拿了安全员证,考了注册安全工程师、评价师,通过几年的时间从二级考到一级安全评价师。他又因为是安全评价师有幸被选为某应急管理局最年轻的安全专家,接着从事安全生产咨询工作,再后来通过社会招聘来到某职业技术学院任主任。

从工人到管理层再到教师,是 D 同学勇于接受挑战、不断学习进步的结果,也是他心怀感恩、得道多助的幸运。

【给学弟学妹们的忠告】

制订学习计划

进入大学以后,如何学习完全在于自己。入学伊始就树立一个明确的学习目标十分重要,要做到主动向老师请教在大学是靠自学而不是等老师来教。尤其是希望日后在专业上有所建树的同学,可主动找老师对所学专业进行全面了解,并请老师推荐专业方面的参考书目,制订自己的读书计划。

注重人际关系

读大学是很多人独立生活的起点,建立健康的群体意识和和谐的人际关系很重要。现在的大学生多是独生子女,很多没有体验过宿舍集体生活要想快些适应集体生活,应该注意遵守学校的作息制度,尽量保持宿舍的环境卫生;室友间团结互助、相互关爱,遇事多沟通、多谦让、多忍耐。此外,攀比不可取,要量力而行,把有限的钱花在最需要的地方。

有意识地积累

人生,其实是一个长期积累、从量变到质变的过程。命运的转变就在一念之间,有时需要那么一点点灵感，而灵感的显现需要一定程度的积累。只有厚积，才能薄发；只有不断增加人生的厚度，才能在激烈的竞争中占得先机，在优胜劣汰的潮流中脱颖而出，在茫茫人海中彰显积极的人生理念。

【学涯反思与职涯启迪】

D 同学作为安全工程专业毕业的第一届学生，毕业至今 10 余年，从学生时代的平平无奇到职场中的出类拔萃，是对专业的积累成就了他的事业。D 同学在这一过程中珍惜每一个当下，力所能及地做好身边的事情，做到了十几年如一日，最终收获时间的"玫瑰"。

三、安全工程专业学生私企创业案例分享

【案例 5-5】仰望星空，脚踏实地

E 同学，女，安全工程学院 2010 级安全工程专业本科生，在校期间担任学院第六届学生会主席一职，曾获北京市优秀学生干部、中华全国总工会奖学金。2014 年，毕业后进入某工程局工作。2015 年，考入某大学安全科学与工程专业，攻读硕士研究生。2018 年，硕士毕业后进入某区委工作。2019 年底，自主创业，与本科同学共同创立某科技公司，任公司执行副总经理。

【开启大学生活】

E 同学是一个在南方小山城长大的姑娘，2010 年的夏天，网络还没有那么发达，信息还比较闭塞，她独自拖着沉重的行囊踏上了开往北京求学的列车。

初进校园，当时四周略显空旷的校区着实给 18 岁的 E 同学带来了人生第一次无助与迷茫。能不能在这座城市留下自己的身影？能不能在自己所学的专业上有所建树？将来能不能找到一份满意的工作？一个接一个的问题涌上心头，不断叩问着初入校园的她。在第一次新生大会上，学院的党委书记认真地告诉新生，安全是一项伟大的事业，安全人也是一群伟大的人，因为他们可能在不经意间救下一个人甚至一群人的生命。

懵懂的 E 同学当时并不能完全领会书记的意思，只是暗暗告诉自己，既然有救人命于水火的机会，那就一定要在大学四年的时间里扎实学习基础知识，认真学习技能，严谨地面对每一门学科，不能在将来面对危险和隐患的时候由于专业疏漏"掉链子"。

带着这个心愿，E 同学一头扎进安全的知识海洋，一游便是 10 多年，时至今日，每当面对企业安全管理问题，面对培训的学员，当年老师的教诲就会萦绕在她的耳畔，每次登上讲台，她都仿佛就回到了第一次新生大会的现场，她也终于能够用 10 多年的所学所感、所思所得为安全从业者做出一点点贡献。

敬畏专业，做安全的守护者

孔子说："防祸于先而不致于后伤情。知而慎行，君子不立于危墙之下，焉可等闲视之。"想要在专业中有所建树、有所发展，必须首先对安全工程专业有敬畏之心，有了敬

畏之心，便能鞭策自己谨言慎行、夯实基础。

求学期间，除了基础课程，E 同学对专业课程的求索更加热切，如安全评价、社区安全、安全系统工程、安全心理学等专业度高的课程，10 年前的专业书籍、老师讲课的笔记，至今仍放在案头，她会时不时翻看学习，虽已日久，仍能在现在的工作中给予她新的思路和帮助。专业课的学习在大三、大四期间尤为重要，E 同学并没有以考研、找工作为借口疏忽专业课的学习，学院的教师对安全行业的发展形势有着极强的洞察力，课程中融合了大量的典型事故案例及工作方法，都是将来工作中必不可少的利器。

扎根现场，做风险的把控者

安全专业从业者所处的基层和现场多数是建筑施工、危化、道路运输、矿山企业，都是每年安全生产事故频发的高危行业。拿起笔就能算，拿起表就能检查，看到风险就能警觉，看到隐患就能整改，这是硬实力，也是安全人最大的魅力所在。所以，要想让自己更专业，从安全员成长为安全总监，能够在做培训的时候侃侃而谈，扎根基层和现场是安全人必不可少的磨炼自己的过程。

E 同学本科毕业后进入建筑施工行业，在简易的彩钢瓦房中与项目施工工人同吃同住；硕士期间，她经常跟随导师进入井工煤矿中调研实习，并与矿工一起在宿舍中生活，了解他们真正的安全需求和安全工作；硕士毕业后，她申请到危化企业继续做安全工作，每天在各种各样的特种设备和管道中穿梭，了解了危化行业的特点和更高标准的管理要求，积累了丰富的现场安全管理方法和经验。正是有了建筑、煤矿、危化行业基层现场工作的背景，在创业过程中面对不同企业的现场需求，在做培训的过程中面对学员提出的不同现场安全问题的解决方案，E 同学才能更加自信从容地应对。当企业的安全管理人员信服地竖起大拇指的一刹那，E 同学觉得所有在现场工作时吃的苦都是今后工作中最闪闪发光的地方。

锻炼表达，做培训的践行者

在语言表达能力上，安全从业者要做的不仅是让自己明白，更多的是让其他人明白，让"人人会安全"。所以语言表达能力的培养 E 同学从大一开始就提上议程了。

大一期间，E 同学带领学院辩论队，首次打败法学院，拿到了校辩论赛的冠军。工科学院辩论赛拿到冠军，着实引起了大家的思考。

大学期间 E 同学代表学院参与了多次校级、北京市级演讲比赛，都取得了较好的成绩。正是因为四年大学时间的不断演讲练习和积累，在她工作后第一次登上安全培训的讲台时，让学员有了眼前一亮的感觉。语言表达能力的积累也是 E 同学如今从事安全培训工作的源泉和动力。

【步入创业生活】

E 同学是从体制内走出来开展创业的，刚开始的阶段，会有极大的舆论压力和发展压力，并且会有强烈的不稳定和漂泊的感觉，创业的压力真是深造和工作时不能匹敌的。

资金的筹措、项目的来源、员工的保障，都是创业者首先要面对的难题。放弃稳定的工作、体面的生活，E 同学吃着泡面套着报纸熬夜粉刷办公室墙壁，下着大雪在刺骨的寒风中等候在投资方办公室楼下……

所幸的是，创业路上有大学同学一路互相扶持、互相支撑与奋斗，即使在最黑暗的时期，依旧能够围炉夜话，像大学时一样，吃着火锅唱着歌，与同学一起奋斗，这也是 E 同学对专业的执着和坚持。

【给学弟学妹们的忠告】

(1) 一定要学好本科阶段的专业课知识，为接下来所有的发展通道打通关卡，不论是读研、考公、就业还是创业，只要在专业领域发展，或多或少都需要本科阶段专业的支撑。

(2) 与专业指导老师建立稳定长久的师生关系。一定要和学院老师多交流，多向他们请教和学习，他们的专业水平和意见足够学生受用一生。

(3) 寒暑假期间如有机会，尽量选择工业企业或者建筑施工企业进行现场实习，要深入现场，了解工艺流程及现场工作中的安全要求，为今后的发展打下基础。

【学涯反思与职涯启迪】

大学四年只是莘莘学子的一个缩影，班级工作、社团工作等都为其提供了锻炼自己、提升自己的机会。大学时的人际圈也会是今后安全工作过程中的人际圈。大学生一定要通过大学四年宝贵的时间，尽量多地走出寝室，走出舒适圈，与更多的同学建立友谊，与更多的学长学姐、学弟学妹进行交流。同时，大学时期一定要多参与班级、学生会、社团工作，这个阶段积累的工作经验和锻炼的组织协调能力也会在今后的工作中闪耀光芒。

大学四年时光宝贵，一定要在最好的青春里闪出最耀眼的光芒！

资料来源：作者根据相关资料整理。

第二节 职业卫生工程专业毕业生职业发展实例

职业卫生工程专业是一个伴随中国职业病防治事业发展起来的新专业，重点培养学生职业危害因素的辨识、检测与评价、职业危害工程控制与职业卫生管理方面的知识和能力。本节主要介绍职业卫生工程专业毕业生出国与考研、国企就业与私企创业职业发展实例和职涯规划案例。

一、职业卫生工程专业学生考研案例分享

【案例 5-6】考研这一年

F 同学，女，安全工程学院 2016 级职业卫生工程专业本科生，在校期间担任职业卫生班班长一职，曾获中华全国总工会奖学金，获得"三好学生""优秀团员"等荣誉称号。2020年考入某科技大学土木与资源工程学院安全科学与工程专业，攻读硕士研究生。

【开启考研生活】

从开始准备考研到拟录取名单出来,这一年多考研生活终于落下帷幕。不管结果好坏,E同学得到了自己想要的结果——被某科技大学录取。

一年"紧张"的考研时间表

刚准备考研的那段时间,一切都很迷茫,她不知道怎么做,也不知道用什么资料,想的就是走一步看一步,先制订计划,一周一周地布置任务,一天完成制定的学习量。看了很多知乎上的内容,阅读了很多公众号内容,最终明确了自己需要的资料。

暑假的时间安排是:早上六点半起床,晚上十一点多回宿舍。晨读一个小时,八点吃早饭,八点半开始做数学题,中午小睡20分钟,下午一点开始做英语真题,三点半政治,晚上专业课,大概是这样安排的时间表。冬天的时候,裹紧羽绒服,做不下去题的时候,就出去绕着校园转了一圈又一圈,一边转圈一边默背自己想起来的问题。

忙里偷闲,及时调整状态

日复一日,就到了考试的时间。现在看来,一年的时间过得很快,快到不知不觉就要毕业了。虽然是一个人吃饭学习回宿舍,但F同学每周日都会"睡个懒觉"以做休整,七八点起床再去图书馆。每个月都会点一次外卖,用美食犒劳自己。心情不好的时候,F同学就会出去散散心。最差的状态该是10月份吧,她每天做题注意力都不集中,背诵也会背着背着就走神。好在后期通过自我调节她改变了这个状态,写日记、写微博,偷偷"发泄"负面情绪,只要一走神就写,写完就好;或者去图书馆找书看,心情就好了,状态就回来了,然后回到自习室继续学习。

感谢考研路上的陪伴者

在备考的一年里,F同学非常感谢室友的理解与包容,因为早起会打扰她们睡觉,早睡关灯也会影响她们。F同学回忆道。她说:"我很感谢我的好朋友们,她们会陪我出去疯、出去闹、出去吃饭,我需要她们的时候,她们一直在,只要我需要她们,她们都会陪我。我们去了植物园、世园会、国家博物馆、故宫等,那些很难熬的日子里,她们都一直在。"

在备考的一年里,F同学在图书馆里遇到的那些同学都是她一直往前走的动力,他们去得很早,离开得很晚,都会相互鼓励、相互加油。

在备考的一年里,F同学很感谢她的老师们,老师们的帮助、理解和关心也是她前进的动力。她说:"还记得九十月份,韩老师看到我就会问我最近怎么样,状态如何,关心我是不是觉得压力很大,因为脸色可能不太好。"因为忙于备考,F同学在班级工作方面有些疏忽,但罗老师没有过分苛责,只是说要多注意工作,备考要劳逸结合。

在备考的一年里,F同学很感谢家人。妈妈每天都会问她状态怎么样,过得开不开心,吃了什么,特别是后期。姐姐工作很忙,但每周都会视频,问现阶段感觉怎么样,钱够花不，吃得好不，告诉她不要有太大压力。她谦虚地说："我一旦完成我自己定的任务我就不想学了，但是一看到别人都还在图书馆里，我就觉得别人都好努力，我就是一条咸鱼。这时姐姐就会安慰我：'你任务都完成了，还担心啥，说明效率高。'可能确实是这样吧，姐姐一直这样鼓励我，是的，一直。姐姐还帮我做过报考院校对比，让我放宽心考，我也告诉自己可以的。姐姐一直是我前进的动力，也是我学习的榜样，因为姐姐很优秀。"

在复试阶段，F同学很感谢老师们给予的鼓励和心态上的帮助，还有认识的三个小伙伴一起"云"复习"云"监督，很幸运，他们都考上了理想的学校。

【步入研究生生活】

一年奋战没有白白付出，换来了F同学研究生生涯的小美好。

她遇到了专业上的小美好，能够发挥自己本科所学，有前面的基础，研究生学习生涯顺利开启。全新的学习氛围，良性的竞争，开放的学术科研，让她对之后的学习充满信心。

她遇到了生活上的小美好，感恩缘分，又收获了一群好室友和帮助自己的老师、支持自己的同学、研究生的生活依旧五彩斑斓。

她遇到了人生中的小美好，要不是当时的信念，不是自己一年的坚持，不是考入某科技大学的研究生，那不知是否还会和他遇见，能否写出这样的故事。

【给学弟学妹们的忠告】

(1) 如果决定了考研，一定要考虑清楚自己考研的目的是什么，毕竟攻读硕士研究生不是人生最后的出路，不能将考研作为逃避大学毕业后工作的路径。一定要明白它只是一个缓冲阶段，一个丰富自己知识技能的机会，而不是就业的选择。所以，大学生一定要明确自己要的是什么，这样才能有动力，打好持久战，打赢考研战。

(2) 考研目标的选择需要考虑专业、学校、城市等因素。如果一心搞科研，那么其他都是浮云了，一所学校里的王牌专业值得选择；如果希望能在毕业院校上有所提升，那么就要考虑目标院校的招考要求，综合考虑和自己的匹配度；如果希望留在某个城市发展，那么学校的选择就要考虑地域了，这样研究生两三年的资源库建立就很重要了，能为将来在这个城市立足打下坚实的基础。

(3) 考研最后仿佛考的已经不是知识了，而是心态：是否能够坚持，抵得住诱惑，耐得住寂寞。考研人，加油！相信自己是可以的！选择了就不要放弃，绝不后悔！

【学涯反思与职涯启迪】

F同学分享了她在备考研究生这一年的经历，让我们能体悟到她当时的状况和付出的努力。在这里提一点，F同学的故事里，出现频率最高的表达大概就是感恩了吧，希望学弟学妹能够在不顾周遭一路向前奋进时，也能偶尔回头总结一下人生，看看身边的事和物，要时刻感恩在成长路上帮助过自己的人。当自己羽翼丰满、展翅翱翔之日，也能以感恩之心，反馈帮助他人。

【案例 5-7】于无声中超越，在榜样下前行

G 同学，女，来自安全工程学院 2017 级，是学校首批 394 名"五好学生"中的一员。"五好学生"是她履历中新添的荣誉，荣誉背后，是她四年多来一路成长的积淀。入学以来，她的成绩始终保持班级第一，连续三年获得国家励志奖学金。这带给她的不仅仅是荣誉，更多的是鞭策。2021 年 6 月，她从职业卫生工程方向毕业，考取了某大学城市建设与安全工程学院(城建学院)资源与环境专业研究生。

【开启大学生活】

勤勉努力，成就自己

"努力"是 G 同学的代名词，她相信"上天不会辜负每一个努力奔跑的人"。无论在什么情况下，她都不放松对自己的要求。她目标明确，并且严格要求自己："提高课堂的学习效率，课后做作业时用心一些，就能把基础打得更扎实。"不管是线上学习还是线下学习，变得是上课方式，不变得是一如既往的认真和用心。提前预习打好基础，两倍速听课更加专注，课后练习巩固知识，这些都是她为提高学习效率付出的努力。

遇到压力时，G 同学会将这份力量化作前进的动力，保持乐观的态度，"要去接受挑战，直面压力，然后不断磨砺自己"。她积极向身边优秀的人学习，发现问题，找到短板，然后抓住机会提升自己。每一个奋进的过程都是她向上的足迹，她一直在超越自己、成就自己。

恪尽职守，臻于化境

除学生身份外，G 同学还有其他身份——校团委青年发展部干事、勤工助学岗位负责人、安全工程学院第十三届团总支学生会团总支副书记。这些课余经历让她的沟通能力、组织能力、逻辑思维能力不断提升。

当工作与学习任务较为繁重时，G 同学会对自己的时间进行合理安排——列出一个清单，将任务按重要性排序，再依次在规定时间内完成。对她来说，学习和工作都不能懈怠，这其中伴随着"牺牲"和压力。用她的话来说，成为一名学生干部后，工作的结果对自己、同学、学校都可能会有影响，所以保持高度的集体意识、集体荣誉感是很重要的。她在工作中总是全心全意地做好每一件事情，以实际行动为同学、为学院、为学校做好服务工作。

为了能够更好地完成自己作为学生干部的工作，G 同学在校团委青年发展部组织并参与"青年与成长"和"青年与选择"学生干部系列公选课来充实自己的生活，也通过课程学会了把更多的想法付诸实践的方法，为自己的工作积累了经验。

广泛涉猎，精益求精

大学期间，G 同学还积极参与各种课外活动。大二时，她参加了第八届"青春心向党，建功新时代"团日活动盛典暨百年五四盛典，并在其中组织策划了一场话剧表演。除了作品获得团日活动一等奖的好成绩外，她还留下了许多难忘而温暖的回忆，结识了志同道合的良师益友。她说："他们教会了我许多东西，在那样一个大家庭里，无论是一件多小的事情，大家都会认真地去做。"在首届"五好学生"的表彰座谈会上，她提到了爱因斯坦的"人的差异在于业余时间"，这句话正是她丰富课余生活的写照。回过头来，她能看到自己各方面的成长。

G 同学喜欢做有意义的事。大一时，她参加了"三农"协会，与社团成员一起去一所小学支教。为此，她精心制作了幻灯片，与小朋友一起互动，上了一堂有趣的英语课。她说："我觉得这是一次很有纪念意义的经历，看着那些孩子开心的笑脸，我有实现了人生价值的感觉。"她还积极组织并参与了"一月一书"读书会活动、"图书漂流"活动；与同学们一起参加了第六届北京高校法治动漫微电影大赛，提交的作品《半步天堂》荣获三等奖。除此之外，她还积极投身世园会志愿者招募宣传推广活动，参加了"寻找身边的劳模"等寒假社会实践活动，为学校、为社会贡献自己的力量。

心怀感恩，砥砺前行

G 同学在一个其乐融融的家庭氛围中长大，她的父母都是朴实的农民。她的父母常常会与她分享快乐，也会在她难过时给予安慰。家人是她的支柱，会给予她源源不断的能量。"他们是家长，是老师，也是朋友。我现在拥有的一切都是他们给的，我很感恩。"她有些哽咽地说道。这些年，她从父母的身上看到了很多闪光的品质——诚实守信、脚踏实地……"他们没有让我出生便含着金汤勺，却给了我莫大的精神财富；他们没有很高的学历，却给了我很好的家庭教育，"她吐露出自己的心声，"你想要自己的孩子成为什么样的人，自己就要先成为什么样的人。"父母的言传身教也让她在生活中保持着勤俭节约、不铺张浪费、不盲目攀比的生活作风，还形成了乐于助人、尽心竭力的处世风格。

2019 年 12 月 29 日，G 同学成为一名中国共产党党员。她一直以党员的标准严格要求自己，积极向党组织靠拢。她说："加入党组织是一件特别荣幸的事情，但这不是光环，而是一种责任和担当。从学生党员的角度看，我更应该起到先锋模范带头作用，不断提升自己。"2020 年，她给安全工程学院 2020 级的学弟学妹讲了一堂党课，说道："希望学弟学妹们可以选择适合自己的方法和建议，也特别希望我可以帮助到更多人。"

2021 年，她获得了全国总工会机关团委授予的"优秀共青团员"荣誉称号，并被学校评为首批"五好学生"。"特别荣幸，很感谢学校的悉心培养、老师的耐心指导，还有同学们对我的支持和帮助，"她感触良多，"这不仅仅是褒奖，更是对我一直以来认真工作的肯定，是对未来道路不忘初心的激励。"

G 同学认为，未来充满未知，但她有着一种侠客精神："尊重自己内心的想法，跟随着自己的信念走，无论面临什么境况，为自己而战的勇士都会死不旋踵、万夫莫敌。"

【步入研究生生活】

G 同学研究生时期的研究领域为通风除尘工程。大学四年，除了基本的专业学习外，她把更多的精力放到了学生工作上去锻炼能力、积累经验。所以，她对职业卫生工程，可能只是略懂皮毛，在考研选择学校时，一看到导师的科研方向，就心向往之，但也了解到该领域学习的强度和难度。不过，既然选择读研，就是为了增强专业技能，服务于将来的就业，就是奔着研究去的。

G同学表示，很难用更多言语去赘述自己的研究生生活，还是用开学两个月的工作清单来带大家走进她的学习生涯吧。例如，完成加油站项目报告；撰写智库项目；继续修改事故统计分析报告，查阅国内相关权威期刊文献；总结关于火灾调查人员的概况，关于激光粒度分布仪的评标说明；学习Fluent模拟软件；研讨会报名；等等。

此外，G同学还有学院、支部、班级等其他事务未列出，这可能远超大学四年的工作量，但既然选择了这个专业，忙碌一点倒也显得生活充实了，的确两个月成长很多。她会牢记自己"五好学生"的称号，始终严格要求自己，继续做学弟学妹们的榜样。

【给学弟学妹们的忠告】

(1) 一项工作既然选择了承担，就要坚持到底；既然做了，就用心做好；既然耗费精力了，就一定要总结宝贵经验，用于指导后面的工作，也分享给后来人。

(2) 本科阶段还选择了辅修财务管理第二专业，正如(1)中所述，既然选择，就做好它，在失去很多周末的岁月里坚持下来，获得了两个学历证书。辅修有用吗？没有必然的益处，但可以拓宽知识面，也是提升自己能力的好机会，说不定还有下一个机遇等着你呢？有备而无患！

(3) 如果本科的专业是调剂的、无感的，那么请不要再在研究生专业上耗费自己的精力，一定要对学习有所规划，人生在世也不过几十个三年，更何况只过七个有余，一定要把握当下，只争朝夕。

【学涯反思与职涯启迪】

G同学是老师最有感触的学生，是学生，也是朋友，更是老师；是学习工作上的好拍档，也是可以学习的榜样。

二、职业卫生工程专业学生西部计划案例分享

【案例5-8】将青春奉献到祖国最需要的地方

西部计划志愿者H同学，是学校2020届职业卫生工程专业毕业生，现服务于某人民政府，从事服务"三农"的工作。

【开启志愿服务】

20岁的年龄能做些什么？有的人选择考研、出国继续求学深造，有的人选择走入社会、踏进职场，有的人将热爱投身事业，通过创业实现自己的梦想……也有这样一群人，践行着将青春奉献到祖国最需要的地方的誓言，选择了参与到大学生志愿服务西部计划中去。H同学用他的志愿行动给出了他最好的回答，讲述了他的无悔青春。

【步入西部计划】

黔江区培训的几点感想

2020年的培训采取线上"云"培训加线下培训的形式。H同学到达黔江区，入住团委安排的酒店，培训内容包含市团委组织的"云"培训和黔江区团委组织的介绍区情、心理健康科普和青春榜样分享会等。

结合习近平总书记给某校毕业生的回信，接下来主要从三个方面来谈下培训时H同学的感想。

一是志存高远，把握战略机遇，助力区域的经济发展。黔江区属于重庆东南区域的经济中心，但相对于主城区还是比较落后，因而要把握好战略机遇，在配合好重庆与成都唱好"双城记"的同时，也要立足自身的优势，与周边区县发展"渝东南武陵山区域城镇群文旅融合发展"先行示范区，根据上级的统筹安排筑牢生态屏障，发展绿色经济，联动周边的发展，通过政策扶持，搞好乡村振兴事业，立足乡村振兴、产业振兴等，以点带线，逐步发展成渝东南经济发展线路，进而形成经济强区、文旅融合示范区。

二是生逢其时，肩负重任，助力脱贫工作的顺利完成。2020年是脱贫攻坚的最后一年，消灭贫困户是2020年的最大目标，但在黔江区仍有贫困户的存在，作为一名西部计划的志愿者，有责任帮助这些贫困户脱离贫困。要完成这一任务，首先要了解当地贫困户的需求，其次要帮助政府落实好贫困户的相关政策，最后要做好贫困户的回访工作，保证贫困户不再返贫。在了解了黔江区的相关政策后，H同学发现其实很多贫困户都是因为不了解政府的相关政策，对政府工作缺乏认同，且基层工作人员对政策的落实做得不到位，一直未脱贫。当下的主要任务还是应该切实了解各项扶贫政策，协助基层工作人员普及政策、落实政策，彻底消除贫困。

三是脚踏实地，立足自身专业优势，将个人理想追求融入党和国家的事业。作为一名安全工程毕业的学生，报效国家的最好方式就是运用大学四年所学的专业知识去为当地人民做贡献，为当地的经济发展做保障服务。在培训过程中，H同学大致了解了黔江区容易发生的事故类型：自然灾害主要有洪涝灾害、山地滑坡灾害等；由于临山临水，还容易发生溺水事故；部分采矿企业会发生一些责任事故；等等。大部分事故都是人为造成的，因此增强人们的安全意识是减少安全事故发生的重要前提，首先需要了解当地的安全普及状况，其次要了解各项安全政策的落实情况，最后要做好不定时的安全检查工作。

"在培训之前我很迷茫，我不知道我所要服务的单位是哪里，我也不知道我所服务的单位需要我做什么工作，我不能确定我是不是能发挥出我的作用，但在培训之后，我对之后一年所服务的地点有了方向，有了目标，进而充满了动力，培训彻底点燃了我的满腔热情，渴望着将我的热情洒在黔江这块土地上！"G同学振奋道。

在镇政府工作纪实

工作岗位是镇政府党政办，每天九点上班，下午五点半下班，最近有扶贫督查组来这边督查扶贫工作，因此周六日也在加班。初来乍到，什么都不懂，在同事的带领下，H同学逐渐熟悉了办公室的工作方式。

党政办的工作相当于整个政府机构的运转中心，负责处理上级下发的文件，还负责各部门下发文件的整理，并处理各种琐事杂事，如准备会议、接待来访者等。刚来时，H同学也因为这些烦琐的事情而忙得摸不着头脑，还好有主任的悉心教导，同时各个办公室的同事也都对他很照顾。最难的是语言这一关，他对于西南官话只能听懂七七八八，而且是慢速的情况下，但这边说话普遍都很快，平时交流也都是带有方言的西南官话。因此，前几天他比较沉默，显得内向，也不敢随便搭话，后来大家和他说话的时候都用普通话了，非常照顾他。其实按理来说他是要学习这边的语言的！几天下来，他已经能大概听懂领导的指示了，这是在慢慢进步！

由于下班时间比较早，H同学的业余生活很丰富。他本就是马拉松的业余爱好者，喜欢长跑，最近因为在家待了半年，胖了许多，所以就想着重新捡起自己的爱好——长跑。最惊喜的是同事小胡也是长跑爱好者，两人相约一起去跑步。来这边一周了，每天都坚持5千米跑步，就在27日小胡同学还跑了一个半马，而且是在晚上跑的，挺令人佩服的。他在小胡的带领下用跑步和行走的方式完成了19千米的路程，跑步的速度很慢，和他之前的数据不能比，果然人如逆水行舟，不进则退！单位有个健身房，虽然不大，但是该有的设施都有。小胡在知道他不会跳绳后，极力邀请他学练跳绳，于是，他成功在一个小时里完成了个位数的突破！

虽然在这边一切都要重新开始，一切都有挑战，但H同学更希望也更期待未知的生活、未知的挑战。正如培训老师所说，西部计划者——聚是一团火，散是满天星。他坚信自己能够在西部地区发挥自己的光亮，为党、为祖国、为人民贡献自己的力量！

【给学弟学妹们的忠告】

(1) 年轻的时候能有这样一个经历挺好的，它确实是一笔宝贵的财富。现在大学生生活条件普遍不错，享受着现成的物质条件，远离父母、吃苦锻炼的机会反而成了稀缺品。大学生西部计划志愿者工作已经开展了这么多年，前来的年轻人对于这项计划的了解还是很深入的，大多数人上岗前只要调试好自己的心理状态，就能适应工作。

(2) 本科的专业学习不能少，只有夯实好理论基础，才能更好地去服务基层建设；与此同时，学生工作的历练也不能少，这样才能有更多的工作经验开展志愿服务，为祖国建设添砖加瓦。

(3) "每天锻炼一小时，健康工作五十年，幸福生活一辈子。"如果我们的工作岗位业余时间生活比较单调，千万别只埋头在电子产品中，锻炼身体，培养兴趣，丰富生活，陶冶情操，可以有更强健的体魄，更多的活力，服务好祖国建设。

【学涯反思与职涯启迪】

大学生志愿服务西部计划是团中央、教育部根据《国务院办公厅关于做好2003年普通高等学校毕业生就业工作通知》和2003年全国高校毕业生就业工作电视电话会议精神的要求而实施的,财政部、人事部给予了相关政策和资金支持。这项计划从2003年始,按照公开招募、自愿报名、组织选拔、集中派遣的方式,每年招募一定数量的普通高等学校应届毕业生,到西部贫困县的乡镇从事为期1~3年的教育、卫生、农技、扶贫以及青年中心建设和管理等方面的志愿服务工作。

鼓励青年知识分子到实践中去、到基层和艰苦地区去经受磨炼,健康成长是我们党和政府的一贯方针。动员大学生到西部去、到祖国和人民最需要的地方去建功立业,对于促进西部贫困地区教育、卫生、农技、扶贫等社会事业的发展,拓宽大学生就业、创业渠道,培养和造就一大批既有现代科学文化知识,又有基层工作经验和强烈社会责任感的优秀青年人才,弘扬"奉献、友爱、互助、进步"的志愿精神,推动经济社会持续快速健康发展,都具有非常重要的作用和意义。

资料来源:作者根据相关资料整理。

三、职业卫生工程专业学生私企就业案例分享

【案例5-9】主动考CIH证,创造工作新机会

I同学,女,2021年6月毕业于职业卫生工程本科专业,大学期间接触过职业卫生相关课程,现在是某公司的助理工业卫生师。该公司是专业管理技术咨询企业,在职业安全、工业卫生、国际教育合作等领域拥有国际权威级专家,专门为全球跨国企业提供各种工业卫生安全咨询服务。作为助理,I同学的工作包括协助管理技术咨询、辅助办公室日常工作、协助现场采样、技术资料查询和整理、培训管理运营、会议和国际教育合作等。

【开启大学生活】

务必学好理论知识,服务职涯发展

I同学认为,一定要学好理论知识,服务职涯发展。

一是学好专业课程。如果从事职业卫生检测的相关工作,那么职业危害检测技术这门课就非常重要,并且其相关的法律法规一定要了解。

二是如果有去外企的打算,一定要学好专业英语,并且要对国际上的法律法规有一定了解(如ISO45001、ANSI Z10)。

三是可以提前开始考取证书的学习,I同学建议大家考取美国注册工业卫生师(CIH)证,这个证考核50多年来一直是全球认可的衡量CIH专业的黄金标准,而且现在很多外企都需要CIH人才。此外,它的考核范围和职业卫生方向的课程有很大部分重合,包括噪声、振动、毒理学、统计等。

积极尝试专业实习，积累工作经验

I同学提到，一开始就要有清晰的职业规划，不仅在就业前规划，而且在进入公司之后要对自己的规划进行相应调整，立足于实际。不限于专业技术能力的提升，入职之后如何融入公司的企业文化、如何更好地与同事合作都要有清晰的规划，这会对开始一份工作很有帮助。找工作时记得先查清楚公司性质，小心上当受骗。也要问清楚实习的期限、实习期和正式的工资、工资结构、五险一金、假期、每天上下班的时间、加班费、各种补贴、福利待遇、食宿安排，以及自己的工作范围和职责。

I同学还提到，沟通和合作能力的提升，如何更好地和同事合作，如何更高效地衔接工作，如何清晰地汇总工作情况……都是提高工作效率的关键。

丰富多彩的校园生活，助力就业成长

I同学大学期间每天保持一定的运动量，天天宅在寝室不利于身体健康，可以慢跑，以利于身心健康。尽量保持充足的睡眠和规律的作息，根据上课课表和个人学习安排午睡。良好的睡眠是健康工作的基础。平时要注意排解学习、工作、生活、交际等方面的压力，必要时可以咨询心理咨询中心的老师，排解不良情绪。提升独立生活能力，学会基本的烹饪、收拾家务等。这些都是I同学的经验之谈。

【步入企业生活】

I同学在大四第一学期末就开始在某公司实习，刚一毕业就正式入职。其工作范围包括协助会议举办，2020年学校举办第一届职业卫生工程年会的时候，I同学所在公司是会议协办方，当时她就参与了工作，现场邀请到众多行业内专家和大咖。

除了协助举办会议，常规工作主要集中于技术资料查询和整理、培训管理运营等方面。公司一项很重要的业务是CIH和CSP(美国注册安全师)的课程培训，这个工作在美国已经做了40多年了，在我国(不包括港澳台)也开展了6年多。I同学平时主要负责的是线上课的维护和运营，每年面授课的准备、招生，其实工作性质比较接近助教。技术资料的整理和翻译是日常工作中占用时间比较多的一项，此外还需要和现场人员对接，撰写工业卫生监测报告。工作中有很多英文资料，监测报告也需要中英文两版，有时会遇上中文不太好的讲课专家，所以I同学建议大家：如果去外企，英语(包括专业英语)一定要好好学。线上课运营的工作中，平时公司会有一些线上课或者讲座，需要提前做好通知和公众号，然后和讲师对接，需要确认讲师那边的设备和软件都没有问题，在讲座开始时负责开启直播、介绍讲师、主持和控场，结束后需要将直播回放进行剪辑，然后上传到公司的线上课小程序并备份保存。

现场的工作，公司不会经常派女生去，到目前为止I同学只参与过高温、噪声的检测和空气采样，还有后续的数据整理和制图，这方面主要就需要Excel办公软件和计算机辅助设计(computer aided design, CAD)的技能了。前不久，I同学去过一次水泥厂做空气采样，现场工作一般都不会太复杂，只要会使用仪器并把数据和现场情况记录下来就可以，但要注意个体防护，生命安全是第一位的。I同学去水泥厂采集的是关于呼吸性粉尘和呼吸性

结晶二氧化硅(α-石英)的个体空气样品,以确定它们对工人的潜在暴露风险。简单来讲,她需要做的就是提前校好采样泵的流量,到了现场之后将旋风分离器、采样介质还有采样泵连接起来,并将其挂在工人呼吸带区域,然后让工人正常工作就可以了,一般要采够8个小时,这期间她需要去每个岗位巡检,记录现场情况。

I 同学在大四找工作的时候就是冲着专业对口的工作去的,但是一直没有特别适合自己的岗位,那个时候都快放弃了,准备随意找份工作先就业,后来遇到了现在的这家公司。虽然 I 同学专业知识学得不是很深入,但是因为公司本身有教育培训业务,所以可供学习的资料很多,也有接触国内外专家的机会,对于个人来说这是一个非常好的发展平台,并且满足了预期,所以她就果断去实习了。

总的来说,I 同学找工作的过程中并没有遇到太大困难,其实一开始有明确的目标、不要太挑剔,都能找到满意的工作。毕业后的第一家公司能否给个人带来提升是最重要的,毕竟大多数人都不会在一家公司或同一个岗位干到老,所以找工作的时候也要注意看这家公司是否有培养人才的能力。

【给学弟学妹们的忠告】

(1) 关于职业卫生工程方面的专业课学习,像毒理学基础、噪声与振动控制、工业通风与除尘这些课程当时 I 同学都是没有学过的,加上现在工作比较忙,再学这些就有些吃力了(而且外企的教材全都是英文的),所以 I 同学提示,一定要重视专业课的学习。

(2) 外企的材料全都是英文的,监测报告也需要中英文两版,而且有时会碰上中文不太好的讲课专家,所以 I 同学建议:如果要去外企,英语(包括我们的专业英语)一定要好好学。

(3) I 同学还建议,找工作时不要犹犹豫豫、好高骛远,要脚踏实地,结合自己的职业规划做出合适的选择,或者"骑驴找马",在不是和规划差异太大的前提下,尝试创造机会。

【学涯反思与职涯启迪】

在外企工作需注意:

(1) 外语能力,特别是口语。在外企工作,外语好有很大的优势,领导会直接让你去接待外宾,在增长见识和开拓思维方面会有很大的助益。

(2) 注重形象。俗话说:"佛要金装,人靠衣装。"外企很注重个人的形象,因为这也从另一个方面说明一个人对工作的重视程度。

(3) 人际关系。外企在某些方面会更看重人际关系,因为这能说明一个人有没有团队合作精神和具备进入管理层的能力。

(4) 善于表达自己的观点。外企偏好有自己独特见解的人,毕竟他聘请员工不是来混的,而是要给公司带来效益的,只要观点正确,能为公司创造价值,领导一定会很赏识。

(5) 勇于创新,充实自己。工作要靠实力,这需要不断地学习新知识,思维不能停留在一个阶段,要与时俱进,当某天你进入管理层,而你的思维模式还停留在当下属的时候,那么你的下属提出新的观点时,你可能就不能接受了。

资料来源:作者根据相关资料整理。

第三节　应急技术与管理专业毕业生职业发展实例

应急技术与管理专业是一个伴随中国应急管理事业发展起来的新专业，重点培养应急技术与管理方面研究与开发、分析与设计、管理与评价、检测与监控、教育与培训、应急救援与事故处理等应急能力与素质。本节主要介绍应急技术与管理专业毕业生职业发展出国与考研、国企就业与私企创业实例和职涯规划案例。

一、应急技术与管理专业学生考研案例分享

【案例5-10】吹单簧管的学霸姐姐

J同学，女，安全工程学院2017级应急技术与管理专业本科生，在校期间担任班级组织委员，曾获中华全国总工会奖学金，被评为"五好学生""优秀团员"。2021年考入某高校，攻读硕士研究生。

【开启大学生活】

J同学认为，保持着高考学习的劲儿，大一的学习还是很好适应的。数理化是J同学的强项，与此同时，初入大学她对新鲜事物比较好奇，所以学习之余加入了学生会、社团以及球队，结识了一群在学习和生活中共同进步的朋友。她参加了校团委大艺团，是器乐队的队长，发挥了儿时的特长，既能做自己喜欢的事情，又能获得锻炼的舞台，大一生活充实而美好。

大二较大一而言，J同学能够较好地把握学习与生活的平衡，参与了科研项目、社会实践项目等，逐渐对专业有了自己的认知，并产生了浓厚的兴趣，这也是她毕业时选择考研的重要启发点。

大三，J同学认真投入到专业课的学习当中，开始研究生入学考试备考。她当时的目标很明确，就是本专业考研；她很适应北京的生活，也向往首都的环境，学校就找到了对口的北京一所大学。

大四顺利通过考试，完成毕业论文。大四下学期有过与专业相关的实习，在实习过程中J同学逐渐找到自己对于专业方向研究的兴趣点，为之后的学习打下了基础。

【步入研究生生活】

J同学的研究生生活可以说是比较平衡的，既有学习的机会的，也有生活的空余，可以规划好自己的科研任务，也能发展自己的兴趣爱好。

【给学弟学妹们的忠告】

J同学想对考研的学弟学妹说：

(1) 坚持下去就有书读，可以适当焦虑但不要就此放弃。

(2) 劳逸结合，提高效率。

(3) 找对专业兴趣点，挖掘自己的潜能。认知自己职业能力和探索职业环境的最好方

法是实习,一定要找机会参与,这样才能更好地了解自己该有怎样的职业规划。

【学涯反思与职涯启迪】

个人体会是通过参观和实习法(体验法)探索行业环境、组织环境及岗位环境的职业认知方法。参观是指到相关职业现场短时间地观察、了解。通过观察,可以了解职业相应工作的性质、内容、环境及氛围,获得实实在在的职业感受。参观的优点是能得到切身的感受,缺点是无法对职业的实质深入了解,易被营造的氛围迷惑。实习是到职业场所进行一定时间的打工、兼职或教学实践。实习是一种比较全面地了解职业的方法。实习可以更深入、更真实地对职业的工作任务、工作要求、工作环境及个人的适应情况进行了解与判断,可以了解工作的程序、报酬、奖罚、管理及升迁发展的信息,也可以通过与工作人员的实际接触,感受职业对人的影响及人职和谐情况。大学生的职业生涯规划问题突出表现在两个方面:一是对于专业、兴趣和职业的困惑,二是存在社会参与和适应的问题。大学生的迷茫也来自两个方面:一是不了解自己,二是不了解社会。这些都可以归因于缺乏社会实践。参加社会实践的意义在于认识自我和改造自我。

人们只有在各种不同的环境下,才能真正全面、清晰地了解自我、了解职业。社会实践是一种很好的、真正了解自己的方式。大学生应该通过不同的工作环境、不同的工作经历,形成清晰的自我形象,同时注意自己的感受和反应;尽可能多地寻找和获得不同的生活经历,并把这些生活事件和经历结合起来,找到价值观、兴趣和技能之间的联系,用更复杂的方式思考自我。改善与生涯决策有关的自我知识也是一个持续的过程。社会实践能够帮助大学生不断改造自我,使大学生更快地实现社会化。大学与高中的不同在于,大学是进入社会的过渡期,是进入社会的预演;学校与社会的不同在于,衡量人才的参照系不一样。通过社会实践,大学生可以更深刻地认识社会、了解社会,发现认识上的偏差。学校教育以知识积累为主要目的,而职业领域更看重能力和素质。职业在满足现实的生存和发展需要之外,还有一个重要功能,就是通过和别人共事来克服自我中心的意识。换句话说,职业化的过程就是社会化的过程,而克服自我中心,为职业做准备是大学生这个年龄段的重要人生课题。

资料来源:作者根据相关资料整理。

二、应急技术与管理专业学生国企就业案例分享

【案例 5-11】在劳动中学会成长

K 同学,男,安全工程学院 2015 级应急技术与管理专业本科生。目前就职于上海某公司,担任安全部门负责人。

【开启求职生活】

当年 K 同学初入职场和社会,还是懵懂无知。刚参加工作那会儿,他也渴望有人可以指导工作,有人可以请教问题。很庆幸,他刚到公司时,的确有一位同校的学长带着他适应新环境和工作。现在他工作稳定了,成为安全部门负责人,独立分管项目,他希望把学

校"传帮带"的精神延续下去。

刚开始K同学对这个行业也不是很了解，本着专业对口加入了上海这家公司。

【步入企业生活】

K同学分生活和工作两部分来谈企业生活：

首先生活上。项目上吃住行都是有保障的，住宿肯定是住在项目附近，很少有项目是上下班还需要坐车来回的，吃饭也是每天都有供应的，只要是与工作有关的出行，费用都是可以报销的，所以在生活上，要是节俭些，一个月理论上是可以做到"零开销"的。公司的项目管理人员整体也是趋于年轻的，K同学所在的金融街项目有17位管理人员，平均年龄27岁，所以大家相处起来基本也不存在代沟问题。每年的新生都是有导师带的，刚到时也会有人带着慢慢熟悉项目工作、项目生活，所以前三个月工作强度都不会太大。有些项目处于抢工期，可能会出现加班的情况，当然不是一个人在战斗，项目部管理人员肯定都是一起在奋斗，而且刚来项目，接触得越多，学习得就越快。打个比方，项目上的生活和古代的军队生活很相似，需要打仗了共同拼搏、各尽其能，一旦战争胜利，项目上也是会犒赏三军、论功行赏的，所以到项目上不必拘束，可尽情发挥自己的优势。K同学刚到公司时，公司领导这样讲：第一年既是实习期，也是免责期，有什么问题都有师父担着，大家各尽其能、尽情发挥。金融街项目就有一位跟K同学一届的技术人员，在实习期为项目创优，创造了大概160万元的经济效益。

再说工作。公司比较注重新员工培养，都是安排导师带徒一年，意味着在新入职的见习期(一年内)，新员工可以尽情地发挥自己的想法，所有的责任导师承担，当然导师也会在这一年内负责给新员工安排任务，教新员工如何进行工程管理。接下来讲工作内容。K同学对口的专业是安全管理，项目上的工作部门主要分为工程部、合约部、物资部和安全部，各部门各司其职又互相联系，大家也都清楚自己的专业，这里给大家简单地介绍一下每个部门。

工程部：由工程技术人员组成，主要是对项目施工的质量和进度进行把控与跟进。

合约部：又称商务部，从这两个名字也不难理解，合约主要是对项目上甲方、乙方签订合约；商务是计算项目施工成本与开销。

物资部：主要负责施工现场所需的材料、人员所需的劳保用品、办公用品的采购与供应。

安全部：首先，安全部有一个立场绝对不能动摇，就是要保障现场每一位施工人员和管理人员的人身、财产、健康安全，项目上安全管理要做到"零伤害、零事故、零火灾"。不管施工质量、施工进度，只要发现违章作业，就有责任去制止，有不服从安全管理、屡教不改的，一定要清退出项目部，做好相关记录，这在一定程度上也能保护好自己。安全部要做好每一位进场施工人员的入场教育工作，在入场教育时就要提高自身的威信，留好每一位入场人员的身份信息和教育记录。

【给学弟学妹们的忠告】

(1) 这些工作等到项目上，肯定会有更专业的前辈指导，如果现在身边有留在机关工作的同事，这些前辈一定都是富有工作能力和经验的，要虚心请教，不断学习实践，在工作中加强理论学习。

(2) 安全岗位做不了项目经理，因为不懂得施工工艺和技术，不懂施工图纸与工程量，所以安全岗位的员工可以考虑学习技术，先考注册安全工程师，再考一级建造师，把证考上了，知识也学到了，公司补贴也不少，在竞争激烈的就业市场也会更受欢迎和青睐。

(3) 关于职业发展，最基础的还是职业规划，在发展中把握机遇，夯实自己的技能，才会有更广阔的明天。

【学涯反思与职涯启迪】

安全工程类的男生相当受大型施工类工程公司欢迎。因为特色突出，一些学院已设立应急技术与管理专业，更符合当下党中央将不断健全防范化解重大风险体制机制，显著增强突发公共事件应急能力，明显提升自然灾害防御水平，更加有力地发展安全保障，将公共安全上升到国家安全层面。

该专业毕业后主要从事大型施工工作，从事施工现场安全管理、现场安全教育、工伤事故处理、安全施工方案编制及审核、施工安全防护用具配备与管理及现场安全档案管理工作。安全工程类专业的工作环境可能是工厂、工地等一线，比较累，相对而言，男生的承受能力更强，在体力等方面也有优势。先从安全工作干起，不过一定要把自己过渡到技术人员，多学点东西，掌握先进技能，累积经验，以后成为某个行业的专家后还可以做些安全审查、安全评价的工作，有一定的发展前景。

三、应急技术与管理专业学生考公案例分享

【案例5-12】如果梦想有颜色，我的必定火焰蓝

L同学，男，安全工程学院2017级应急技术与管理专业本科生，曾任职班级体育委员、校篮球社社长。在校期间曾获得"文体优胜奖"三次。考取2021年国家公务员，现就职某消防救援总队管理指挥岗。

【开启大学生活】

首先说说学习的观点。在大学的学习中，专业基础科目很重要，贯穿整个四年的学习，甚至在今后就业中都有需要这些知识的地方。应急技术与管理专业培养具有公共行政学、管理学等交叉学科知识，初步掌握应急管理知识体系，能够在各级政府应急管理专业部门以及企事业单位从事公共管理并擅长危机评估和应急管理工作的专业人才。

在学校参与学生工作也是很有必要的。可以提高社交能力以及提前适应在工作中遇到的一些突发情况和人、事。大学四年的干部工作不仅锻炼了L同学为人处世的能力，还符合他的兴趣、特长。与志同道合的团队一起工作，既事半功倍，也产生了坚固的友情。

生活上可以多多参与其他的课外活动，在保持一定运动量的同时，不仅能有一个健康的身体，也能交到更多朋友。在大学期间L同学跟随校篮球队参加比赛，也有更多的机会到其他学校参观交流、开阔眼界。他最后通过自己的努力和实力，成为校篮球社社长，风靡一时。

【开启公务员之路】

2021年即将面临毕业，这个专业方向出校后究竟能做些什么呢？从字面上的意思就不难知道应急管理方面的工作，那消防救援可能是最为贴切的职业了。所以当2020年国家公务员考试招录公告一出，看到消防救援那一刻，L同学就明确了自己的想法。更巧合的是，家乡所在省市有招录。既能发挥专业优势，又能实现个人理想，还能建设家乡，真是不二的选择。

当然学习公务员相关备考知识的过程是枯燥又痛苦的，但是贵在坚持，只有沉得下心学习才有机会考上心仪的岗位。L同学每天都在一成不变的做题和解析中度过，但是坚持一段时间后，模拟时发现成绩真的有很大提升。

面试的内容也是需要多学习、多练习的，保持一颗平常心去面对考官，最重要的是保持自信，不怯场。当时消防救援岗位的报考还要求心理测试和体能测试。心理测试方面主要是一些行为性以及人格性分析的测试，还有一些简单的算术题；体能测试则是立定跳远、俯卧撑、1500米跑测试，只要平时坚持锻炼就比较容易通过！

【给学弟学妹们的忠告】

(1) 公务员备考无外乎行测和申论两科，过程比较枯燥，可以培养自己的解题兴趣点，或者多掌握一些解题技巧，提高自己的成就感；也可以给自己设定一些小目标，当达到时，奖励自己一小时的运动时间，或犒劳自己一顿大餐，或看一场电影，激励自己不断提升成绩，顺利通过笔试。

(2) 有坚定的理想信念，要对职业有所规划，不要分心太多，一会儿想考研，一会儿想找工作。踏踏实实多练习，国家级公务员也不是没有可能。

(3) 要适应初入社会的工作，在校期间的专业学习是基础，工作锻炼是提升，强健体魄是资本，所以一定要把握好大学四年，丰富自己的人生。

【学涯反思与职涯启迪】

首先，我们探讨一下专业。应急管理关系到公众的生命和财产安全，涉及政府的应急职能部门，必要时需要多部门联动并协调合作。因此，要遵循以下基本原则：一是以人为本，安全第一。把保障公众的生命安全和身体健康、最大限度地预防和减少突发事件造成的人员伤亡作为首要任务，切实加强应急救援人员的安全防护。二是统一领导，分级负责。在党中央、国务院的统一领导下，各级党委、政府负责做好本区域的应急管理工作。在政府应急管理组织的协调下，各相关单位按照各自的职责和权限，负责应急管理和应急处置工作。企业要认真履行安全生产责任主体的职责，建立与政府应急预案和应急机制相匹配的应急体系。三是预防为主，防救结合。贯彻落实预防为主，预防与应急相结合的原则。做好预防、预测、预警和预报工作，做好常态下的风险评估、物资储备、队伍建设、完善装备、预案演练等工作。四是快速反应，协同应对。加强应急队伍建设，加强区域合作和部门合作，建立协调联动机制，形成统一指挥、反应灵敏、功能齐全、协调有序、运转高效的应急管理快速应对机制。充分发挥专业救援力量的骨干作用和社会公众的基础作用。五是社会动员，全民参与。发挥政府的主导作用，发挥企事业单位、社区和志愿者队伍的作用，动员企业及全社会的人力、物力和财力，依靠公众力量，形成应对突发事件的合力。同时，增强公众的公共安全和风险防范意识，提高全社会的避险救助能力。六是依靠科学，依法规范。采用先进的救援装备和技术，充分发挥专家作用，实行科学民主决策，增强应急救援能力；依法规范应急管理工作，确保应急预案的科学性、权威性和可操作性。七是信息公开，引导舆论。在应急管理中，要确保社会公众的知情权，做到信息透明、公开，但是涉及国家机密、商业机密和个人隐私的信息除外。不仅如此，还要积极地对社会公众的舆情进行监控，了解社会公众的所思、所想、所愿，对舆情进行正确、有效的引导。

其次，讨论下备考公务员。学习从来都没有一定之规，每个人都应该有自己的复习方法、适合自己的习惯和条件，有的人在职备考，有的人准备几个考试，有的人还要考研，所以不同的人复习方法不尽相同。在备考过程中，最重要的就是要自己思考、自己总结，养成思考的习惯可以在面试时有更好的基础和自信的表现。

如果自学效率很低，不自律，没有方向，不知道如何评估自己的实力，找专业老师指导是一条捷径。备考时找一位靠谱的老师或者机构辅导，可以帮自己节省更多时间，尽快摸透笔试的套路。

(1) 从真题入手。公考是没有官方教材的，真题就是最好的教材。从真题中可以看出公务员考试到底考查的是什么，可以最直接地感受到这种考试，判断自己到底是否擅长，或者擅长哪一部分。真题一定要认真做，国考历年的题目、省考历年的题目、其他省考的题目都应该在考试之前完成。

(2) 一定要进行模拟考试。很多人做题目没有毅力，做几道题或者十几道题就不愿意做了，这其实不是一个好习惯。不要觉得一定要先学习技巧，再进行系统模拟；不要去逃避做题和模拟，要从第一天开始就定时120分钟，直接完成一套题目，这样在考试的时候才能够游刃有余。复习第一天就开始做模拟题，直到考试前一天。每天至少做一套模拟题，一般都是每天两套模拟题。120分钟一套的模拟题可以给自己带来巨大帮助，具体如下：

① 一套120分钟量的模拟题能够全面模拟考试时候的那种紧张状态，在真正考试的时候才能够做到不慌张。很多考生考试之后都后悔没有完成，有地方失误，等等。这都是因为模拟不够。当你天天模拟的时候，对于题目的把握就可以烂熟于心，每一次自己模拟时按时间做各个部分，到考试的时候，不看时间也能大概知道自己花了多少时间。

② 能够了解到自己是否有提升，随时掌握自己的学习动态。很多人学习了很多答题技巧，刷了很多题目，对于自己是否有提升没有感觉，只有不断模拟才能够感受到自己的提升，也才能够激励自己，让自己朝一个目标不断前进。

③ 模拟可以让自己不懒惰。惰性谁都有，把一套题目作为自己一次的目标，随时保证自己的题量和复习动力。120分钟题目做完，然后对答案、改错题、记错题，这一套完成之后，基本上一个上午或者一个下午就过去了，每次不愿意看书的时候就做一次这样的模拟，保持自己对题目的敏感，最重要的是让自己不被惰性吞没。

(3) 要技巧，慎刷题。公务员的教材会教很多解题技巧，有一些是非常有用的，如逻辑推理题目中的找规律一类题目，如果没有教材系统辅助，自己去找规律还是有点困难的。但是不能够囿于技巧，技巧是在自己熟练运用的基础上才能够发挥作用的，公务员考试时间非常紧，如果技巧不够熟练，很容易在一个题目上浪费时间，从而打乱做题节奏。比如，一些言语理解中找主旨的题目，如果一上来就找关键词、找逻辑关系、找整体结构，可能会陷入混乱，还不如直接读一遍然后靠语感去做，效率可能更高一些。

L同学的意思是根据自己的需要，每次做完题之后自己总结一下：哪些方面的技巧要提高，哪些方面要更加熟练，哪些方面要注意细节。归根结底是要把题目做出来，所以刷题是基础，做的题多了，自然对很多题目就有感觉和思考了，做题效率自然就上去了。

(4) 多思考、多总结。不要让自己陷入题海而盲目乱撞，每次模拟之后都要总结哪一部分做得好，哪一部分做得不好，然后有针对性地复习和练习，针对自己的短板进行补齐，还有就是对一些题目要有取舍。

(5) 申论怎么办。以上说的都是行测的复习方法，关于申论怎么复习，L同学认为答案是没有太好的办法。因为申论太过主观，文笔和阅读不是短时间就可以提升的，但是可以在自己能力范围之内想办法来提高。比如，与朋友一起复习申论，相互批改，沟通交流。再如，多读官方文章，主要集中在《人民日报》《半月谈》等上。上面有很多评论员的文章，是非常好的申论文章典范，申论可以按照那个方式去写。申论需要注意两点：一是不要写得拖泥带水，精练最重要；二是卷面整洁。

其实公务员考试是考查一个人综合能力的考试，它与高考不同，高考考查的是具体的知识，而公务员考试考查的是能力，具体的知识并不是很多，如阅读理解的能力、查找资料的能力、逻辑思维的能力，这些能力在工作中是用得到的。难不难，要分人，对很多积累多、阅读广、思维清晰的人来说，公考是不难的，所以如果想在公考中取得好成绩，加入公务员队伍就要广泛地阅读，拓宽自己的知识面，多思考，锻炼自己的思维能力。

资料来源：作者根据相关资料整理。

【核心概念】

学科、专业、职业发展、安全工程、职业卫生工程、应急技术与管理。

【实训拓展】生涯人物访谈报告撰写

职业探索是指增强对自我和环境的认识与了解，以促进个体职业发展的活动，主要方法有查阅法、讨论法、体验法和生涯人物访谈法。其中，生涯人物访谈法是通过与一定数量的职场人士(通常是自己感兴趣的职业从业人员)，特别是成功的人或失败的人交流，了解职业的知识、技能需求、待遇和发展前景的方法。

生涯人物访谈是大学生职业选择和职业定向的一个自助平台，是在校期间职业生涯规划的一个环节，是一种获取职业信息的有效渠道，其目的在于使学生了解和认识社会需求、职业需求、职业环境及基本状况，帮助求职者(尤其是在校大学生)检验和印证以前通过其他渠道获得的信息，并了解与未来工作有关的特殊问题或需要，如潜在的入职标准、核心素质要求、晋升路径和工作者的内心感受等(这些信息是通过大众传媒和一般出版物得不到的)。生涯人物访谈还能帮助大学生正确认识自己的优势和不足，从而制订更加合理的大学学习、生活计划。

(一) 生涯人物访谈操作流程

1. 认识和了解自己

加强对自己的了解和认识，可以借助一定的工具(如霍兰德职业倾向测试、职业能力测量表、职业价值观自测量表或测评软件)分析自己的兴趣、性格、技能和工作价值观。(注意：可以使用各种测评工具或软件，但不能迷信。)

2. 寻找生涯人物

结合自己的兴趣、技能、工作价值观、教育背景和已掌握的职业知识列出未来可能从事的几个职业，然后在每个职业领域寻找3位以上在职人士作为生涯人物。生涯人物可以是自己的亲人、老师和朋友，可以是他们推荐的其他人，也可以借助行业协会、大型同学录或某个具体组织的网页来寻找其他职场人士。(注意：生涯人物的职业应是自己向往的。每个职业领域的生涯人物应结构合理，既有初入职场的人士，也有工作了一定年限的中高层人士；正式访谈前，对生涯人物的信息掌握得越全面越好，姓名、职务和联系方式是必需的，对于可以在生涯人物的讲话、文章或者大众传媒和单位网页上可以获得的信息要尽可能地收集和熟悉。)

3. 拟定访谈提纲

结合目标职业信息设计访谈问题，对生涯人物的访谈可以围绕以下要点(见表5-1)进行：行业、单位名称、职业(职位)、工作的性质类型、主要内容、地点、时间、任职资格、所需技能、市场前景、行业相关信息、工作环境、工作强度、福利薪酬、工作感受、员工满意度等。

表5-1　生涯人物访谈的要点

职业资讯方面	生涯经验方面
(1) 工作性质、任务或内容	(1) 个人教育或训练背景
(2) 工作环境、工作地点、工作时间	(2) 投入该职业的决策过程
(3) 所需教育、个人资格或经验	(3) 生涯发展过程
(4) 所需训练、技能	(4) 工作心得体会
(5) 收入或薪酬范围、福利	(5) 对工作的整体看法
(6) 就业机会	(6) 获得成功的必备条件
(7) 组织文化和规范	(7) 未来职业规划
(8) 相关进修和升迁机会	(8) 对后辈的建议
(9) 未来发展前景	

4. 预约并实地采访

预约方式有电话、社交软件、电子邮件和普通信件等，其中电话方式最好。预约时，首先介绍自己，然后说明找到他的途径、自己的采访目的、感兴趣的工作类型以及进行采访所需要的时间(通常30分钟左右)，确认采访的日期、时间和地点。(注意：联系前的准备要充分，电话联系时还应备好纸和笔，以备临时电话采访；联系时一定要有礼貌，时间要短。)

访谈方式有面谈、电话访谈、线上访谈。最好是面谈,面谈前,采访者一般可以用已经从其他渠道了解的生涯人物的好消息轻松打开话题。之后就可以按设计好的问题开始访谈了。遇到生涯人物谈兴正浓时,采访者要乐于倾听,给生涯人物留出提供其他信息的机会。在访谈结束时,请生涯人物再给自己推荐其他相关的生涯人物,这样就可以以滚雪球的方式拓展自己的职业认知领域。

5. 访谈结果分析

在一个职业领域采访 3 个以上的生涯人物后,用职业信息加工的观点来分析,对照之前自己对该职业的认识进行比较,找出主观认识与现实之间的偏差,确定自己是否适合这一行业、职业和工作环境,是否具备所需能力、知识与品质,形成书面总结报告,进而详细地制订大学期间的自我培养计划。如果访谈结果与自己之前的认识严重脱节,就有必要进入另一个职业领域开展新一轮生涯人物访谈,形成生涯采访报告(见表5-2)。

表5-2 生涯采访报告样例

访谈人物:		从事职业:	
访谈时间:		访谈地点:	
职业资讯:			
生涯经验:			
访谈心得与反思:			

资料来源:作者根据相关资料整理。

(二) 生涯人物访谈注意事项

(1) 采访前为自己准备一个"30 秒的广告",因为在访谈过程中生涯人物可能会问采访者的职业兴趣和求职意向。

(2) 面谈前,应征求生涯人物的意见,视情况对谈话进行录音,或书面记录,或不记录。

(3) 面谈一定要守时、简洁,不浪费他人时间。

(4) 访谈结束后,对于不允许访谈现场记录的内容应迅速补记。

(5) 采访结束后一天之内,要通过合适的方式表示感谢。

思 考 题

1. 什么是生涯人物访谈法？请结合自己的专业，采访行业内一位前辈，写一篇《生涯人物访谈报告》。

2. 考研需要考虑的因素和所做的准备有哪些？

3. 就业需要具备的能力有哪些？

4. 创业需要做哪些准备？

5. 结合所学和自身实际，撰写一篇《大学生职业生涯规划书》。

【本章参考文献】

[1] 苏文平，丁丁. 本科生职业生涯规划与就业指导案例集[M]. 北京：北京航空航天大学出版社，2019.

[2] 张兵仿. 大学生就业指导教程[M]. 北京：时事出版社，2016.

[3] 李雄德. 大学生职业发展与就业指导[M]. 南昌：江西高校出版社，2008.

第六章
国外安全专业人员职业生涯实例

相比国内职涯规划案例，国外职业发展案例也是广大学生在职涯规划中非常关注的一类案例。本章通过阐述国外安全科学与工程类专业教育状况、安全专业人员职业能力与素养要求以及专业人员的职业初期、中期和后期实例，帮助学生进一步拓展和增强职业规划过程的国际视野。

职涯故事

在跨国公司就职的陈博士

陈博士于1997年在上海某大学获得工学学士学位，专业为船舶及海洋工程，主要研究方向为水动力学数值分析，随后赴挪威某大学继续学习，分别于1999年和2003年在获得了硕士学位(海洋技术专业，研究方向：结构有限元分析、锚泊系统可靠性)。陈博士是海洋工程风险和可靠性分析的专家，在行业知名的国际公司工作多年，从事各种海洋设施和海上作业的风险和可靠性分析工作。现担任某公司总经理，同时在另一家公司担任兼职主任咨询师，并在Lloyds Register Foundation兼职中国区协调员。

2003年从挪威科技大学博士毕业后，陈博士加入了挪威斯堪伯奥风险管理公司，并在奥斯陆办公室工作。2005年他回到北京，入职斯堪伯奥风险管理中国公司，并从2006年担任斯堪伯奥风险管理中国公司的总经理。2010年堪伯奥风险管理公司被英国劳氏集团并购。2011—2016年，陈博士担任了不同的管理岗位，其中绝大部分时间是劳氏风险管理咨询业务亚洲区总经理。2017年起，陈博士创立了风海管理咨询有限公司，同时在英国劳氏能源部(现在的VYSUS GROUP公司)，风险管理咨询的奥斯陆和北京办公室担任兼职主任咨询师。2021年起陈博士兼职英国劳氏基金会中国区协调员。

陈博士认为，风险顾问工作中最大的成就感来源于帮助客户解决各类问题的过程，风险顾问的工作目标是为用户提出降低风险的设计方案，并需要充分考虑各种复杂的情况；工作中最大的挑战是必须在有限的时间内完成一个咨询项目，这意味着即便我们知道如果有更多的时间，我们的工作将会做得更好，但是却只能止步于此。这对陈博士来说是工作中的一个挑战，他常常会去思考：如果没有时间限制，如果可以有充足的时间倾尽全力去完成一个项目,可以为客户提供怎样的方案呢?

资料来源:作者根据相关资料整理。

启示与思考

陈博士的职业生涯发展对你的启发是什么?你认为成为一名跨国公司合格的安全专业人员最重要的是什么?

第一节　国外安全科学与工程专业类教育状况

国内常说的安全科学与工程类专业人才,在国际上又被称为职业安全与健康专业人员,通常是行业领域的通才式专业人员,综合应用多学科的知识体系,直接或间接对企业的职业安全与健康进行管理,从而预防与工作相关的伤亡或职业病。本节重点介绍美国、英国和日本的职业安全与健康教育的基本状况。

一、美国大学职业安全健康专业教育

(一) 美国职业安全健康专业教育产生的背景

随着18世纪工业革命的出现,工厂取代了小型的手工作坊,工作环境的改变使工人面临与工作相关的伤害、疾病和死亡的挑战。

1867年,威斯康星州开始启动工厂检查员制,10年后,波士顿州对危险机器的防护制定了附加法律。19世纪初,新泽西、威斯康星和其他一些州制定了工人补偿法,规定雇主有义务对工厂事故进行经济补偿。在此法律的推动下,出现了职业安全人员。一些规模大、发展好的行业,特别是钢铁和保险产业,配备了专职的职业安全人员。其他行业则指定懂工艺、设备及工作原理且经验丰富的工人负责事故预防工作。1913年,纽约州劳工部设立工业卫生处,19世纪20—30年代,工业卫生培训与研究开展。从19世纪70年代开始,大学出现职业卫生安全健康课程的设置。

美国安全工程师学会(American Society of Safety Engineers, ASSE)认定职业安全人员有四个基本作用:①预测、识别和评价危险因素与危险操作;②进行危险因素控制设计、控制方法、控制程序和控制计划;③贯彻执行危险控制及控制程序;④测量、审核和评估危险控制程序的有效性。

(二) 美国开设职业安全健康专业的大学和专业状况

美国有多所大学开设了职业安全健康类课程,部分高校开设安全类专业,设置的专业与方向涉及管理、工程技术、职业卫生以及环境等。

从研究范畴来看,美国安全工程专业的研究不仅包括四个传统的职业安全健康内容,

即职业安全、工业卫生、职业医学和职业健康护理，还包括三个比较新的领域，即职工辅导员、人机工程师和职业心理健康师。

从办学层次来看，美国的职业安全健康教育有以下几种：

(1) 结业证书或资格证书(associate degree or a certificate)：一些社区大学和新办大学(community and junior colleges)为两年制，学分可以转到学士学习阶段。

(2) 安全理学学士学位(bachelor of science)：约有 32 个学院设置了安全理学学士学位。另外，约有 24 所院校(包括大学、独立学院、技术学院和社区学院)能够提供以子行业安全为副科的学士学位、两年制安全领域的学位教育、安全证书教育等。

(3) 硕士学位(master's degree)：约有 31 所大学设置了硕士学位(master's degree)，包括文学硕士(master of aets，MA)、理学硕士(master of science，MS)、公共卫生硕士(master of public health degrees，MPH)，涉及管理、工程、人机学等。

(4) 博士学位课程(doctoral programs)：有 9 所大学设置了博士学位课程(doctoral programs)。

从生源来看，美国安全工程专业的学生有相当一部分是有着多年工作经验和其他专业教育经历的成年人。

从课程类别来看，美国高校安全学科学士学位课程主要包括基础课程、专业核心课程、必修职业课和选修课。

从课程内容来看，主要分为方法论课程、工程技术课程、行为学课程和医学课程。

美国开设安全类专业部分高校见表 6-1。

表6-1 美国开设安全类专业部分高校

序号	学校名称	专业名称	学历层次	学校官网
1	Colorado State University (科罗拉多州立大学)	环境卫生	理学学士	https://www.colostate.edu/
2	Florida Atlantic University (佛罗里达大西洋大学)	公共安全管理(灾害管理、法律执行/修正)	理学学士、公共安全管理学士	https://www.fau.edu/
3	Montana State University Billings (蒙大拿州立大学比林斯分校)	消防科学	理学副学士	http://www.msubillings.edu/
4	Southeastern Oklahoma State University (东南俄克拉荷马州立大学)	职业安全与健康	理学学士、理学硕士	https://www.se.edu/
5	Tulane University (杜兰大学)	公共健康	理学学士	https://tulane.edu/
6	Anna Maria College (安娜玛丽亚学院)	应急管理	理学学士	https://annamaria.edu/
		火灾科学		
7	Appalachian State University (阿巴拉契亚州立大学)	风险管理与保险	工商管理学士	https://www.appstate.edu/

(续表)

序号	学校名称	专业名称	学历层次	学校官网
8	California State University(加利福尼亚州立大学)	消防管理与技术(面授)	理学学士	https://www.calstate.edu/
		消防工程(在线/面授)	理学硕士	
		森林火灾科学及森林—城镇交界阈火灾(在线)	理学学士	
9	Bowling Green State University(博林格林州立大学)	消防管理(在线)	理学学士	https://www.bgsu.edu/
10	Eastern Kentucky University(东肯塔基大学)	消防与安全工程技术	理学学士	https://www.eku.edu/
		消防管理	理学学士	
		火灾、纵火与爆炸调查	理学学士	
		安全、安保及应急管理(火灾及应急服务方向)	理学硕士	
		国土安全	理学学士	
		环境/职业健康与可持续性	理学硕士	
		职业安全	理学硕士	
11	Gannon University(甘农大学)	风险管理与保险	理学学士	https://www.gannon.edu/
12	The City University of New York(纽约市立大学)	火灾科学	理学学士	http://www.cuny.edu/
13	New Jersey City University(新泽西市立大学)	火灾科学	理学学士/辅修	https://www.njcu.e du/
		国家安全研究	理学学士/理学硕士/辅修	
14	Rochester Institute of Technology(罗切斯特理工大学)	环境可持续性、健康和安全	理学学士	http://www.ritchina.cn/
		环境、健康及安全管理	理学硕士	
15	Southern Illinois University(南伊利诺斯大学)	公共安全与国土安全管理(在线)	理学硕士	https://siu.edu/

(续表)

序号	学校名称	专业名称	学历层次	学校官网
15	Southern Illinois University(南伊利诺斯大学)	公共安全管理(在线)	理学学士	https://siu.edu/
16	Temple University(天普大学)	风险管理与保险	企业管理学士	www.temple.edu
17	University of Illinois at Chicago(伊利诺伊大学芝加哥分校)	公共卫生	文学学士/理学学士/辅修	https://www.uic.edu
18	University of North Dakota(北达科他大学)	航空安全与运营	理学学士	https://und.edu/
		网络安全	理学学士/理学硕士/辅修	

(三) 美国职业安全健康专业学生的就业去向

美国职业安全健康专业的学生毕业后主要从事制造业、采矿、运输、农业、化工、炼油、建筑工业或服务业。有的毕业生从现场安全工作岗位干起，最后一直晋升到大公司的安全主管。很多安全主管会被提升到其他特别重视安全的部门做主管。美国安全工程师学会的一项统计结果显示：获得学士学位者从事安全工作的比例稳定在45%～55%，获得硕士学位者从75%上升到94%，获得博士学位者从事安全工作的比例则在100%。

二、英国大学安全工程专业教育

(一) 英国安全工程专业教育产生的背景

在英国，"安全工程"作为术语最早出现在化工工程中，20世纪七八十年代化学工业事故频出，相继发生了Flixborough爆炸、北海油田的阿尔法(Piper Alpha)石油平台爆炸等后果严重的工业事故，使得安全工程作为控制生产中人为因素和对工业事故评估的重要环节逐渐被人们重视，随着时间的推移，安全工程逐渐延伸到所有与工程相关的领域。如今对安全工程的研究，已不局限于工程的安全性和可靠性，而成为一个涉及专业工程技术、统计、心理、经济、法律、卫生健康、环境生态的综合性学科，对于其研究重点，也从单一地对技术层面的评估和人为因素的考量转移到对金融和环境风险的管理上。

1945年英国创建了职业安全与健康研究所(Occupational Safety and Health Institute，IOSH)。该所是一个独立的非营利非政府组织，从事设定行业标准，支持与发展会员，为会员提供安全健康问题方面的权威建议、培训指导等。

(二) 英国开设安全工程专业的大学与专业状况

前面已经介绍了，我国的安全工程和西方国家的职业安全健康学科的内涵基本一致，都是以组织为研究边界，以职业活动为研究方向。在英国，职业安全健康是公共健康科学领域的一部分，相当于其中的一个研究方向。其主要研究组织及成员在职业活动中的安全、健康、财产损失、效率影响等问题，通俗地说，即解决企业事业单位职业活动中的人身安全健康与财产损失问题。

大学是英国教学研究的主体，其研究成果与实际的生产生活有着紧密的联系。英国的大学中大多数为综合性教学与科研机构。

安全工程作为一个新兴的综合性学科已逐渐被英国大学接受。英国大学中的安全工程教育分为如下几个层次：

(1) 本科专业教育：有十几所大学已经开设了安全/健康/环境工程的本科学士课程。

(2) 本科非专业教育：有20多所大学在其开设的本科课程中设安全工程为三年的选修教学模块之一，尤其是化工工程、建筑工程和设计相关专业。

(3) 研究生课程：许多学校开设了与安全工程相关的研究生课程以及长期定向研究课题组和研究中心。

课题组及研究中心一般为硕士和博士项目，有政府或企业基金支持，研究成果与实际生活联系紧密。在英国设有长期的定向研究课题组和研究中心的学校如下：

(1) 阿伯丁大学安全工程课题组(Safety Engineering Unit)。

(2) 爱丁堡大学建筑火灾安全工程研究中心(Building Research Establishment Center for Fire Safety Engineering)。

(3) 布里斯托大学安全系统研究中心(Safety Systems Research Centre)。

(4) 格林威治大学消防安全课题组(Fire Safety Engineering Group's)。

(5) 伦敦大学安全与环境工程课题组(Safety and Environmental Engineering Group's)。

(6) 利兹大学消防安全工程中心(Fire Safety Engineering Centre)。

(注：以上数据来自http://www.iosh.co.uk。)

除了大专院校外，还有专门机构进行安全工程的相关培训，如英国职业安全与健康研究所。

在入学要求方面，英国安全工程相关专业的招生对象很大一部分是有工作经验或者受过其他专业高等教育的成年人，有着其他专业知识背景，对知识有较好的理解，对解决安全问题有丰富的经验，这对于学习知识是十分有利的。

在课程设置方面，英国职业安全健康专业设置了大量通用安全科学课程，以解决各个行业中具有共性的安全健康问题；设置了少量行业背景课及行业安全课程，辅之以一定比例的医学、心理学类课程，使学生重点掌握通用安全科学技术方法。英国的通用性课程方案在各大学之间变化不大，比较稳定，通用程度高。方法论课程所占的比例较重，各行业通用知识较多，工程技术方面的课程比重较小，工程技术性薄弱；以管理学、统计学、流行病学、心理学等为主要专业基础课，有时辅之以少量工程基础课程。

在课程教材方面，英国国家职业安全健康考试中心(The National Examination Board in Occupational Safety and Health，NEBOSH)的教材共有11个章节，每一个章节基本上是一个独立的模块，其内容具有通识性，能够解决各个行业共性的职业健康问题。英国NEBOSH课程体系是以职业性有害因素(包括物理、化学、生物、心理、躯体等)为主线，按有害因素性质及危害—危险辨识—风险评估—风险控制展开讲解的。

在专业教学评价方面，英国各大学教学评价主要以完成论文作为评价的核心模块。此外，还以考试以及取得相关文凭作为评价手段。例如，英国伯明翰大学的教学评价标准是：在第一年，所有的学生必须完成一篇专题论文，作为评价的核心模块。每门课程会通过课程作业和年底举行的 3 小时考试来进行评价，所有项目都必须合格。顺利完成以上要求的学生将被授予本科文凭。英国朴次茅斯大学的教学评价是通过学生提交书面作业来完成的。

英国开设安全工程相关学位教育的部分高校见表 6-2。

表6-2　英国开设安全工程相关学位教育的部分高校

序号	学校名称	专业名称	学历层次	学校官网
1	The University of Edinburgh (爱丁堡大学)	Structural and Fire Safety Engineering 结构与消防安全工程	工程学士/工程硕士	https://www.ed.ac.uk/
2	University of the West England (西英格兰大学)	Health, Safety and the Environment 健康安全与环境	荣誉工程学士学位	https://www.uwe.ac.uk/
3	University of Greenwich (格林威治大学)	Occupational Safety, Health and Environment 职业安全，健康与环境	荣誉工程学士学位	https://www.gre.ac.uk/
		Occupational Hygiene 职业卫生	理学硕士 (Distance Learning)	
		Safety, Health and Environment 安全，健康与环境	理学硕士 (Distance Learning)	
4	University of Central Lancashire (中央兰开夏大学)	Fire Engineering 火灾工程	荣誉工程硕士/荣誉工程学士	https://www.uclan.ac.uk/
		Fire Safety Engineering 防火工程	理学硕士	
		Fire Safety (Engineering/Management) 消防安全(工程/管理方向)	荣誉理学学士	
5	University of Birmingham (伯明翰大学)	Health, Safety and Environment Management 健康、安全与环境管理	理学硕士	https://www.birmingham.ac.uk/index.aspx
		Environmental Health and Risk Management 环境健康与风险管理	理学硕士/博士	

(续表)

序号	学校名称	专业名称	学历层次	学校官网
6	University of Aberdeen（阿伯丁大学）	Process Safety (On Campus / Online Learning) 过程安全	理学硕士	https://www.abdn.ac.uk/
		Safety and Reliability Engineering (On Campus Learning) 安全与可靠性工程	理学硕士	
7	University of Ulster（阿尔斯特大学）	Fire Safety Engineering 消防工程	理学硕士	https://www.ulster.ac.uk/
8	Heriot-Watt University（赫瑞瓦特大学）	Safety and Risk Management (online) 安全与风险管理	理学硕士	https://www.hw.ac.uk/
		Safety, Risk and Reliability Engineering (online) 安全、风险与可靠性工程	理学硕士	
9	University of Sheffield（谢菲尔德大学）	Process Safety and Loss Prevention 过程安全与损失预防	理学/工程学硕士	https://www.sheffield.ac.uk/

（三）英国安全工程专业学生的就业去向

由于学校在课程设置上差异较小，英国职业安全健康专业及其相关专业的毕业生大部分都在企业、政府部门或组织从事安全教育、培训、研究和风险管理等工作，主要为安全管理工作。

例如，英国格林威治大学职业安全健康专业的职业选择是：毕业生有机会在国内和国外担任安全顾问、安全主管、健康和环境顾问以及在私营和公共部门中担任职业卫生员。

西英格兰大学职业安全健康专业的毕业生已经在广泛的工作领域找到了自己的岗位，包括地方当局、公共部门组织、造船和保险公司，可以担任安全健康员或顾问、培训顾问和风险评估员。

三、日本大学安全工程专业教育

（一）日本安全工程专业教育的产生背景

1967年，在日本横滨国立大学，由北川彻三教授提议，经日本文部科学省批准，在该校电气化学专业的基础上，创建了日本国内第一个安全工程专业。日本创建安全工程专业的出发点在于随着现代产业的技术进步，各种灾害事故的发生机理日益复杂，在事故灾害的应对方面也体现出越来越高的技术要求，催生了安全工程专业的创建。

横滨国立大学创建安全工程专业不久之后，京都大学的若园吉一教授、井上恭威教授等相机调入该校，充实了安全工程专业教师队伍。1985年，横滨国立大学工学部的安全工程专业、应用化学专业、材料化学专业、化学工程专业四个专业合并，成立了物质工程专业，安全工程作为该专业的七个教育研究方向之一继续办学。1998年，该校实施大讲座制，安全工程专业教育以物质工程专业的四个大讲座之一的"环境能量安全工程大讲座"的形式继续办学。

(二) 日本开设安全工程专业的大学与专业状况

日本的安全科学与工程被称为安全工学，该学科主要通过高校与地区企业和自治体的合作，确立来源于工业技术课题的安全问题，讨论安全工学的科目和具体内容，从而培养深入掌握安全工学的技术人员。通过培养学生解决地域内社会和环境相关安全问题的能力，切实提高学生对安全工学的践行力和对社会功能的认知力。

从培养目标来看，日本在人才培养中侧重提出独特的技术理念，通过深入实践和各类学术交流活动，认学生理解和掌握安全工学的关键知识点，最终培养出以解决实际问题为目标的人才。

日本的安全工学与各种工业技术专业领域紧密结合，研究内容较为广泛，如横滨国立大学侧重爆炸基本理论，日本大学侧重风险评估，劳动安全卫生综合研究所侧重于职业安全分析，东京大学的野口、土桥研究室分别侧重于建筑火灾安全、环境安全、爆炸安全，日本产业技术综合研究所安全科学研究部门侧重于产业—健康—环境—爆炸安全，长冈技术科学大学侧重于机械安全，东京理科大学火灾研究中心侧重于建筑火灾研究，枫桥科学技术大学侧重于材料燃烧，等等。

在教育形式方面，日本大学的安全工学教育分为专业教育和非专业教育两类。其中专业教育又分不同层次，既有本科层次，也有研究生层次，其中以研究生层次为主。

(1) 专业教育。日本开办安全工学专业教育的学校主要有横滨国立大学、筑波大学、长冈技术科学大学、东京工农大学、神户大学、福井大学、千叶科学大学、香川大学和东京大学等。

(2) 非专业教育。在日本，就大学的安全工学非专业教育而言，主要是通过为非安全工学专业的学生设置一些安全工学相关课程来传授所需的安全工程相关知识。这些课程多以《安全工程概论》一类的形式设置。例如，早稻田大学理工学部环境资源工学科作为必修课开设的《环境安全工程改论》，东京工业大学工学部化学工学科作为选修课开设的《过程安全工程》，筑波大学作为选修课开设的《安全工程概论》，等等。再如，神户大学工学部安全工学课程开设在三个不同学科：在建设学科土木系开设《地震安全工程》，在机械工学科开设《安全工程·工学伦理》，在应用化学科开设《安全工程》。

在课程设置方面，日本的安全工学课程主要分为必修课程、基础课程及应用课程三大类。

(1) 必修课程。日本将系统安全训练纳入必修课程体系，分为系统安全基础训练和实践训练两大部分。通过该课程体现安全学科中实践的重要性，保证安全工学专业所学到知识的实践质量和实践经历，最终确保安全学科培养目标的切实有效。

(2) 基础课程。在安全生产方面，开设以产业技术政策理论、产业技术管理理论、生产安全管理为主的学科；在安全技术方面，开设产业及其安全设计、安全工学伦理问题、生产安全评价、安全控制系统等学科；在相关安全规划方面，开设施工安全管理、国际标准和安全性评价、国际规范和安全技术、国际安全认证和安全分析等国际化产业体系学科。

(3) 应用课程。该部分课程包括安全和法律、产业安全行政、技术和知识财产、人为因素、火灾和爆炸、噪声和振动、结构安全评价、安全信息与通信系统、系统安全特论。

日本所设定的必修课程主要以满足识别和预防灾害所需的科学与技术相关知识体系为主。安全工学研究着重于事前分析和预先防护。

(三) 日本安全工程专业学生的就业去向

日本安全工程专业毕业的本科生生活跃在各个企业，例如，有的在政府机关工作，有的在大学任职。

第二节 国外安全专业人员职业能力与素质要求

相比国内的安全科学与工程类专业人才职业能力与素质要求，国外相关专业也会非常明确地提出对安全专业人员的教育及培训和能力与素质要求。本节重点以美国为例，概述国外安全工作人员的职业内容、教育培训以及能力素质的一般要求。

一、安全专业人员的职业工作内容

安全专业人员的具体工作内容，因其教育程度、工作经验以及企业性质的不同而各不相同。大部分安全专业人员具有学士学位或硕士学位，他们可能任职于保险公司、工业企业、联邦或州政府[职业安全健康管理局(Occupational Safety and Health Administration, OSHA)]、医院、学校或非营利组织。获得博士学位的安全专业人员通常任职于高校，从事与安全相关的教育、研究、公共服务和咨询工作。一般来说，安全专业人员的工作职责与其所任职企业的性质相关。不同行业中潜在的危险类别各不相同，因此需要不同领域的安全专家。总体来说，安全工程工作包括如下方面[①]：

(1) 危险识别，即对可能引起伤害、疾病或财产损失的物和人的不安全行为以及物的不安全状态进行识别。

(2) 监督/审核，即评估设备、设施、原材料、生产过程等所引起的安全与健康风险。

(3) 火灾预防，即通过内部检查、厂区布局、工艺安全、火灾监测和消防系统设计等来降低火灾发生的可能。

---

① American society Engineers. Career Guide to the safety Profession (Third Edition)[J]. Park Ridge, USA, 2007.

(4) 规章检查，即确保健康安全强制标准有效执行。

(5) 危害控制，即控制噪声、辐射、生物制品以及化学药品等有害健康的危险因素。

(6) 人机工程，即基于人类生理和心理方面的特征以及人的能力和极限分析改善工作环境。

(7) 危险物料管理，即管理危险化学制品，预防生产、储存过程中所发生的火灾、爆炸事故。

(8) 环境保护，即控制有毒物品的排放，防止污染空气、水源和土壤。

(9) 培训，即对员工及管理人员进行必要的安全知识和技能培训，以保证他们能识别危险，从而安全有效地工作。

(10) 事故和事件调查，即通过目击取证、现场勘查和信息收集等途径，确定事故或事件发生的实际情况。

(11) 安全管理建议，即协助管理者确定安全目标、制订计划及实施方案，并将安全融入企业文化。

(12) 档案记录，即按照政府要求，做好安全与健康记录，为解决安全问题和制定安全策略提供必备资料。

(13) 评估，即对安全项目和安全活动进行有效性评估。

(14) 应急响应，即组织、培训和协调员工应对火灾、灾害等突发事件。

(15) 管理安全方案，即规划、组织、预算、跟踪安全项目的执行，以实现安全目标，或者通过管理或技术手段消除或减少危险。

总的来说，安全专业人员的本职工作是预防事故的发生、保护他人不受伤害。人身伤害和疾病在日常工作与生活中是普遍存在的，因此安全专业人员的工作将时刻面临挑战，一名称职的安全专业人员不仅要具备过硬的专业知识，还要具有良好的沟通能力、协调能力，通过与其他岗位人员协作顺利完成安全工作。

二、安全专业人员的职业教育及培训

安全专业人员所受到的教育和培训对其从业后能否胜任安全工作非常重要。下文将介绍不同阶段安全专业人员接受教育和培训的主要途径。

(一) 高中阶段教育及培训

致力于毕业后从事安全工作的年轻人应该在高中阶段预修大学课程。因为安全专业是交叉学科，安全专业人员通常需要与工程专家合作去识别、分析和控制危险，所以具备良好的数学和理科(生物、化学、物理)基础知识以及沟通能力是非常重要的。以下是高中阶段学习安全专业知识的主要途径：

(1) 向安全专业人员了解他们的工作情况。

(2) 参观安全工作现场，了解安全专业人员的工作内容。

(3) 通过新闻、报纸，了解与安全相关的问题、事故或灾害，并思考如何预防这些事件的发生；

(4) 参与职业安全卫生、产品安全、交通安全、火灾预防等方面的研究项目。

(5) 到工厂进行现场考察，并向专业人员询问与安全相关的问题。

目前，仅有少数高校可以授予安全及相近专业的学位。学生可以通过美国安全工程师学会获得《安全及相近专业学位授予手册》。该手册列出了能授予安全及相近专业学位的学校名单、工程技术认证委员会(Accreditation Board for Engineering and Technology, ABET)认证的专业目录及美国教育委员会(American Council on Education, ACE)认证的可以从事安全职业教育的高校名单。

(二) 社区学院阶段教育及培训

许多社区学院可以授予安全及相近专业的大专学位，但这些学校的毕业生就业机会有限。他们主要在生产企业、建筑公司以及其他工业企业从事安全工作，负责企业职业安全健康危险控制标准的执行工作。

对于一些学生来讲，两年制学位是一个不错的选择。此类学校授课计划往往比较灵活，费用也远低于四年制高校，并可以提前工作，但可能会影响他们日后的晋升。

当然，专科学生也可以选择专升本，但这样将无法获得专科学位，因此在做决定前应该仔细核实本科课程、学分等专升本相关要求。

(三) 大学本科阶段教育及培训

许多四年制高校可以授予安全专业学士学位。目前，超过90%的安全专业人员至少具有学士学位，然而只有大约30%是本专业人才，其他大多是工程、商学、自然科学等专业的毕业生。

安全专业学士学位教育为安全工作提供了坚实的基础，课程设置包括基础课程和专业课程两部分。通常，安全专业的学生在学习专业课程之前需要完成必修课程，如微积分、统计、实验化学、实验物理、生理学或生物学、商业管理概论、工程力学、工艺学、演讲、写作、心理学等。另外，安全专业的学生还必须具备良好的计算机应用能力，包括互联网和重要的商业及安全软件的应用。

基础课程主要在大学一、二年级开设，而专业课程作为选修课程往往在大学三、四年级开设。专业课程主要包括安全与健康项目管理、工程危险控制设计、工业卫生和毒理学、火灾预防、人机工程学、环境安全与健康、系统安全、事故/事件调查、生产安全、建筑安全、教育与培训方法、安全绩效评估及安全行为学等。学生还可以选择上述课程以外的其他课程。

大多数安全专业都提供实践环节，为学生提供与公司或现场专业人员一起工作、积累工作经验的机会。实习不仅能够使学生获得学分，还能够使学生得到实习单位给付的工资。想要攻读安全专业学位的学生，应该仔细了解各学校的课程设置、入学要求和奖学金等。有些学校入学要求相对较高，录取名额有限。

(四) 研究生阶段教育及培训

目前，大约40%的安全专业人员具有高等学历，其中，有些安全专业人员拥有非安全专业学士学位和安全专业硕士学位，有些安全专业人员本科和研究生阶段都是安全专业或相近专业，如工业卫生、环境科学、公共健康或人机工程等，有些安全专业人员具有商学或者工学学历背景。

通过美国工程技术认证委员会或有关委员会鉴定的、可以授予安全专业硕士学位的学校并不多，而此类学校往往要求考生完成规定的安全专业本科课程或完成安全专业研究生学习的其他本科课程。

研究生课程除安全科学前沿之外，还有安全管理、安全工程及技术、环境健康、火灾预防、人机工程、工业卫生等。

一些学校具备安全学科或相关专业(如工业卫生、公共健康、消防工程、环境健康或环境研究等)博士学位授予权，但大部分安全岗位并不要求具有博士学位，而高校、研究院及一些大公司和政府部门的高级咨询职位可能需要获得博士学位。博士课程涵盖了安全专业的各个方面，但每一个学生都有自己的研究方向，因此对课程设置并没有统一的要求。学校可自主制定安全专业方向及其学位要求，但大多数是研究方法和教学理论方面的课程。

不同专业方向为学生提供的奖学金数额不同，有的专业方向为几乎所有的研究生提供助研奖学金或助教奖学金，且同时免交学杂费；有的专业方向仅提供奖学金或者学杂费；还有一些在职研究生，可以边工作边攻读学位。

(五) 资质认证培训与再教育

由于安全专业人员的工作直接影响到公共安全健康和政府信誉，安全专业人员必须能够胜任其岗位职责。因此，安全专业人员除了获得学位外，还需要考取从业执照、注册证书和资质证书等。

安全专业已经建立了一套成熟的专业认证程序，并以此来评估从业人员的专业水平。安全专业人员资格认证委员会制定了相关的认证标准，并负责核发证书：通过资格考试、安全知识测试等，对满足要求的报考者颁发注册安全师资格证书。

如今，大部分雇主都倾向于雇用有注册安全师证书的求职者，尤其是中层或高层职位。因此，注册安全师专业认证变得更加重要。要获得注册安全师，申请者最好有安全专业的学士学位，并通过两个级别的测试；或者申请者至少有安全专业的大专学历或其他专业的学士学位，如果没有学位，则必须至少在安全领域工作4年。

一级测试是安全基础知识测试，测试安全实践基础知识。大四的学生在最后一学期可以参加这一级别的测试。二级测试是综合能力测试，主要测试专业技能水平。

注册安全师证书有效期为5年，持证者可通过重新考试，或者通过继续教育及专业实践再次考取这个证，这个要求旨在鼓励安全专业人员积极更新专业知识和实践技能。

有注册安全师证书的从业人员的年平均工资比同级别其他人员高出15 000美元。

注册安全师资格证已在美国的法律、法规和标准中得以体现。建筑和其他服务性组织也都要求安全专业人员持有注册安全师资格证书。在美国，涉及安全的认证很多，但是工业卫生、环境保护和人机工程方向仅有少数几个得到官方认可。注册安全师同时获得了国家认证委员会（National Commission for Certifying Agencies，NCAA）和工程科学专业委员会（Council of Engineering and Scientific Speciality Boards，CESB）两个官方组织的认可。多数雇主和政府机构在招聘时都十分看重获得国家认可的资质证书。

（六）加入行业/专业学会

立足安全领域的途径之一是成为行业专业学会的一员，这些行业专业学会发行期刊，举办会议、论坛及继续教育课程，其中一些学会可能还有地方分会，如美国安全工程师学会在授予安全专业学位的高校设有分会。这些分会积极帮助学生学习安全专业知识，并会组织学生与安全专业人员的交流活动。通过这些活动，学生可以获得向当前从事安全工作的专业人员请教学习的机会，甚至可以获得实习和工作的机会。

三、安全专业人员的职业能力与必备素质

要成为一名合格的安全专业人员必须了解安全专业的职业能力与素质要求，这有助于了解今后将在哪些领域就业，并且能够对自己未来的职业生涯有更加系统的规划。在不同的行业中，安全专业人员的岗位设置和专业侧重点各不相同，其职业能力与素质要求也不同[①]。

（一）工业安全专业职业能力与素质要求

许多安全专业人员在生产制造业从事安全工作，主要负责员工的职业安全健康工作，即确保生产条件和工作方法安全、健康，几乎每一个大的工厂或工业设备设计室都雇用了至少一名全职安全专业人员。安全专业人员一旦发现危险，将会积极组织危险评价，制定危险控制策略，并向管理团队提出建议。同样，安全专业人员还负责安全法律法规的执行。

工业安全专业人员需要现场检查员工工作流程，识别各种操作过程中的危险因素，如提运、高空作业、化学物品处理、机械操作、爆炸物储藏、采掘、设备维修维护等，并制订事故应急处置方案。同时，工业安全方向的专业人员还必须熟知与健康、安全和火灾防治相关的法律法规。

工业安全专业人员的工作职责是为管理者提供最佳的安全管理方案建议，达到减少危害的目的，增强生产过程的安全性。在排查或控制危险时，工业安全专业人员需要与操作人员、班组长以及管理人员沟通协作，因此工业安全专业人员还需要具备优秀的沟通能力。此外，在工作中他们还需要督促和鼓励员工参与、注重职业安全卫生，并增强企业管理者的安全意识。

---

① American Society Engineers Foundation. Career Guide to the Safety Profession(Third Edition)[J]. Park Ridge, USA, 2007.

(二) 工业卫生专业职业能力与素质要求

工业卫生主要侧重于工业过程中对化学、物理危险的防治。例如，评估蓄电池生产过程中人员对空气中铅的暴露，测量家具制造车间人员对噪声的暴露等。

安全专业人员若想成为工业卫生工作方面的专家，就必须接受健康危险识别、危险程度评估及危险控制等方面的培训，掌握通过过程研究、样本测定以及对比等进行危险评估的方法；掌握对健康危险过度暴露的控制措施，包括改进流程消除危险，选择较低危险物质替代较高危险，隔离、通风以及配备个人防护用品(如手套、防尘口罩)等。

大部分工业卫生专家在工业企业、政府机构以及环境咨询公司工作，他们大多数有工程、物理、化学、生物或安全学科等相关专业的学士学位或工业卫生硕士学位。但要在科研机构从事教学和研究工作，需要具有博士学位。

大部分工业卫生专家持有 CIH 认证证书。要取得这个证书首先需要有 5 年的从业经历，其次要顺利通过 2 门考试。注册工业卫生师证书需要年检，但是年检形式不限，可以选择参与专业会议、继续教育或者职业发展活动等多种途径。

(三) 环境安全专业职业能力与素质要求

目前，美国在许多领域大力倡导环境保护，积极消除危及公众健康及环境的危险物质的释放，以及回收再利用过剩原材料；在全美范围内开展有毒废弃物的清理工作，这些工作就是控制环境安全健康危险。作为环境安全从业人员，其工作范围涉及建筑、人机工程、火灾保护、工业安全、环境保护等诸多领域，因此，他们不仅需要广泛的知识积累，包括职业安全健康管理标准、其他政府或客户的安全规程、危险识别及控制方法等，还需要熟知相关的法律法规，如《综合环境保护赔偿责任法》(Comprehensive Environment Response Compensation and Liability Act，CERCLA)、《资源保护回收法》(Resource Conservation and Recovery Act，RCRA)、《有毒物质管理法》(Toxic Substances Control Act，TSCA)等。以上这些知识可以从本科或研究生阶段的学习及现场工作过程中获得。

环境安全专业人员就业的三个方向：

(1) 工业界(企业)或政府部门。例如，在职业安全健康管理局的相关机构、交通部(Department of Transportation, DOT)、环保局(Environmental Protection Agency，EPA)等机构从事监督和立法工作。

(2) 咨询公司。在为政府或者工业项目提供设计、咨询的咨询公司工作，从事安全、健康专业的咨询以及安全项目监督实施工作；也可以向外界提供安全、健康方面的咨询，或代表咨询公司监督、监管其所承担的工程项目中承包商的安全、健康工作。

(3) 独立咨询。为从事危险、废弃物处理的专业公司提供安全健康咨询服务。这项工作需要有建筑行业背景，懂得如何清理危险废弃物，且能够适应重体力劳动。

在以上三种就业方向中，获得安全专业人员相关执业证书都是十分重要的，特别是注册工业卫生师和注册安全师证书。许多政府部门或者企业都需要此类人才。咨询公司同样很看重此类证书，因为在项目洽谈时，这些证书有助于赢得客户的信赖。

作为一名环境安全专家，需要具备安全、工业卫生、环境保护等诸多领域的专业知识，也正是具备了这些知识，环境安全专家才可以在其他安全领域找到工作。

(四) 消防工程专业职业能力与素质要求

消防工程是一个充满挑战并且具有吸引力的领域。从业人员需要运用工程和科学的基本理论保护人们生命和财产免受火灾和爆炸的损害。这方面的人才往往拥有更好的工作机会和更高的薪资待遇。

消防工程师的工作范围很广泛：①从事建筑物和工业园区火灾隐患排查、火灾预防、火灾损失评估等工作；②从事自动监测和防护系统设计，如火灾报警、延期控制、紧急照明、紧急通信及紧急出口设计等工作；③从事防火材料、防火产品的研发工作；④从事火灾发展和烟气蔓延的计算机模拟研究工作；⑤从事火灾、爆炸调查工作，提供技术报告或为法律案件提供专家法庭证词。

消防工程师通常任职于大型企业的核心部门，如在跨国公司总部负责监督、审核所有子公司的消防设施建设和管理。消防工程师也可以供职于保险公司，从事调查、研究、测试和分析工作。各级政府部门都需要消防工程师，其中包括消防部门、建筑立法部门和国家消防救援局。此外，消防工程师还可以就职于行业学会、实验室以及高校。

近几十年来，火灾科学快速发展并取得了一系列丰硕成果，这使得消防工程成为广受关注的学科。这一学科融合了美国先进的科学技术和计算机技术，目前已有一些高校设置了消防工程学士、硕士和博士学位项目。

(五) 人机工程专业职业能力与素质要求

人机工程学是一门研究如何让工作更适合人员操作的科学。大部分安全专业人员在处理安全实际问题时都会应用到人机工程学知识，人机工程学也是一个专业。人机工程学家在设计工作环境(如设施、设备、机器、工具和工作方法等)时充分考虑人体特征的局限和能力，致力于建立人与工作之间的和谐关系。其基本原则是在工作和设备的初始设计阶段就要关注事故或伤害的预防。人机工程专家的工作涉及各种各样的安全与健康危险。

1. 身体方面的安全设计问题

(1) 设计合理的提举行为，以避免人员背部受伤。

(2) 设计合理的机器和设备操作方式，以减轻工人由于压力和重复性劳动造成的肌肉、关节或神经伤害。

(3) 设计合理、舒适并符合健康要求的座椅。

(4) 设计合理的作息安排，防止体力劳动者过度疲劳。

从事这一方面研究的人机工程学家需要具备扎实的工程技术背景以及广泛的生理学、解剖学和生物力学等方面的知识。

2. 心理方面的安全设计问题

(1) 设计合理的警告标志，以提醒工人在操作设备和使用工具时注意安全。

(2) 设计机动车辆和其他大型机器的显示器(如标准量表、刻度盘、警报器等)和控制器(如按钮、把手、方向盘等),以减少操作人员失误和事故的发生。

(3) 设计手册、录像、仿真设备等教具,以指导工人正确和安全地工作。

从事这一方面研究的人机工程专家需要具备扎实的心理学背景,并具备工程设计方面的知识储备。

由于仅有少数高校开设人机工程本科专业,大多数人机工程学家学士学位往往是工程学或心理学专业,硕士或博士学位为人机工程专业。安全专业的本科生在毕业后也可能继续攻读人机工程专业硕士学位。

人机工程专业的毕业生就业方向主要有工业企业(从事产品以及工艺流程和方法设计工作)、政府部门(职业安全健康管理局合规官员等)、保险公司(理赔员)、科研机构(从事研究和教学工作)以及从事私人顾问工作。

(六) 系统安全专业职业能力与素质要求

航空航天、军事、医疗、高新技术项目、高科技产业等对系统安全性要求非常高,因此需要这方面的专家专门从事系统的可靠性研究工作。

例如,宇宙飞船设计、飞行控制软件设计、化工厂在材料加工过程的温度控制、压力和化学反应,这些都需要极高的可靠性。这些精密设备从概念提出、设计到制造的每一阶段以及每一道工序都要经过系统安全专家反复核算、精确设计,才能确保操作人员和设备的安全性。

系统安全问题是随着科技的高速发展而产生的,属于分析领域,旨在提高产品质量,使潜在故障可能性最小化。系统安全专家根据产品设计理念辨识人员失误或机器失效的危险。在产品的设计过程中,系统安全工程师需要不断改进设计方案,判断是否需要安装备用系统,以确保操作系统的可靠性;在系统测试过程中,系统安全工程师需要根据测试结果,掌握系统运行时与环境的交互情况。近年来,系统安全专家提出,应及时将过时、失效的安全系统停运。系统安全专家还分析了应用计算机潜在的软件风险,以避免对人员和系统造成伤害。在实际工作中,一些系统安全专家侧重电路、电气系统安全,一些系统安全专家侧重机械设备和动力系统安全,还有些系统安全专家从事化工厂火灾、爆炸或有害物污染等控制工作。

系统安全专家运用各种各样的分析方法来识别系统缺陷和危险,预防生产过程中事故的发生。分析方法主要包括预先危险分析(preliminary hazard analyses,PHA)、故障模式及影响分析(failure mode and effects analyses,FMEA)、事故树分析(fault tree analysis,FTA)和危险和可操作性研究(hazard and operability studies,HAZOPS)等。

从事系统安全工作需要一定的工程技术背景和特定领域的知识,如机械设备、电气设备、电子学、计算机硬件和软件、化工工艺、管理方法和规程维修维护等,系统安全专家需要综合以上知识进行危险识别、评估和控制。

未来很多领域(如人身安全、公共事业、环境保护和工艺设施投资等)都需要系统安全专家,这一职业具有很好的晋升空间。

(七) 风险管理专业职业能力与素质要求

所有公司或企业都期望以最合理的费用使事故损失最小化，实现这一点就是风险管理者的工作价值所在。风险管理部门的主要任务是降低事故发生的可能性以及事故造成的损失。风险管理是现代企业组织管理的重要组成部分，而风险管理者的工作可以降低企业风险损失，提高经营效益，最终实现企业整体战略目标。

风险管理者通常受雇于工业企业、服务行业、非营利性组织、公共部门或机构，如航空公司、银行、化工业、政府机构、市政、零售业、医院、校区和大学等。不同的企业将面临不同类型的风险和损失。就零售业而言，风险管理者除了要保护人身安全和防止物资丢失外，还需要警惕偷窃和故意破坏而导致的损失。对于那些生产过程涉及危险设备或物质的工厂外，还需要为雇员提供防护装备，并提供专业培训。

风险管理者应具备沟通能力、分析和解决问题能力、管理能力以及领导能力，其中沟通能力是最为重要的。风险管理者在工作中要与审计、工程、金融、人力资源、法律、研发以及安全保卫等其他部门协调合作。风险管理者的工作也涉及与外部联系，包括律师、经纪人、咨询师、保险代理、保险公司及其他服务商等。因此，风险管理者除了掌握公司内部的经营情况外，还必须了解上述各类专业知识。

对于风险管理者来说，保险原理和风险融资知识都是十分重要的，风险管理者需要了解保险可能引起的损失，如哪些风险需要投保、多少保费、由哪家保险公司承保，并且能够判别是否得到了合理的索赔。此外，风险管理者必须完全掌握控制损失的关键，如雇员健康、人身安全、生产安全、财产安全、火灾预防和环境保护等。风险管理者必须能够通过目标设定、策略制定、任务分解、结果预计和检测等一系列方法来确定时间和管理人员的有效分配方案。

具有商科背景的本科毕业生可从事风险管理工作，其他专业(如安全/健康专业、会计、经济、工程、金融法律、管理和政治等)的毕业生也可从事，而具有风险管理或保险专业学士学位的人员在招聘时将更受青睐。另外，许多公司的风险管理岗位还可能需要申请者具有工商管理硕士学位(master's degree in business administration，MBA)并且取得风险管理协会(associate in risk management，ARM)的资格证书或其他保险，或风险专业方面的证书。

企业、服务供应商、政府行政部门以及其他公立和私立机构工作都设有风险经理职位，也有一些风险经理在为保险公司、保险经纪公司或咨询公司的客户提供风险管理服务。风险管理部门的设置形式因机构性质和规模不同而有所不同。

(八) 保险专业职业能力与素质要求

损失控制是保险业的术语，是指从事工人赔偿保险、财产保险以及其他形式商业保险业务的保险公司，需要为客户提供预防可导致保险索赔的事件和事故发生的方案。

每家保险公司针对各自的保险业务开展安全咨询服务活动。损失控制代表为投保人提供安全咨询服务。这项咨询服务着重于预防伤害、疾病和财产损失，使投保人和保险公司双方获益。咨询策略主要包括识别和评估危险因素，制定危险控制策略并提供后续服务。

为了识别潜在事故，损失控制代表需要对事故或险肇事故进行分析，或者对工作场所进行初步调查，从而识别潜在的事故风险因素，继而对这些潜在的事故风险因素进行评估，并提出消除或减少风险的建议。一旦这些建议被采纳，损失控制代表将跟踪评估建议效果，并决定是否需要调整方案。损失控制代表也提供其他咨询活动，如安全培训、工业卫生服务、安全方案设计与评估、人机工程学、建筑安全、产品安全、环境安全等。

损失控制代表的另一项职责是协助保险公司的保险部门评估需要购买特种保险的投保人，主要包括对投保人的事故频率和事故暴露进行持续评估，同时评估投保人本人在降低已识别事故方面的投入情况。

通常，损失控制代表经常出差去参观客户的工作场所。对于出差安排和工作计划，他们通常有很大的自由度，多数情况下也可在家编写工作报告。客户涉及的各类商业活动范围广泛，因此损失控制代表需要熟悉许多不同类型的商业活动以及相关的风险类型。损失控制代表已经成为很多安全职业人员眼中的高回报职业。

(九) 化工过程安全专业职业能力与素质要求

很多常用的原材料和必需品都是由化工业生产的。例如，燃料、食品配料、医药品、纺织品、纸制品、塑料品和工业用化学品都是化工产品。每一个化工产品都涉及一个独特的化工过程，这使得化工行业十分复杂多变。由于每一个工艺过程都有它自己的初始原料、工艺设备操作温度及压力，每一个过程都存在一系列特殊的危险。

在化工产品制造过程中，化工产品制造商有责任为员工提供安全的工作环境，还需要确保工厂周围居民和社区生活环境的安全。化工过程安全专业人员在这个过程中起关键的作用。化工过程安全工作包括分析化学工艺过程并识别事故发生的潜在可能，以便能够提前采取预防事故发生的措施。另外，一旦发生事故，公司也能够更好地采取应对措施。

化工过程安全大体可分为四个领域：评估、技术支持、培训以及管理。化工过程安全专业人员通过评估化工过程以识别潜在危险，同时需要为那些设计新工艺操作的人员提供技术支持，以便于他们能够识别潜在工艺危险并采取预防事故发生的措施。化工过程安全还包括对相关人员进行培训，培训内容包括如何识别化学危险，如何对事故进行预防和应对，等等。

化工过程安全专业人员也可以参与化工过程的安全管理，应与其他管理者合作，协调公司的安全管理工作，使化工过程安全工作变得更高效。

化工过程安全是一个较新的领域。现代化工始于 20 世纪 70 年代初。1984 年印度博帕尔市的美国联合碳化物公司农药制造厂发生了大规模的氰化物泄漏，导致数以千计的市民死亡，这起化学工程事故的影响非常大，但也大大推进了化工安全领域的发展。由于这个行业较新，安全专业人员有机会在这一领域开展开拓式的创新研究。

化工过程安全通过预防事故使产业获益。这些事故一旦发生，就会造成不良的社会影响，破坏环境，毁坏工厂，并对员工造成严重伤害。化工过程安全通过减少危险化学品泄漏到社区或环境中的可能性，确保周边人员和环境安全。同时，化工过程安全也帮助化工企业探索了安全生产的途径和方法。

(十)建筑安全专业职业能力与素质要求

建筑场所存在很大的个体差异，从小路修补、建筑物的翻修到摩天大楼、巨型桥梁和大型发电站的建造都属于建筑领域。但所有的建筑场所都具有共同点：场所内都存在大件设备和大量建筑材料以及高处作业的需要，这给建筑场所内的安全和健康造成了威胁。同时，建筑场所内工作的人员较多，建筑安全专业人员设计的危险控制方案的有效性直接决定了工作人员的健康与安全。

建筑业是非常危险的行业之一，建筑安全专业人员需要在复杂的工作环境中识别和控制各类安全、健康及火灾危险，而建筑安全专业人员的需求量在不断扩大。建筑安全专业人员主要受雇于以下单位：具有一定规模的建筑公司、承包商贸易组织、有组织的劳工团体、政府机构、保险公司、工程公司或咨询公司等。

建筑安全专业人员一般需要具备安全专业本科学位，具有建筑管理课程的学习经历或者建筑业的从业经验。大的建筑公司会定期调整岗位或需要经常到工程现场出差，也在美国以外开展业务。随着全球建筑市场的扩展，美国国外建筑场所对建筑安全专业人员的需求将会有所增加。建筑安全专业人员通常每天工作 8 小时，但天气状况、工作绩效和完成期限经常迫使工作时间延长。

大的建筑场所通常由管理或工程公司监督管理，他们雇用总承包商建造、翻修或拆毁建筑，总承包商雇用并安排必要的专业承包商(如挖掘、钢架设砌筑、机械、屋顶、木工、油漆和其他类专业承包商等)来完成指定的任务。大的工程在一个建筑场地内可能同时有多个分包商共同工作。由于建筑场所内分包组织的多样性，建筑安全专业人员必须具有优秀的沟通能力。

在建筑场所，由于施工方法、设备、工作条件和材料不断变化，建筑安全专业人员可以通过工作计划以及到施工现场实地检查等方式对危险因素进行识别和预判，并确保在各种工作开始时能够适当地控制这些危险。

如果你喜欢快节奏的活动，那么每天都有户外工作挑战、经常身临工地现场、极少坐在办公桌前的工作特性有可能使你更倾向建筑安全领域的工作。如果你能够和各种职业人员一起有效地工作，那么成为一名建筑安全专业人员，你将会感受到努力工作所带来的经济回报和个人提升，也会将安全工作在建筑领域做得更好。

(十一)机构安全管理专业职业能力与素质要求

机构安全管理通常指医院、教养所(监狱和拘留所)、研究所或各个层次的学校等组织内的安全管理工作。这些通常都需要机构安全管理人员。

在医院从事安全管理工作的人员将与不同的人员共事，在工作中能够得到各方面的锻炼。医院安全专业人员需要通过评估环境危险，提出降低伤害和损失的途径和方案。例如，外科医生在激光手术中容易受到射线伤害，护士容易受到背部伤害，实验人容易受到化学物质的危害，这些都是安全专业人员的工作内容。

在学院和大学中工作的机构安全管理专业人员的主要工作内容包括：保护学生、教师和职员在实验课或研究项目过程中免受伤害，应对餐饮服务方面和办公室职员在工作中所面临的风险，安全处置实验室或建筑物维修过程中所使用的化学物及其他危险物质，控制校园交通安全和其他风险。

机构安全管理人员工作的重点之一是火灾的预防与控制。在医院(很多病人不具备独立逃生能力)、大学宿舍(人员众多)、教养所(犯人的火灾安全与监禁的必要性需要权衡考虑)等特殊机构中，机构安全管理专业人员需要持续评估环境情况以做出应对，并应重点关注火灾的预防措施。

许多机构内都安装了新型火灾探测和控制系统，这些系统需由机构安全管理专业人员设计和维护。机构安全管理专业人员必须具有全面的知识背景，应接受过工业安全、消防安全、工业卫生、化学安全、辐射安全和人机工程学等方面的培训。在应聘时，用人单位也更青睐那些获得了安全相关学位的人员(至少为学士学位)，同时，注册安全师资格证书也日益受到重视。

(十二) 交通安全专业职业能力与素质要求

交通安全专业人员在铁路、汽车、货车、航空、海运和油气管道等各种各样的交通安全中起着重要作用。与各种交通方式相关的公司和政府机构需要交通安全专业人员，他们将与交通工具、公路以及交通系统的设计者配合开展交通安全工作。在这些工作领域，安全专业人员最好具备土木或机械工程的学习背景。

涉及交通安全的联邦政府机构有美国国家公路交通安全管理局(汽车)、联邦公路管理局(公路和货车)、联邦航空管理局(航空)、联邦铁路管理局(铁路系统)、美国海岸警卫队(海运)和特种项目管理局(管道)。这些机构和其他机构一起组成了美国交通部(Department of Transportation，DOT)的一部分。美国国家交通运输安全委员会(Nation Transportation Safety Board，NTSB)是一个独立的机构，它调查重大的交通事故并为预防交通事故提出建议。国家交通安全委员会安全专家在事故调查方面接受过高级培训。

大多数从事交通安全工作的交通安全专业人员任职于航空公司、铁路、大的货运公司以及油气管道公司等。

(十三) 安全研究与风险评估

安全专业的科学与实践体系是在不断发展变化的，成熟的理论和方法都是安全专业人员不断地开展试验、总结错误并进行修正后提出的，也有一些理论是从其他相关学科中借鉴得到的。因此，科研与实践需要相互促进。

许多科研项目都是由政府机构开展的，如国家职业安全与健康研究院(National Institute for Occupational Safety and Health，NIOSH)以及环保局。这些机构也资助大学和私立研究机构的科研项目，开展能够指导实际安全工作的科学研究。多数研究属于技术领域，如安全设备的设计和可靠性、人机工程或消防安全等；有一些研究促进了管理论与实践在安全领域的应用；有一些研究领域是决策学，探索风险评估和政策分析中所涉及的技术层面的问题；还有一个研究领域是如何进行危险控制工作。

从事安全研究的人员一般需要具备较高的学历以及在安全领域有丰富的实践经验。研究专家通常在政府机构、大学或科研实验室工作。

第三节　国外安全专业人员职业生涯实例

国外安全专业人员的职业生涯常常分为职业初期、职业中期和职业后期。本节以美国安全专业人员为例，主要介绍职业初期、职业中期和职业后期的发展实例和职涯规划样例。

一、职业初期实例

职业初期，即安全专业人员最初工作的前5年。

【案例 6-1】David T. Hart

Hart先生住在美国南部肯塔基州的莫瑞市，他的父亲在制造厂从事安全、健康和环境方面的工作，Hart先生在某大学获得了安全学位，并子承父业，从事了安全专业工作。上学期间，Hart先生通过实习获得了安全工作经验，并在美国安全工程师学会某分会担任学生处主席；在研究生阶段他也参加了安全专业的兼职工作。

在锅炉制造联合会的实习期间，Hart先生考察了25个建筑现场，积累了建筑安全方面的工作经验。另外，他还为联合会技工人员开展了建筑场所基本危险源识别的培训。研究生学习期间，Hart先生就开始在他当前工作企业进行兼职。

Hart先生在校期间所学知识加上他学习期间的实习经历，使他的安全专业能力得到了发展，对他的求职工作起到了重要作用。在获得硕士学位后，Hart先生在一家化工制造企业工作了两年，担任企业的安全管理协调员。后来，他进入了目前就职的公司主要负责应急预案的制定和落实、消防管理、工业卫生和安全培训。Hart先生即将晋升安全主管并负责工厂的消防救援工作。

Hart先生认为他工作成功的关键在于加入了美国安全工程师学会，通过参加合作和实习项目积累了工作经验。另外，他在工作中比其他人更加努力。Hart先生认为他在工作中的最大收获是能够为企业和社区安全贡献力量，并且能够与不同的人一起共事。另外，这份工作具有让他满意的薪水和福利。Hart先生建议，如果想要在安全工作方面获得成功，需要接受良好的教育(同时获得较高学位)、获得注册安全师和注册工业卫生师的资质、在优秀的公司任职以及在专业学会活动和培训中锻炼领导才能。

学位：学士(1997年5月)，职业安全与卫生；硕士(1998年)，职业安全与卫生(主要研究方向为工业卫生)。

安全职业工作时间：2年。

工作职位：美国某化工产品公司，安全监察员。

会员资格：美国安全工程师学会。

资格证书：应急医师、红十字心肺复苏/急救。

资料来源：作者根据相关资料整理。

二、职业中期实例

职业中期，即安全专业人员从事工作的 5~15 年。

【案例 6-2】Jonathan A. Jacobi

Jacobi 先生最初是从一位消防工程师的邻居那里对安全行业有所了解的，邻居对他所从事的职业表现出了很强的满足感。在他家附近的一所大学攻读学位。第一份工作是就职于一家安全咨询公司，这家公司的业务涉及核能、汽车、半导体产业等诸多行业，这份工作为 Jacobi 先生在这些领域的安全技术提供了全面的指导和学习机会。后来 Jacobi 先生又返回学校继续攻读了硕士学位，之后他获得了他目前所就职的岗位。

Jacobi 先生认为他成功的主要因素是拥有强烈的职业道德。此外，兼职工作给他提供了工作经验和实践机会，职业资格证书也增加了他的就业机会。对 Jacobi 先生来说，他工作中感到最有成就感的方面在于：大家对他工作的认可、受到同行的尊敬、与工作责任相当的收入以及收到被他保护的员工的认可。Jacobi 先生建议在安全工作中应忽略职位的短期回报，把精力集中在能提高工作能力的因素上。

学位：学士(1994 年)，职业安全与健康；硕士(1998 年)，职业安全与健康。

安全职业工作时间：6 年。

工作职位：美国某公司安全工程师。

会员资格：美国安全工程师学会(学生处和地方分会职业会员)，半导体安全协会(学生分会)。

资格证书：注册安全师、建筑健康与安全技师。

资料来源：作者根据相关资料整理。

三、职业后期实例

职业后期，即安全专业人员工作 20 年及以上的职涯阶段。

【案例 6-3】Michael W. Pitts

Pitts 先生接触安全专业是通过他在大学期间学习的管理/人力资源理论课程、他从前的雇主和从事安全领域工作的朋友等。他在某大学做暑期工时是在一家发电厂从事安全工作，毕业后开始全职担任安全助理。此后，Pitts 先生晋升为安全健康顾问，然后转岗到企业培训岗位，负责为整个公司及国内和国际客户提供 EH&S(环境与职业健康安全)培训和咨询服务。在获得了硕士学位和注册安全师认证后，Pitts 先生进入了另一家公司担任企业安全协调员，之后晋升为安全技术培训经理，主要负责 3 家公司的安全和培训工作。

Pitts 先生将他在职业上所取得的成功归功于他所接受的教育、获得的认证、对安全专业的奉献精神、优质的专业发展、与安全专业同行的交流和沟通、灵活和适应变化的能力、个性以及对学习的热情。Pitts 先生在工作中的成就感来自他知道自己的工作将对员工和公司安全产生积极的影响。

　　学位：学士(1988年)，健康和安全管理；硕士(1999年)，人力资源。
　　从事安全行业时间：18年。
　　工作职位：某电力公司，安全与技术培训经理。
　　会员资格：美国安全工程师学会、国家安全委员会(公用事业部门)。
　　资质认证：注册安全工程师、注册公用事业安全管理员。
　　资料来源：作者根据相关资料整理。

【核心概念】

　　职业安全、职业健康、职业安全与健康、工业安全、职业初期、职业中期、职业后期、职工辅导员、人机工程师、职业心理健康师。

【实训拓展】企业安全教育与培训计划编制

　　职业培训是直接为适应经济和社会发展的需要，以培养和提高素质及职业能力为目的对要求就业和在职劳动者进行的教育和训练活动。企业安全教育与培训是职业培训与教育活动的一种典型形式。

　　(一) 企业安全教育与培训计划的制订原则

　　(1) 可行性原则。企业制订安全教育与培训计划，应根据本企业生产经营状况、员工安全意识、安全教育与培训实际状况、员工安全教育与培训的需求、安全教育与培训经费等情况统筹兼顾，制订切实可行的安全教育与培训计划。只有这样才能保证计划有条不紊地实施，达到安全教育与培训的目的。

　　(2) 重点与全面相结合的原则。在制订作业人员的安全教育与培训计划时，应注意到安全教育与培训对象的重点及全面教育的有机结合，以保证安全教育与培训不留死角。在制订计划时，要保证特种作业人员、新员工、五新(新材料、新设备、新工艺、新技术、新产品)教育、转岗换岗教育等重点人员或岗位优先进行安全教育与培训。同时，兼顾全员教育，保证企业所有员工都能及时地受到最新的安全教育与培训。

　　(3) 系统性原则。系统性原则就是制订安全教育与培训计划要根据企业的实际情况，对企业的全体员工进行全面、有条理、有连续性的安全教育与培训。同时，教育与培训的内容要有系统性，要对广大员工进行系统的安全理论、安全知识、安全操作技能教育。

　　(4) 针对性原则。针对性原则就是安全教育与培训计划要体现出将安全教育与培训同企业的日常管理和生产过程有机地结合。与系统性原则的侧重点不同，针对性原则重点是对生产过程中暴露出来的问题对员工进行有针对性的安全教育与培训。

　　(二) 企业安全教育与培训计划的制订步骤

　　按照企业安全教育与培训计划的制订原则，由企业的安全部门与人力资源部门共同商定企业的安全教育与培训计划。一般按照以下步骤来制订计划：

　　(1) 对安全教育与培训进行需求分析，确定所要培训的对象和教育培训应达到的效果、目标。

(2) 确定安全教育与培训的内容、方法、组织实施方案。

(3) 明确所需培训经费、培训的教材、师资、地点及管理措施。

(4) 明确各相关部门在安全教育与培训中的职责和义务。

(5) 安全教育与培训计划的实施安排。

(6) 编制出安全教育与培训的计划，并报主管领导审批。

(三) 企业安全教育与培训计划的编制与实施

安全教育与培训计划方案确定后，应着手编制计划书。计划书通常分为综合计划和单项计划两种类型。年度安全教育培训计划或中长期安全教育与培训计划都属于综合性计划，而就某次或某一主题的安全教育培训计划则为单项计划。两类安全教育培训计划书的具体内容虽然不完全相同，但一般都应包括目的、目标、对象及人数、内容、组织、方法、时间、实施方案、实施地点、费用等内容。如果是单项计划，还应写明的主题。

1. 安全教育培训的目的与目标

(1) 明确开展计划所定的安全教育与培训活动或培训班的意义。

(2) 根据培训需求分析，明确安全教育与培训的对象及培训的顺序。

(3) 明确安全教育与培训应达到的效果目标。

2. 安全教育培训计划的主要内容

(1) 明确安全教育培训的性质，即明确安全教育培训是全员安全教育培训，还是特种作业人员安全教育培训；是资格教育培训，还是复审教育培训。

(2) 明确安全教育培训的人数、办班期数、办班时间及人员分布安排，即要明确本类型教育培训的计划人数、参加培训的生产车间的人员及参加教育培训的时间，以保证安全教育培训的正常进行和生产任务的完成。

(3) 明确安全教育培训班各负责人，以保证各项工作的顺利进行。

(4) 明确培训的组织管理，即各类培训的组织者、管理者，教师是内聘还是外聘，由哪些部门负责，等等。

(5) 明确各级管理部门或人员的职责，即组织者、管理者、教师在安全教育培训过程中的责任和义务。

(6) 安全教育培训考核要求和安全教育培训考核的目的和作用。

(7) 安全教育培训经费安排，即全年所需安全教育培训经费及各类型安全教育培训的经费。

3. 安全教育培训计划的组织实施与管理

根据制订、批准的安全教育与培训计划，还应制订出具体的实施方案，包括具体培训人员姓名、单位、培训教材确定、讲课教师确定、讲课地点落实等。具体组织实施方案及所拟采取的管理措施是保证安全教育与培训计划有效实施的重要保证。其主要内容如下：

(1) 落实各项培训措施。培训前应通知培训人员，使其合理安排工作与培训时间，然后反馈到安全管理部门，进行最终培训人员、时间、地点的确定。

(2) 培训方式、教学方法的确定。例如，确定是采用脱产培训还是采用非脱产培训，是采用授课方式还是示范教学方式，主讲教师是外聘还是本单位选聘，培训时间与其本职工作的协调安排、培训内容的准备等。

(3) 培训视听教具、设备的确定。确定使用的教材、授课教室或教学现场、教学投影设备、示范教学模型等。

(4) 具体培训过程的管理。培训班开班后,要加强管理,确保教育培训的质量,管理责任人及具体职责,具体承办部门及协办部门,承办者或协办者的职责分工等。

(5) 考核、存档管理。为考查培训效果,必须对培训对象进行考核。考核可采取面试、笔试、实际操作等形式。特种作业人员必须通过法定部门的考试,合格者可取得上岗证。存档内容包括培训人员信息、培训时间、地点、考核结果等,应按安全档案的建档要求进行归档。

资料来源:作者根据相关资料整理。

思 考 题

1. 简述美国、英国和日本安全类专业教育的产生背景和特点。
2. 简述国外不同安全类专业的职业能力与要求。
3. 简述合格的安全专业人员在职业初期、职业中期和职业后期的发展特征和实例分析。
4. 简述辨析国内外安全类专业就业领域的异同性。
5. 简述结合本章所学,谈一谈你对入职后的职业发展的新想法和新规划。

【本章参考文献】

[1] 姜伟,佟瑞鹏,傅贵. 安全科学与工程导论[M]. 北京:中国劳动社会保障出版社,2016.

[2] 宋守信,杨书宏,傅贵,等. 中美安全工程专业教育及认证标准对比研究[J]. 中国安全科学学报,2012,22(12):23-28.

[3] 周爱桃,王凯,宇星,等. 中英两国安全工程专业本科教育的差异[J]. 安全,2014,35(3):63-66.

[4] 云霞皓月,樊运晓. 基于NEBOSH认证的我国高校安全工程专业职业健康类课程体系设置研究[J]. 安全与环境工程,2020,27(2):98-103.

[5] 周彪,郭依科,李彬瑞. 中日安全科学与工程学科建设对比研究[J]. 中国安全科学学报,2021,31(5):132-137.

[6] 吴大明. 国外安全工程学科(专业)高等教育发展现状[J]. 中国安全生产,2017,12(5):60-61.

[7] 张小良,梁梵洁,麻庭光,等. 安全与应急管理专业学科发展[J]. 中国安全生产科学技术,2020,16(12):183-188.